再忙也要做个好妈妈

ZAIMANGYEYAOZUOGEHAOMAMA

彤彤妈 著

北京理工大学出版社
BEIJING INSTITUTE OF TECHNOLOGY PRESS

版权专有 侵权必究

图书在版编目（CIP）数据

再忙也要做个好妈妈 / 彤彤妈著. —北京：北京理工大学出版社，2011.8（2021.3重印）

ISBN 978-7-5640-4749-8

Ⅰ.①再… Ⅱ.①彤… Ⅲ.①家庭教育-经验 Ⅳ.①G78

中国版本图书馆CIP数据核字（2011）第131092号

出版发行	/	北京理工大学出版社有限责任公司
社　　址	/	北京市海淀区中关村南大街5号
邮　　编	/	100081
电　　话	/	（010）68914775（总编室）
		（010）82562903（教材售后服务热线）
		（010）68948351（其他图书服务热线）
网　　址	/	http://www.bitpress.com.cn
经　　销	/	全国各地新华书店
印　　刷	/	三河市金泰源印务有限公司
开　　本	/	700毫米×1000毫米　1/16
印　　张	/	17.5
字　　数	/	230千字
版　　次	/	2011年8月第1版　2021年3月第6次印刷
定　　价	/	48.00元

责任校对 / 周瑞红
责任印制 / 边心超

图书出现印装质量问题，请拨打售后服务热线，本社负责调换

序言一

让爱成倍增长

　　培养孩子成才是个长期工程，而且在不同的成长阶段有不同的发展目标和教育手段，父母必须根据孩子的特质和发展状况进行持续性的学习。那么要学什么？怎样学？

　　同时，为了孩子，我们也应该重新反思：作为父母，我们够格吗？当我们责骂孩子时，我们自己是否做好了榜样？当我们指责学校教育有问题时，我们是否意识到很多问题其实出在自己身上？

　　遗憾的是，作为传承性很强的家庭教育，今天的父母并没有太多可以借鉴的经验。

　　于是人们求助于家教类的图书。

　　然而，尽管此类图书琳琅满目，很多家长还是经常抱怨道："挑一本真正对教育孩子有指导意义的书实在是太难。"

　　针对这种情况，"爱立方"家教图书应运而生。我们希望"爱立方"图书能够让对孩子的教育问题一脸茫然的父母找到教育孩子的正确方式，能够由对孩子粗放的管理到专业而精心的教育，另一方面，能够让孩子在快乐、轻松、自由的氛围下成长，能够让孩子全面发展，能够挖掘出孩子的潜能。

　　"爱立方"是国内首个大型、权威、专业的家教育儿类图书品牌，涵盖了基础理论、孕育与健康、家教理念与方法、素质教育、亲子游戏等领域，以专业化和规模化的优势，力图为父母家长提供全面、权威、科学并且可读性很强的阅读服务。

"爱立方"组建了以心理学博士、教育学博士和教授学者、早教专家、妇幼专家为主体的专家团队和作者队伍，涵盖了中国内地、港台，日韩欧美的众多一流家教育儿方面的专家、学者、医师，以期使我们的产品更权威，更科学，也更有指导性和参考意义。

"爱立方"以"爱心妈妈专业书架"为理念，以专业、创新的姿态，以独一无二的产品形式，以立体化的产品模式进行品牌经营。

"爱立方"，让爱成倍增长。每一个孩子都可以成功，只要你愿意，只要我们一起努力。

"爱立方"家教图书编委会

序言二

妈妈的潜力不可限量

做妈妈的辛苦，只有你做过妈妈后才能切身体会到。整天面对懵懵懂懂，乱跑乱跳，大喊大叫的孩子，耗费体力不说，那些操不完的心就已经令你苦不堪言了。

做妈妈又是幸福快乐的，尽管你付出太多太多的艰辛，可当你同天真稚气的孩子在一起嬉戏时，那份天伦之乐是无法言喻的。孩子就像小天使，有着可爱的一面，给你带来快乐与幸福。同时，也是一个麻烦不断的制造者，让你既苦恼，又有些拿他们毫无办法。

过去所经历的所有的烦恼，与其说是孩子给你带来的，不如说是自己对孩子内心世界的无知造成的。如果你能走进孩子的内心世界，肯倾听他们的心声，愿意耐着性子同孩子平等地交流，就不会有着这样或那样的烦恼了。

妈妈的潜力不可限量，妈妈也能成为育儿亲子大师，这个世界上有谁能比妈妈更了解儿女呢？

没有谁天生就会做妈妈，一个好妈妈的造就，也是需要千锤百炼的。我和女儿近二十年的风风雨雨，就是最好的诠释。

我深深地懂得，孩子的教育离不开父母的培养，孩子的成长离不开父母为其创造的环境。为了能完成养育子女的重任，光凭以往的经验是不行的，我们得重新投入到学习当中去。这一学习，就是近二十年的时间。我们不但要掌握理论知识，更要在生活中实践。这些年来的摸爬滚打，我觉得妈妈的潜力真是不可限量的。为了孩子，什么都能学进去，什么苦都能吃下去，心酸的泪水和幸福的泪水交织着在心田里流淌。工作和家庭在时间上无疑是一对矛盾体，但我还是游刃有余，没有受到太大的影响。

在没有做妈妈之前，我也是一个具有浪漫情调的人，觉得花前月下才是一种最幸福的生活。结婚成为人妻后少不得出入厨房，不要说什么出色的厨艺，只是能对付着把饭菜做熟。我觉得自己天生就不是一块钻在厨房里的料儿，在饮食上也没什么讲究。没想到的是，自从有了女儿彤彤，情形就大不一样了。为了保证孩子成长所需要的充分营养，"请"来许多不同的营养大厨——营养食谱，细心地琢磨着如何做出可口的饭菜，使孩子爱吃，还要有营养。当孩子上了小学需要带午饭时，我竟也能做出造型各异，色香味俱全，营养丰富堪称艺术品的便当午餐了，现在，我能很快烹饪出一桌很像样子的菜肴，这主要得益于近二十年来的实际操练。我可以为不同年龄段的孩子提出营养餐的综合方案，好多认识我的妈妈们都曾受到过我的指点。假如我没有做妈妈，假如我对孩子的营养关注稍忽略些，假如我借口工作忙，就不可能把自己逼成超级家庭大厨。这就是潜力使然，是做妈妈的责任心使然。也许所有做妈妈的大都这样吧，为了孩子，心甘情愿去学那些自己一点都不喜欢的技艺，不烦、不躁、不苦、不恼。

写到这里，我不禁想起我的一位好朋友，在我们做姑娘的时候，她像一个假小子似地整天迷恋体育运动，能打很好的篮球，并曾是校女篮队的主力，打乒乓球时球风也比较凶狠。看我们都学织毛衣呀，刺绣呀，她直皱眉头，对这些尽显女子温柔劲儿的女红一点儿都不感兴趣。就是这样一个人，几年后，领着她那几岁的小女儿出现在我面前时，孩子打扮得像一朵花朵，要多可爱有多可爱。说什么我也不相信孩子身上穿的考究的超好看的毛衣是出自她那习惯于拍篮球，握球拍的手。她的性格也是大变样，那份做母亲的对孩子柔情似水的呵护，简直叫从前认识她的人难以置信。她说，是女儿的到来改变了她。这话我相信，因为我有着深刻的体会。

　　妈妈的潜力是无穷大的，在与孩子相处的时光里，我做梦都没有想到，我能从一个什么也不懂的新手妈妈，通过带孩子懂得了有关育儿教子的大量知识，从生活护理到饮食营养，从儿童心理引导到行为习惯的培养，再到后来的孩子青春期的指导，成了大家眼中所谓的"专家"。连我自己都有些不敢相信，我会在这方面悟得这么深。当孩子上大学走后，我有时间整理过去的旧物，才发现这么多年来，仅育儿亲子书籍自己就陆陆续续积攒了七十多本，其中有许多书籍都快被我翻烂了。这就是我与时俱进的最好证明，我能跟上时代的步伐，采用最新的理念教育孩子，这都得益于这些书籍的帮助。当然，还有我的刻苦钻研。

　　在和孩子的互动中我发现，要想把孩子的教育做得更好，更加完美，对于一个忙妈妈来说确实是一个挑战。但我愿意迎接挑战，我愿意付出艰辛，我愿意尝试与孩子亲密的互动。

　　走过生活中的风风雨雨，我才体味到做妈妈的人是这个世界上最幸福的人。孩子，就是你生命中的一切。这就是我给新妈妈、忙妈妈的提示。不要为哺育和培养孩子而感到恐惧，我的经历实实在在地证明了，忙妈妈的你也能带好孩子。我的育儿亲子历程就是"前车之鉴"，可以参考。

　　祝您也能成为成功的妈妈！这是一定的，因为有无私的母爱！您的潜力是巨大而不可限量的。要相信自己。加油！

目录

一、忙妈妈时间攻略——时间是可以拼接的碎片

忙妈妈的时间有限,很难有大把的时间和孩子"磨",但有句话说:"时间是海绵里的水,挤一挤总会有的。"越是忙碌的妈妈,越要学会把平时一些零星的空闲时间拼接起来,见缝插针地对孩子进行陪伴和教育,只要方法用得好,时间一点也不嫌少。

你不是全职妈妈 ……………………………………	2
早起的鸟儿爱聊天 …………………………………	7
晚上给孩子三个十分钟 ……………………………	11
赖在床上迎接周末的阳光 …………………………	14
享受长假不扫除 ……………………………………	17
陪伴不在乎时间长短 ………………………………	20
爸爸的时间也要拿来拼 ……………………………	24

二、再忙也不能忽略的关键——关键品质的塑造和培养

品德决定成败,性格成就未来。忙碌的妈妈不一定顾得上孩子的所有

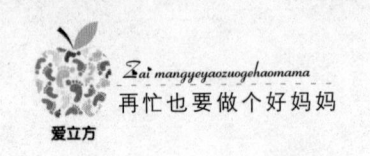

教育工作，但品质的塑造和培养是教育一个优秀孩子的前提，是家庭教育的关键所在，再忙也不能忽视。

你若不洗碗我就不做饭 …………………………………… 30
莫斯科不相信眼泪 ……………………………………… 35
想"绑架"妈妈？没门儿 ………………………………… 40
小象你累了吗 …………………………………………… 44
奶奶的头发是白的 ……………………………………… 48
遇到小偷，喊还是不喊 …………………………………… 52
对不起，妈妈不该打扰你 ………………………………… 56
好吧，抗议有效 ………………………………………… 60
鼻子怎么长长了 ………………………………………… 63
我是一只快乐的小小鸟 …………………………………… 67
妈妈不说，我就不说 ……………………………………… 71
小鸟飞了 ………………………………………………… 76

三、避免忙中出错的秘诀——让理智教育成为习惯

习惯成自然。不想让忙碌的工作与生活把自己折磨得心力交瘁，不想让因忙碌而带来的烦躁扰乱自己的思维，导致在家教过程中出现错误的方法或言行，最为有效的办法就是从孩子小的时候起便一贯坚持理智教育。

我工作，所以我骄傲 …………………………………… 82
孩子不是银行卡 ………………………………………… 85
蚕是怎么钻进茧里的 …………………………………… 89
拳头上有一张很丑的嘴 ………………………………… 93
河东狮的嗓子哑了 ……………………………………… 97

坏情绪是可怕的毒气	101
你确定可以许诺吗	105
借你一双慧眼	109
忙得要死是因为你母爱泛滥	113
门缝里的眼睛	117
别让钞票满天飞	120
跑进最近的一家店	125
我是妈妈的小秘书	129
聪明的妈妈会忽悠	134
青春期第一课	138
关于"恋爱"的那些事儿	143

四、不能让健康等时间——身体是革命的本钱

孩子的身体总在妈妈的忙碌中被忽视，来不及做饭吃，就随便买一点将就，要么去吃快餐，甚至干脆就是方便面，孩子的营养怎么能充足呢？一不小心生了病，妈妈才知道着急，慌手慌脚不知如何是好。这才是真正对不起孩子了。身体是革命的本钱，保证孩子的身体，就要想办法保证营养的供给，还得学会应急的医疗常识。

饿两顿就不用追了	150
我的午餐盒里有彩虹	154
圆肚子不像垃圾筒	158
有享不了的福没有受不了的苦	162
走,让我们打球去	167
我家有个赤脚郎中	171
妈妈把药扔掉了	175

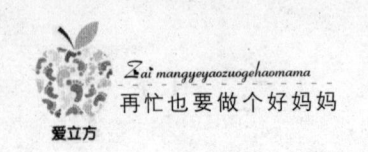

我爱生病 ………………………………………… 180
摘掉小眼镜 ……………………………………… 185

五、学习不是额外负担——忙妈妈的孩子怎样学习好

学习是孩子成长过程中的一件大事,它关系着孩子未来的发展,妈妈丝毫不能松懈。但管要怎么管呢？一个忙碌得像陀螺一样的妈妈,该怎样关注孩子的学习呢？

诸葛亮为什么能稳坐中军帐 ……………………… 190
背诗不必释义 …………………………………… 194
读书破万卷,下笔如有神 ………………………… 198
学习没什么大不了的 ……………………………… 203
孩子不是攀比的道具 ……………………………… 207
谁说学生不准玩儿 ………………………………… 211
如果不能好好做,就不要做家庭作业 …………… 215
家长会必须亲自参加 ……………………………… 219
听孩子说说学校的事儿 …………………………… 222
接迎班能不去就不去 ……………………………… 225
用笔与老师保持沟通 ……………………………… 228
妈妈不是万能胶 …………………………………… 232

六、善待长辈伸出的援手——要感恩更要理智

家有一老,如有一宝。老年人时间上比较宽松,大多也乐于为儿女效力,帮助照顾孙辈,让儿女有更多的时间去忙事业。但作为妈妈,不能把老人的帮助当做理所当然,也不能把孩子完全托付给老人。不要当有一天孩

子对你的教育不屑一顾时，再去对老人心生抱怨。要始终知道，自己才是孩子的妈妈。

  选谁帮忙，你一定要想好 …………………………………… 238
  贪多少失多少 ……………………………………………… 242
  因为亲情，不是因为责任 ………………………………… 247
  谁带孩子都不能代替妈妈 ………………………………… 252
  我负责说服我妈妈 ………………………………………… 257
  与孩子保持连线 …………………………………………… 260
结束语 感谢我亲爱的宝贝 …………………………………… 264

一、忙妈妈时间攻略
时间是可以拼接的碎片

忙妈妈的时间有限,很难有大把的时间和孩子"磨",但有句话说:"时间是海绵里的水,挤一挤总会有的。"越是忙碌的妈妈,越要学会把平时一些零星的空闲时间拼接起来,见缝插针地对孩子进行陪伴和教育,只要方法用得好,时间一点也不嫌少。

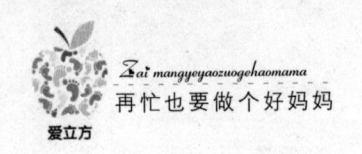

你不是全职妈妈

既然由于种种原因你不能放弃自己的工作而去做一个全职妈妈，那就坦然地去接受和面对吧。在时间和精力上你可能不敌全职妈妈，但只要方法运用得当，忙妈妈教养出的孩子也丝毫不差，而且事业和孩子带给你的将是更加完整的幸福。

教育孩子确实是头等大事，许多人会认为，要想不耽误孩子的前程，就应该牺牲事业而把全部精力都用在孩子的身上。我并不这样认为，"工作忙"不应该成为妈妈的借口，其实，即使不是全职妈妈，也能教育出好孩子。这是我的经验，因为我的女儿彤彤并没有"沦落"为差等生，她考入了重点大学。

最近，单位一位快要做新妈妈的年轻同事向我征询意见，她想辞去工作，准备回家去做全职妈妈，认为只有这样才能对得起未来的宝贝，才能使孩子不输在起跑线上。我没有马上给予否定的回答，因为这不是我能替她做决定的事情，略沉吟一下，我对她讲起了我自己的经历。当然，我一再强调，这只是个人观点，仅作参考。

当初怀上彤彤的时候，我也是挺矛盾的，孩子的爸爸是另一家很有名气的广告公司里的策划总监，没日没夜地忙，有时为了调研，出差是常有的事情，指望他肯定是不行的。而我刚刚升为人力资源部经理，事情也很多。经过一个多月的思想斗争，最后还是决定咬牙坚持下去，不

一、忙妈妈时间攻略
时间是可以拼接的碎片

做全职妈妈。因为,我相信自己能够胜任,会做到事业家庭两不误的。

仔细想想,职场妈妈也有自己的优势,妈妈努力工作的样子会让孩子感受到,所需要的一切都要靠自己的努力获得。一个充满时尚感的妈妈,一个充满新鲜感的妈妈,一个拥有自信和独立精神的妈妈会是孩子的骄傲。而全职妈妈整天待在家里,与社会脱节,给孩子的印象也许是世俗的。

选择了职场并非是把孩子推给别人不管,如孩子的爷爷奶奶或姥爷姥姥,或者全权交给保姆去带孩子。因为父母与孩子在一起的那份亲情,是任何人都取代不了的。千万不能忽视孩子的情感需求,否则很容易造成孩子的"情感饥饿"。"情感饥饿"的孩子跟别的小孩不同,他们喜欢撒娇、任性,偶尔还会做出一些古怪的行为。

从同事的眼里,我读出了她的困惑。她的眼神也告诉我,全职妈妈看来还是有优势的。我就继续讲下去,既然选择了职场就要全心全意地面对它,做好工作才会有好心情。这样回到家里才能保持一种轻松的充满童趣的心情和孩子游戏,享受亲子间的乐趣。我认为一个称职的父母,应该懂得忙里偷闲去陪伴孩子。因为,孩子并不需要24小时都要爸爸妈妈陪在身边的。这就好办了,剩下的就是你如何忙里偷闲照顾孩子的问题了。其实,职场妈妈也没有多么难做,孩子也没有多么难养。当然,累肯定还是有的,可是当你同孩子在一起时,那份快乐足以弥补你付出的艰辛。

当然,作为职场妈妈,需要面对的问题太多太多,工作、家庭、孩子,样样都是重心,样样都想做好,其中的甘苦就只能自己体味。但既然作出了这样的选择,就要好好地走下去,职场妈妈只要有心,一样能做多方面兼顾的好手!职场妈妈不能一天到晚地陪伴孩子,不能注视孩子的一举一动,既然不能保证和孩子在一起的"量",那就在和孩子在一起的"质"上下些工夫,多想些亲子沟通的小花样,让孩子感受到母爱其实是无处不在的。

作为全职妈妈,并不见得就能给予孩子更多的母爱。距离产生美不

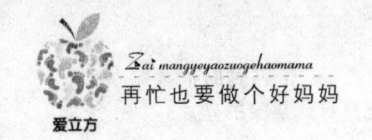

仅适用于夫妻间，也同样适用于亲子间。当然，对于距离的把握是个大学问，应因人、因事、因时做出相应的调整，以免过犹不及。

和我同一时期怀孕的一个邻居就选择了做全职妈妈，为了孩子可谓鞠躬尽瘁，24小时全天候、全方位服务。孩子在她无微不至的照顾下，并没有显示出比彤彤强到哪里去。他们家的是一个小男孩，在孩子刚会走路时，有时在晚间或周六、周日时我们能经常碰到一起。当她看到我们彤彤长得结结实实时，总是投来羡慕的眼神，对我诉苦说她都快练成大厨了，南北大菜也学会了不少，可是孩子就是不好好吃饭，每次都要撵在屁股后面喂饭，好东西没少做，孩子身体却十分虚弱，长得跟豆芽菜似的。这种诉苦只是刚刚开头，还有什么孩子任性了，孩子自理能力差了，孩子虚荣了等。最令她伤心的是，当上幼儿园时，孩子竟然嫌弃妈妈整天待在家里，自己很没面子。经常提起某小朋友的妈妈是经理，某小朋友的妈妈做主管，可他却从不参加这样的讨论，不敢提起自己的妈妈，因为妈妈没有工作，使他体会不到工作的妈妈带来的骄傲。

同事听到这里，似乎明白了些什么，尽管她没说什么，可是我看得出她会重新考虑自己的决定的。

在这里，我不是在职场妈妈和全职妈妈之间做什么优劣对比，而是要告诉大家职场妈妈也能照顾好孩子。时间和精力，是忙碌的职场妈妈们最为稀缺的资源。但既然选择了这条家庭和事业兼顾的道路，那就准备好接受这不轻松的挑战吧！请相信，一个聪慧的忙妈妈通过学习更多统筹、取舍、平衡的知识，会在事业和孩子之间游刃有余，拥有自信和积极的心态。所以做一个全面发展的职场妈妈并非是不可能的任务。

出于本能，孩子都不愿意和妈妈分开。每天早晨上班时，他们都会用紧紧的拥抱或伤心的眼泪缠着妈妈，要求妈妈留下来陪伴自己玩耍，有时甚至还会央求妈妈辞掉工作。这种难分难舍的场面，令妈妈们也心痛不已，真的想如同孩子说的那般放弃工作，去陪伴他们。但是，对于妈妈而言，工作并不像孩子们想的那样轻松和简单，她们无法轻易下决

一、忙妈妈时间攻略
时间是可以拼接的碎片

心将之辞掉。为了让孩子了解妈妈，如果条件允许，可以把孩子带到自己工作的地方去，让孩子亲自看看妈妈究竟在哪里工作，从事什么样的工作以及妈妈工作时的样子。如果不方便将孩子带到单位，可以想办法让孩子理解妈妈的工作对于妈妈和社会存在怎样的意义，对家庭生活又有着什么样的影响；向孩子说明妈妈之所以工作完全是为了全家人的幸福，是为了使生活变得更加宽裕；也可以尝试让孩子懂得对如此辛劳的妈妈产生感激之情。

繁忙的上班族妈妈应明确树立自己的育儿原则，并对此加以坚持。如孩子作息时间上的安排，一定要让孩子在晚上10点之前入睡，起床时间也不能随孩子当天的身体状态及当时情况而放任自流，要明确定下一个固定时间。如以7~8点起床为例，这就便于全家人一同吃早餐，从而帮助孩子养成具有规律性的生活习惯。利用一切可以利用的时间同孩子在一起。如果你因为对孩子的过于担心和惦念而不能用心工作，那是你不够专业、不够冷静；如果你由于工作的忙碌而不能陪伴孩子，那是你不能科学地分配和利用时间。工作和孩子并不是一道两难的选择题，两者相互融合的生活将会更幸福。

对我来说，孩子和事业并不是鱼和熊掌，他们不是对立面，而是可以自由调配的。因为孩子不需要妈妈每分每秒寸步不离的陪伴，他更需要妈妈的爱和关心。所以，我不会放弃工作，也不会忽略孩子。工作上的事情，我一点儿都不会落下，但是孩子的每一步成长，我也不会错过。工作和孩子一定要分清楚，工作的时候享受工作，跟孩子在一起的时候享受养育孩子的快乐，二者相互独立才能相互促进。

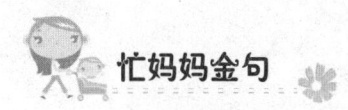

忙妈妈金句

职场妈妈不能一天到晚地陪伴孩子，不能注视孩子的一举一动，既然不能保证和孩子在一起的"量"，那就在和孩子在一起的"质"上下些工夫，多想些亲子沟通的小花样，让孩子感受到

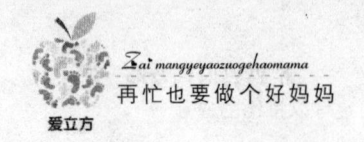

母爱其实是无处不在的。

距离产生美不仅适用于夫妻间，也同样适用于亲子间。当然，对于距离的把握则是个大学问，应因人、因事、因时而做出相应的调整，以免过犹不及。

如果你因为对孩子的过于担心和惦念而不能用心工作，那是你不够专业、不够冷静；如果你由于工作的忙碌而不能陪伴孩子，那是你不能科学地分配和利用时间。工作和孩子并不是一道两难的选择题，两者相互融合的生活将会更幸福。

一、忙妈妈时间攻略

时间是可以拼接的碎片

早起的鸟儿爱聊天

对于忙碌的职场妈妈来说，每天清晨都像奔赴战场的急行军一样，匆忙地洗漱、准备早点，大喊大叫地催促孩子起床，慌里慌张地吃早餐。这一幕，是否也经常在你的家中上演？

一天之计在于晨，早晨可以说是人一天心情最好的时刻。当我们一觉醒来时，身心都得到了放松，这时再配上一点背景音乐，简直是一种无上的享受。作为职场妈妈千万不要贪恋柔软的床，可不能错过和你的小宝贝一起度过这美好时光的机会。因为这个时候，你的小宝贝也是渴望和妈妈待在一起的。

和孩子聊天，应该是每天早晨都应该有的生活，一个小时，或是几十分钟，哪怕就是几分钟也是好的。可不要小瞧这短暂的一段时光，与孩子尽情畅聊，可以密切亲子关系，也能给孩子一个好心情，使孩子在快乐中度过一天。我与女儿彤彤就是在这种聊天中变得亲密无间的。

在她刚出生的几个月里，我们的聊天内容很简单，无非是"彤彤乖""妈妈喜欢彤彤""彤彤要等着妈妈下班回来哦"。那时候彤彤还不能做出表达，但从她与我的对视中，从仰面躺在那里对我微笑时，我知道彤彤是喜欢妈妈的，彤彤在与妈妈再见呢。每次我走出她的小房间，她从未哭过，似乎习惯了这种告别，同时在安静中等待着我的归来。

彤彤一岁多的时候，开始能同我进行简单的对话了，很多时候都是

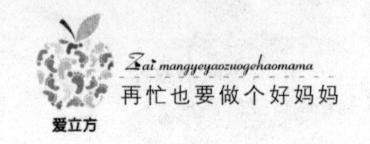

我在说，她在听，当我与她再见时，她总是笑笑，咧着小嘴含糊不清地说着再见，在姥姥的怀抱中目送我下楼，然后到窗口注视着我的背影，直到看不到为止。每天差不多在同一时刻，邻居的孩子都要号啕大哭一阵子，弄得大人孩子都很难受。我想，这就是每天早晨同孩子聊聊天的好处吧。

　　对于居住在都市里的职场妈妈来说，早晨必然是争分夺秒的。但即使如此，我也会尽量合理安排早晨有限的时间，争取在出门之前和彤彤进行一些亲密接触和交流。如在我完成洗漱后会用亲吻把彤彤温柔地唤醒，在彤彤醒来的第一时间她跟她互相问候；在帮彤彤穿衣服的过程中会不停地亲吻她，共进早餐后如果还有闲暇时间，就跟她做一些既不误我做出门前的准备工作也能让她眉开眼笑的嬉闹小游戏。然后，再互道再见。等她入园后，我们又把聊天延续到送她的路途中。路上遇到好玩的新鲜事儿，自然又一番对话。孩子的那种天真，也能感染大人，我每天之所以有一个好心情，干起工作来有一股子生气，这动力多源于彤彤。

　　每天早晨同孩子聊聊天的好处不止这些，对孩子心理培养的好处那就更大了。美国西雅图华盛顿大学生理和听觉科学系主任库尔博士指出，与婴儿谈话聊天的重要性远胜于人们已经认识到的。当孩子听到父母在对他们说话时，其大脑的思维正在不断变幻，他们所听到的任何一种语言都对他们的大脑皮层产生有效的刺激，促使他们的思维变得更加活跃。实验表明，在各种声响中，孩子对父母亲的语言刺激最敏感、最愿意接受。库尔博士说："从宝宝吃奶开始，做父母的不要忘记经常和宝宝谈话聊天，这样也是一种沟通，对孩子在婴幼阶段的智力发展大有好处。"

　　那么，该对孩子说些什么呢？我的经验是什么都可以说，你自己一天的活动、户外的环境、小故事、儿歌都可以轻轻地对着孩子诉说一番，孩子是十分乐意接受的，说到开心的地方，他们还会露出会心的微笑。

　　与孩子尽情畅聊，可为彼此创造相互了解的空间；用孩子能够听懂的话语与他们不断进行交流，会轻而易举地了解孩子的心理状态及存在的问题等。

一、忙妈妈时间攻略
时间是可以拼接的碎片

聊天加深了我们母女间的感情，彤彤什么话都愿向我说，这让她爸爸"嫉妒"不已，说要和我打一场"爱女保卫战"。那时彤彤只有四岁，一天晚饭后，我们一家三口照例在夕阳下散步，忽然彤彤把我拉到一边，有点害羞地对我说："妈妈，你说玄雨好笑不好笑，今天他给我写了一张纸条，要和我交朋友。不过你可千万不要告诉爸爸哦。"我拍拍彤彤的肩膀，让她放心，然后问："你打算怎么做呢？""我才不干呢！谁愿意和男孩子交朋友，他总是脏兮兮的。"我正想和彤彤继续交谈下去，他爸爸不干了，大声向我提出抗议："你们鬼鬼祟祟在一起说什么啊！"我和彤彤赶紧终止话题，异口同声地说："没什么，纯属女孩家的秘密。"彤彤一边说一边向我挤眼睛。

随着孩子一天天的长大，我感到和孩子聊天是对孩子最好的关心与帮助。孩子的话题常常很细小、很琐碎，但你一定要有耐心，切不可随便应付。在聊天中如果发现孩子错误的看法和想法，也不要大惊小怪地呵斥，最好通过讲故事的形式让孩子明白其中的道理。就是孩子一时不能接受，也不要着急，宁愿让孩子在生活中吃点亏，受点挫折，也不要去逼迫孩子接受你的观点。

只有和孩子闲聊，才能拉近与孩子的距离，使孩子信服你，对你产生信任感。这样你才能了解自己的孩子，更好地指导他的学习和生活。所以，对于职场妈妈来说，在上班之前争取和孩子进行一些亲密接触和交流，哪怕是用亲吻把孩子温柔地唤醒，一次简短的抚摸，母子间的嬉闹小游戏，一起吃早饭，都能让孩子感受到妈妈无尽的爱。要充分利用早晨这段难得的宁静而温馨的时光，同孩子聊聊天，这既是一种幸福，也是一种对孩子的智力开发。早上起床穿衣时、吃早饭时、送接孩子上下幼儿园的路上，都可以进行心情分享的亲子交流。

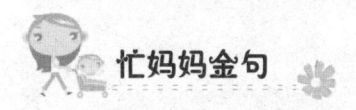

忙妈妈金句

作为职场妈妈千万不要贪恋柔软的床，可不能错过和你的小

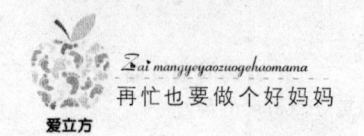

宝贝一起度过这美好时光的机会。因为这个时候，你的小宝贝也是渴望和妈妈待在一起的。

和孩子聊天，应该是每天早晨都应该有的生活，一个小时，或是几十分钟，哪怕就是几分钟也是好的。可不要小瞧这短暂的一段时光，与孩子尽情畅聊，可以密切亲子关系，也能给孩子一个好心情，使孩子在快乐中度过一天。

只有和孩子闲聊，才能拉近与孩子的距离，使孩子信服你，对你产生信任感。这样你才能了解自己的孩子，更好地指导他的学习和生活。

哪怕是用亲吻把孩子温柔地唤醒，一次简短的抚摸，母子间的嬉闹小游戏，一起吃早饭，都能让孩子感受到妈妈无尽的爱。

晚上给孩子三个十分钟

经过一天的奔波和忙碌，忙妈妈终于可以歇歇脚了。把夜晚留给孩子吧，和孩子在一起你可以没有面对同事时的拘谨和严肃，可以敞开心扉，不必设防。既放松了心情，又给孩子带来了爱。

在一次同学聚会上，我们这些做了妈妈的人自然就把话题引到了孩子的身上。那时彤彤才六岁，同几个随妈妈来聚会的孩子很快就打成一片，大家的孩子年龄都差不多，大的七八岁，小的四五岁。孩子们就像一群快乐的小鸟，蹦啊、跳啊、喊啊、叫啊，那个欢快劲儿就别提了，比我们这些几年不见的老同学还高兴，仿佛他们是多年的玩伴，一点陌生感都没有。有一个男孩钻在餐桌底下，学老虎的叫声，故意吓唬年龄小的孩子。彤彤在一群孩子当中，表现得得体大方，呵护着小的，迁就着大的，很快她就成了"人气王"，将大呼小叫的孩子都团结在自己的周围。

对于彤彤的表现，大家都投来羡慕的眼神，夸彤彤懂事。全职妈妈和职场妈妈都纷纷向我取经，说你整天忙得天昏地暗的，还有时间调教孩子，要不是看到彤彤，还真不敢相信这是真的。

说到时间，我还真的有一番感慨。同那些全职妈妈比，我的时间都是些零碎，除了节假日，其他时间都是挤出来的。鲁迅先生说的好，时间就像海绵里的水，只要挤总是有的。如果说早晨与孩子短暂的相处时

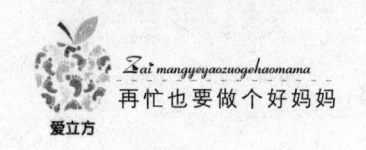

间是鼓舞激情的,那么晚上的时间就应该是精心耕耘了。相对比较起来,晚上的时间比较集中,从下班回家到十点钟睡觉,这期间有三四个小时可以利用。

对于妈妈来说,无论多忙,晚上都应至少给孩子三个十分钟,所谓的三个十分钟,其实就是三个时间段:下班进门十分钟,餐中或餐后十分钟,临睡前的十分钟。只要把握好这三个时间段,就足够与孩子沟通交流了。

我的工作性质决定了每天的时间都不会清闲,几百人的公司的人力资源部经理并不是一个闲职,聘人的事情要管,薪金的问题要管,档案的问题也要过问,还有诸如考核、培训等一大摊子的事情。尽管如此,我始终保持着旺盛的精力。因为家中有个可爱的女儿在等待着妈妈,每天早晨同孩子一起交流的时光,使我感到异常幸福,是女儿给了我动力。而下班后,无论多累,一想到快要见到宝贝女儿,那种幸福感油然而生,将一身的劳累都冲到九霄云外去了。当我的钥匙插进锁孔的那一刻,一直在操心妈妈的彤彤就早早等在门口,人还没见到,她的声音已经进入了我的耳朵。开门后彤彤已经将拖鞋摆在那里,小嘴里甜甜地叫着妈妈,伸出小手将我的包接了过去,咚咚地跑到衣帽架那里将包放好,又咚咚地跑回来拉着我的手将我让到沙发上,扑到我怀里乱钻,那亲昵劲儿难以形容。一天的思念之苦,就在这进门的十分钟里得到了补偿。

晚饭以后,就是我和彤彤的时间了,这也是一天中我跟彤彤待的最长的亲子时间,有时我会打开音乐,放上一段我跟彤彤都喜欢的节奏轻快的音乐,一起随着音乐哼起来,拉着彤彤的小手一起摇摆起来。这段时间不仅让彤彤觉得她是最快乐的小女孩,我自己也可以借此调节一下因工作而疲惫的身心。有时我会带着彤彤去广场散散步,坐坐摇摇车,欣赏一会跳夜舞的老奶奶们的舞姿,偶尔彤彤也会跑到她们中间跟她们共跳一曲。只要下班不是太晚,给彤彤洗澡的事都是由我亲自做,因为洗澡时间也是最佳的亲子时间。在帮彤彤洗澡的过程中,我既可以通过抚摸来传递母爱,也可以让彤彤在水里尽情玩耍。饭后的亲子小游戏、睡前的亲子小故事都是我的必修功课,也是我对白天不能陪彤彤的最好补偿。每天,彤彤都在我的故事或催眠曲中进入梦乡。

　　就这样,我和彤彤一起度过了无数个美好的夜晚,从她咿呀学语,到她考入大学前,我们的夜晚都是在这样的美好时光中度过。活动内容随着彤彤年龄的增长而变化,而亲子的时间从未中断过。所以,即使一边是职场一边是孩子,即使与孩子相处的时间多么少,我们也要充分利用与孩子相处的每一分每一秒,一方面以饱满的精神状态应对工作和生活,另一方面以轻松快乐的心态面对孩子,了解孩子,给孩子安排丰富多彩的生活,不错过生活中每一个学习与相处的机会。那么,我们就可以给自己与孩子打造高质量的亲子时光。

忙妈妈金句

　　如果说早晨与孩子短暂的相处时间是鼓舞激情的,那么晚上的时间就应该是精心耕耘了。

　　对于妈妈来说,无论多忙,晚上都应至少给孩子三个十分钟,所谓的三个十分钟,其实就是三个时间段,下班进门十分钟,餐中或餐后十分钟,临睡前的十分钟。只要把握好这三个时间段,就足够与孩子沟通交流了。

　　饭后的亲子小游戏、睡前的亲子小故事都是我的必修功课,也是我对白天不能陪彤彤的最好补偿。每天,彤彤都在我的故事或催眠曲中进入梦乡。

　　只要我们充分利用与孩子相处的每一分每一秒,一方面以饱满的精神状态应对工作和生活,另一方面以轻松快乐的心态面对孩子,了解孩子,给孩子安排丰富多彩的生活,不错过生活中每一个学习与相处的机会。那么,我们就可以给自己与孩子打造高质量的亲子时光。

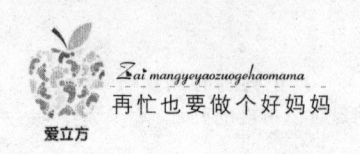

赖在床上迎接周末的阳光

连日的工作怎一个"累"字了得？终于盼来了周末，给你的身心彻底放个假吧。赖在床上，和孩子一起迎接周末暖暖的阳光，在温馨又温暖的美好氛围中共度亲子好时光。

当阳光从窗户里照射进来时，整个房间就像镀了一层金，这是我感到最惬意的时光。周末的早晨躺在床上，眯起眼睛充分享受这份安逸，任凭朝阳的光芒洒在身上，那种温暖的抚爱，难以找到恰当的形容词，只可意会，难以言传。这个时候，有一只小手悄悄地伸到眼前，那有些刺眼的阳光立刻被隔离开来。我知道彤彤的小手指马上就要戳到我的鼻尖，然后就是一顿羞臊：妈妈是一个大懒虫。接下来，就是一个热烘烘的小身体压上来，两只小手捧起我的下颌开始摇晃。再接下来，就是一阵的翻滚，开心的游戏。

这种幸福的生活只有做了妈妈后才能享受和体会到，我和彤彤基本上都是这样迎接周末的阳光的。即便是彤彤上了初中和高中，这种习惯仍然延续着，只不过游戏变成了生活探讨和学习探讨而已。赖在床上迎接周末的阳光，成了我们家的生活习惯。

有人很羡慕我们的生活，表示他们就做不来，没有工夫和孩子一起玩。因为他们周末的时间早就安排得满满的，早上总是急吼吼地把睡眼惺忪的孩子从床上揪起来，像赶鸭子那样赶着孩子去奔赴各种辅导班，开始一天沉重的"学习"。隔壁的胖林林就是一个典型，他好像从未享受过赖在床上迎接周末阳光的日子。

一、忙妈妈时间攻略
时间是可以拼接的碎片

我们住的这栋楼是一栋老楼,隔音效果特差劲,隔壁有一点动静都能听得很清楚,所以,我们一家人都养成了悄声生活的习惯,主要是怕影响邻居的生活。也许是我们平时太安静了的缘故吧,胖林林家就没有觉出隔音效果差,只要家中有人,总是乒乒乓乓的,说话的声音那个大,简直就是噪声。生活在这样一种环境中,胖林林的哭声自然也是粗大的。彤彤总是小声地问我:"妈妈,林林哥哥一家的声音怎么那样大呀,跟吵架似的。"我只好转移话题,不想让彤彤产生埋怨别人的念头。

胖林林是一个比彤彤大三岁的小男孩,刚上小学时,家里就给他报了七个各种名目的辅导班,而周六、周日的时间安排得最紧,早早就能听到他妈妈粗声大气地喊:"林林,起床啦!"这时睡得正香的林林发出不情愿的哝哝唧唧、含糊不清的声音,意思是我知道了。过了没有五分钟,就听到林林妈妈咚咚的走路声由远及近,接下来是林林的哎呀哎呀的叫喊声,这是他被妈妈揪着耳朵拉起床,然后是一阵窸窸窣窣的穿衣服的声音,急促的吃饭声音,接下来是出门的声音。每当这时,彤彤都把头扎在我的怀里,她害怕听到这些声音。

相比较而言,彤彤是幸运的,我从来不给她报什么班,我觉得让孩子充分享受自由,彻底放松身心,才是最重要的,拔苗助长的事情我是不会干的。轻松地享受周末的晨光,使孩子一天有个好心情,同孩子一起嬉戏,对孩子的智力开发和茁壮成长都极有好处。因为孩子没有了压力,精神状态超好,并感受到了爱,孩子自然乖巧上进,更想展现自己。

玩耍是孩子最大的学习,通过玩耍,孩子能够认知世界,获得成功的体验。所以,利用周末和孩子一起玩耍或聊天,也是培养孩子的一种有效途径。它能增强孩子的"体验感"和"参与感",让孩子在玩耍过程中不仅形成积极的学习意识,更能让孩子在这样良好的氛围中学会融入人群。

陪孩子一起玩,"储蓄"一家人的亲密情感,让孩子在欢乐和纯真的氛围中健康成长。在和孩子的玩耍过程中,能了解孩子身上很多的东西,也会更多地了解自己。通过花时间跟孩子玩耍,可以跟孩子建立亲

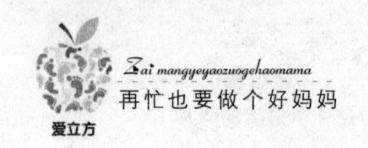

密的情感纽带，而且心理学研究也表明，和父母关系越亲密的孩子，越好管教。

玩是孩子的天性，父母陪孩子一起玩耍和聊天，能够使孩子最大限度地利用这一天性，在玩中学习，在玩中获得快乐，在玩中不断成长。应该每天专门抽出时间陪孩子玩一会儿或是跟孩子聊一会儿，要让孩子唱主角，父母当配角，这样就可保证孩子高涨的情绪，还可以让孩子早早练就有主见和自立的性格。比如，游戏应该让孩子自己来发起，因为，当孩子在选择玩什么的时候，他会进行比较多的学习。此外，由孩子自己发起的游戏还增强了孩子的自尊心："爸爸妈妈喜欢做我做的事情！"另外，陪孩子玩的态度要积极，不要心不在焉地陪伴，不要把陪伴变成变相的"监管"。需要注意的是，不要勉强孩子去玩他不感兴趣的游戏，可以和孩子商量着玩，玩一些大家都感兴趣的游戏。在陪孩子游戏时，要和孩子一样真诚投入、专心。否则，孩子会认为你在敷衍他，影响孩子的兴趣。

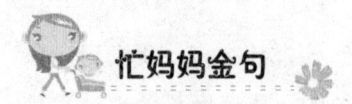

忙妈妈金句

轻松地享受周末的晨光，给孩子一天有个好心情，同孩子一起嬉戏，对孩子的智力开发和茁壮成长都极有好处。因为孩子没有了压力，精神状态超好，并感受到了爱，孩子自然乖巧上进，更想展现自己。

玩耍是孩子最大的学习，通过玩耍，孩子能够认知世界，获得成功的体验。所以，利用周末和孩子一起玩耍或聊天，也是培养孩子的一种有效途径。

陪孩子一起玩儿，"储蓄"一家人的亲密情感，让孩子在欢乐和纯真的氛围中健康成长。在和孩子的玩耍过程中，能了解孩子身上很多的东西，也会更多地了解自己。通过花时间跟孩子玩耍，可以跟孩子建立亲密的情感纽带。

一、忙妈妈时间攻略
时间是可以拼接的碎片

享受长假不扫除

　　　　整日在工作和家庭之间忙碌穿梭，无暇顾及家中的卫生状况。好不容易盼到了长假，忙妈妈们总是爱甩开膀子大干，给家里彻底来个大扫除。其实，对于孩子来说，一个一尘不染的家又怎能敌得过和父母在一起开开心心的玩耍呢！

　　有一次休长假，我带彤彤兴冲冲地去拜访住在城市另一端的一位老同学兼密友，这是早在一个多月前就约好的：有空去她家里玩。正好她的女儿妍妍同彤彤年龄差不多，两个孩子接触过几次，能玩得来。所以，并没有事先电话联系我就出发了，想给她一个惊喜。

　　大街上节日的气氛很浓郁。每逢这种时候，彤彤就变成了快乐的小天使，因为她可以痛痛快快地玩了，可以开心地同爸爸妈妈到处去游逛长见识去了。我们一路好心情地穿越整座城市，敲响好友的家门。门开了，朋友惊呆了，我看呆了，而彤彤和妍妍惊喜欢呼着，跑到一边"亲密"去了。

　　好家伙，沙发上是一堆替换下来要洗的衣服，窗前是水盆和抹布，厨房里是一堆堆的垃圾。我转了一圈后说："你可真行，放长假了，还不赶快出去透口气，还窝在家里大扫除。""唉，没法子的事情，平时忙，只有赶在放假时集中突击了。"脸上满是苦相，好像自己有多委屈。"真拿你没办法，平时要是能统筹安排，每天抽空做一些，哪来的这些干不完的活儿？"她吐吐舌头，表示自己确实没脑子。小坐了一会儿，我提议两家一起出去转转，不为别的，就为给孩子创设一个愉快的心情。"至于

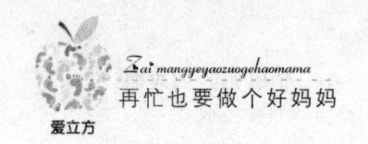

你这些活计，还是暂不要管了。"她搓搓手，下定决心地说："走！"

最高兴的是两个孩子，妍妍跑过来搂着妈妈的脖子亲个没够，看来孩子早就不想闷在屋子里受罪了。

那一天，我们玩得一塌糊涂，觉得整个世界都是我们的。在公园，在郊外，在人流中，到处留下了我们欢快的脚印和欢笑声。

在当今激烈竞争的社会环境里，每个人都多多少少有压力，孩子亦如此。平时大人工作，孩子学习，很难有整块时间陪同孩子，赶上节假日如果再不改善一下生活环境，大人孩子都会很累，很烦躁。其实，孩子需要的并不是每天擦得光亮如新的家具以及一尘不染的家，他们真正需要的是能和父母在一起开开心心的玩耍。

假日是父母与孩子交流、增进感情的好时机，父母和孩子之间的每一项活动都可能促进或削弱亲子关系。平时孩子与父母都忙，应抓住一切空暇陪伴孩子。假日是孩子休息、放松的时间。与平时的紧张学习时间相比，孩子的空闲时间多了，想象的空间也大了。应争取一切机会带孩子去增长见识，鼓励孩子发挥想象，尊重孩子的意见，这样，将有助于增强孩子的自信心和创造力。

假日是孩子们接触自然的大好时光，一次户外野餐，一次郊游，都有助于家庭成员之间的交流和沟通。在长假里，最好带孩子出去转转。近处如去公园，不一定非得是名胜景点，哪怕是社区附近最迷你的街心公园，也是不错的去处。就因为是户外，因为贴近自然。其实孩子不需要很奢华、很精致的玩具或者玩乐场所，他们的快乐来自最简单的东西：一片草坪，一朵鲜花，一片湖水。去参加公益活动也是很不错的，如探望福利院的孩子，做义工等。这对孩子是很好的道德熏陶，有助于培养孩子更珍惜现在幸福生活的意识。同时也可以通过这些活动提高孩子的社交能力，实际生活能力等。如果想再到稍远一点的地方，就去郊游吧。播种，采摘，钓鱼，放风筝，爬山，野餐，烧烤，活动的方式很多，这样可以让孩子充分地亲近自然，彻底放松身心。带孩子出门旅游那就更妙不可言了。整理行装时尽量让孩子参与，如让孩子收拾自己的玩具或

一、忙妈妈时间攻略
时间是可以拼接的碎片

随身携带的物件，从小培养孩子的独立能力。携带一些事先准备好的点心，包括孩子爱吃的食物，允许孩子改变一下吃东西的方式或食物量，不要像在家里一样严格要求。一家人在风景优美的他乡旅游，那种新鲜感，那种惬意是难以用语言来形容的。每年的长假，我们都会带上彤彤出门去旅游。

都市中的职场中人总是感叹：人在江湖，身不由己，活得很累。其实，远没有那么严重。所谓的累是自己没有合理地去分配时间。我也是职场中人，同样整天忙忙碌碌的，可是却没有感到有多累。即便有时感觉很累，一想到孩子，一想到一家人的那份亲情，劳累的感觉就大大减轻了。这种累，需要家庭的温情去稀释去融化。与家人更多的相处，能令家庭成员之间的关心和了解不断升温。当身心得到了放松，便有更好的精神状态去迎接工作。这样一来，工作效率明显提高，自然也就没有那么累了。假日就是放松的时刻，长假里就应该"放纵"一下，将家务丢在一边，将心事放下，与孩子一起去"疯"。

忙妈妈金句

其实，孩子需要的并不是每天擦得光亮如新的家具以及一尘不染的家，他们真正需要的是能和父母在一起开开心心地玩耍。

在当今激烈竞争的社会环境里，每个人都多多少少有压力，孩子亦如此。平时大人工作，孩子学习，很难有整块时间陪同孩子，赶上节假日如果再不改善一下生活环境，大人孩子都会很累，很烦躁。

假日是父母与孩子交流、增进感情的好时机，父母和孩子之间的每一项活动都可能促进或削弱亲子关系。

应争取一切机会带孩子去增长见识，鼓励孩子发挥想象，尊重孩子的意见，这样，将有助于增强孩子的自信心和创造力。

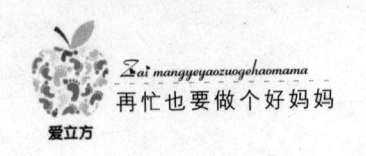

陪伴不在乎时间长短

对于忙妈妈来说，你可能总是为不能给孩子更多的时间而自责、内疚。其实，陪伴孩子并不在乎时间的长短。俗话说得好："浓缩的都是精品"，只要用心地给予孩子高质量的爱，即便时间短，也同样会让孩子感到充实和快乐。

美国宾翰顿大学神经科学及认知心理学特聘教授马克·伦岑韦格尔认为："在与父母每天进行积极互动的过程中，孩子会模仿大人的社交技巧与处世方法，学会从容处理自己面临的问题，从而提高心理承受力，性格会更加开朗、阳光。"所以，在孩子的成长过程中，用心地多陪伴孩子，让孩子在欢乐和纯真的氛围中健康成长，这才是送给子女的最好礼物。

有些家长可能会抱怨，我们不是不想陪孩子，只是因为工作繁忙，事务众多，根本没有时间。

是啊，作为职场妈妈，我们每天都行色匆匆地在家庭与职场中穿梭，高效是我们在工作上的基本要求，在不知不觉中，这成为了我们的习惯。而这些习惯也如影随形地表现在我们每天的日常生活中，永远都有"赶不及"的焦虑。不知从何时开始，家长总喜欢说："快点、快点！""来不及了，再快点！"孩子吃饭时，要孩子快点吃；穿衣服时，要孩子快点穿；走路时，要孩子快点走；写作业时更是要孩子快点写。像这样的场景，几乎每一个家庭都在上演。弄得孩子整天紧张兮兮的，很难体会到童年的快乐。缺少父母的陪伴，对孩子的身心发展是不利的。其实，陪

一、忙妈妈时间攻略
时间是可以拼接的碎片

伴孩子不在时间长短,而是有没有"专心"陪伴。很认真地陪伴孩子半个小时、十几分钟,彼此有交流、有互动,孩子才能感受到父母的爱。如果孩子好不容易盼到父母回家,却遭来一通"快一点"的狂轰滥炸,或者父母总是心不在焉,边忙其他事边把孩子放在一旁,这样的陪伴毫无品质可言,即便你终日守候,孩子也不会感到快乐。

在彤彤五六岁时,有一段时间赶上公司大批招聘新人,面试、培训忙得我团团转,不免有些急躁情绪。回到家里,面对热切扑上来的彤彤,不免有些应付,告诉她妈妈很累,让她自己去玩,尽管孩子有些失望,可是她还是照做了,一个人闷闷不乐地去玩。这时他爸爸又在深圳出差,每天只是打个电话回来。一连几天我都是身心疲惫,彤彤似乎懂事了很多,很少像从前那样来缠我。由于忙,我没有及时发现孩子的心理变化。周末时,我带彤彤去公园放松,在假山的长椅上,彤彤小心翼翼地问:"妈妈是不是不喜欢彤彤了?"我将她搂在怀里问她为什么会提出这样的问题时,彤彤从我怀里挣脱出来,表情很认真地要我回答她的问题。当我肯定地说我一直很爱她时,她说妈妈在骗人。结论是妈妈下班回家不和彤彤一起玩了,不和彤彤说话了。这时我才发现,原来彤彤变乖是因为觉得妈妈不再爱她了,心里存了心事。好在仅是几天的事情,趁孩子没有受到太大的伤害,赶紧进行解释和补救。

这件事情我到现在还铭记在心,孩子的情感世界是丰富的,你的一举一动,都牵动他们的心,有时你随意说出的一句话,都可能使孩子敏感的神经受到震荡。对于职场妈妈来讲,照顾孩子与工作是一对矛盾。但是,我们可以在有限的时间里,与孩子有一个高质量的交流。因为,陪伴孩子不在时间长短,而在于是否专心,是否舍得花心思,否则俩人成天在一起也未必能起到多么显著的教育效果。

我是百分百的忙妈妈,可是彤彤并没有因此而缺少陪伴,也顺利地成长起来。我陪同孩子的诀窍就是注重"质",这是职场妈妈必然的选择。我就是利用早晨、晚上和节假日等拼接起来的时间来陪伴孩子的,并长期坚持。

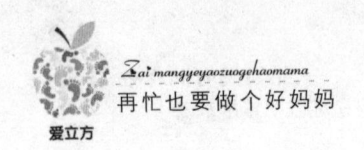

我很忙,所以倍加珍惜每次与彤彤在一起的亲子时光。我知道我要利用这点微不足道的时间干什么,我到底要影响她什么,至少要让她明白些什么。所以,使很多人感到神奇的是,他们看我整日忙忙碌碌,根本没时间在家待着,但我对女儿的教育却非常有效。这就是我陪伴孩子的秘诀,因为我把有限的跟孩子在一起的时间都很好地利用起来了。这就像我们读书一样,很多人都以工作忙为借口,说没时间读书。但事实上,如果你真想读,时间总是可以挤出来的。没时间陪孩子,没时间教孩子,这都是借口。大家都知道养育孩子是父母的责任,殊不知,花心思教孩子才是更大的责任!

研究人员指出,母亲和孩子之间的高质量交流活动会对孩子的社交能力和智力发育起到至关重要的作用,而不需要花费母亲所有的时间跟孩子在一起。真正能影响孩子今后发展的是母亲的性格———她的敏感度,以及她是否能和孩子一起参加刺激有趣的游戏。这项研究表明,母亲工作状况本质上并不影响孩子的成长和发育。

对于和孩子相处时间较少的忙妈妈一族来说,最好每天安排专属于孩子的时间。每天至少抽出半小时时间与孩子进行一些身体接触的游戏,或是和他们一起读书也可以。其实,妈妈们完全没有必要刻意为延长与孩子的相处时间而费心,只要对孩子用心地陪伴,在陪伴孩子的过程中,能够进入到一种全身心投入的忘我状态,那么,你就完全可以在半小时的时间内赋予孩子24小时均在其身边的充实感。

对于孩子而言,较之与妈妈在一起的时间"量",妈妈和孩子相处时所传达的爱"质"更为重要。即便你与孩子在一起的时间十分有限,但只要在这短暂的陪伴中令他感受到高度浓缩的爱,孩子也就会感到满足和欢心。因此,即使生活再忙碌,妈妈也不要忘记每天为孩子留出半小时至一个小时"只属于你和他的时间"。在这"只属于你和他的时间"中,妈妈应深情地望着孩子的眼睛,细心倾听孩子的声音,关注孩子的每一个动作,并且尽情地拥抱和亲吻孩子,告诉孩子妈妈有多爱他,使孩子每天都能感受到妈妈的爱。当孩子得到父母的爱与关怀的时候,孩

一、忙妈妈时间攻略
时间是可以拼接的碎片

子的稳定情绪与自信心就会持续成长。每天半小时时间，相信再忙的妈妈也能做到。

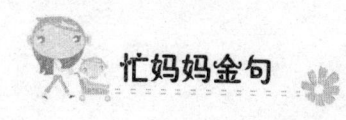

忙妈妈金句

　　陪伴孩子不在时间长短，而是有没有"专心"陪伴。很认真地陪伴孩子半个小时、十几分钟，彼此有交流、有互动，孩子才能感受到父母的爱。

　　如果父母总是心不在焉，边忙其他事边把孩子放在一旁，这样的陪伴毫无品质可言，即便你终日守候，孩子也不会感到快乐。

　　我很忙，所以倍加珍惜每次与彤彤在一起的亲子时光。我知道我要利用这点微不足道的时间干什么，我到底要影响她什么，至少要让她明白些什么。

　　妈妈们完全没有必要刻意为延长与孩子的相处时间而费心，只要对孩子用心的陪伴，在陪伴孩子的过程中，能够进入到一种全身心投入的忘我状态，那么，你就完全可以在半小时的时间内赋予孩子24小时均在其身边的充实感。

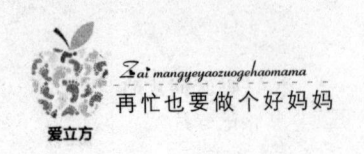

爸爸的时间也要拿来拼

> 教育孩子不是妈妈一个人的事,古人云:子不教,父之过,可见爸爸对孩子的成长有多重要。所以,只要爸爸有时间,不,没有时间也要创造时间,用浓浓的父爱,为孩子撑起一片澄澈的蓝天,使孩子拥有灿烂的人生。

送彤彤上大学后,心里总觉得空落落的,想她的时候就到她的房间坐一会儿,闭上眼睛感受同她在一起的时光。

一天,在整理她留在家里的东西时,我从一个日记本里翻出一张她七岁时候的照片,画面里她安坐在双杠上,虽然神情有些紧张,但她还是咧开嘴在笑,刚刚换掉的门牙才长出半颗。照片背面的字是她用圆珠笔歪歪扭扭地写上去的,内容是:"爸爸给我了勇气!!!"连用了三个感叹号。也许是她觉得最值得珍藏的吧,这张照片没有放在影集里,而是单独夹在了日记本里。

看着这张照片,记忆一下子就回到了那一年的秋天。当时是周末,我们一家人到公园的健身区去锻炼身体,爸爸在双杠上做了许多优美的动作,把彤彤羡慕得不行,也想爬上去,可是又不敢上去,在爸爸一再鼓励诱导下,她终于下定决心,同意让爸爸把她抱上去。记得当时她是闭着眼睛的,等坐得安稳了,才敢慢慢睁开眼睛,我及时按下快门,照下了她人生的这个第一次。

彤彤之所以对这个第一次有着深刻的印象,与爸爸是分不开的,她的题字就说明了这一点。

一、忙妈妈时间攻略
时间是可以拼接的碎片

说到了爸爸，使我想起了著名的心理学家格尔迪说的一句话，他说："父亲的出现是一种独特的存在，对培养孩子有一种特别的力量。"这句话道出了爸爸的重要作用。孩子是夫妻的爱情结晶，也是共同的财产，对孩子的培育爸爸同样是不可缺失的。孩子不是妈妈一个人的，所以不管是照料孩子，还是教育孩子，都是家庭共同的权利与责任。爸爸绝不是可有可无的配角，同样是很重要的。爸爸对孩子的逻辑思维能力、身体运动智能的发展、意志力和坚强性格的培养以及创造性意识的形成有着独特的影响，这是妈妈所不及的。研究还发现：孩子智能发展的高低同与爸爸接触的密切程度息息相关。心理学家麦克·闵尼指出"一天中，与父亲接触不少于2小时的男孩子，比那些一周以内接触不到6小时的孩子，智商更高。"更有趣的是，研究人员还发现，父亲对女孩子的影响力要大于对男孩子，与父亲密切相处的女儿数学成绩更佳。

事实也的确如此，彤彤就是一个成功的例证。当初我们在对孩子的培养上，态度是一致的，那就是不仅要给孩子一个温馨的家，还要给孩子充分的爱，我们做到了。尽管他爸爸作息时间并不规律，但是，总是安排出陪同孩子的时间，即使出差到了外地，也坚持每天通话。

可是，有些家庭就不行了，也许受中国传统的"男主外，女主内"思想影响的缘故吧，爸爸缺席教子的情况是很普遍的。

我的表弟一家就是这样的，他是一家大型外企的职员，酬劳高，但很辛苦，很少有时间在家，与孩子的生活节拍配不上节奏。当他出门时，孩子还在甜甜地睡着，等他忙完一天的工作和应酬后，孩子已经进入了梦乡。在孩子眼里，爸爸基本上是一个影子。照顾孩子基本上成了弟媳的事情。他们孩子还很小的时候，经常出现焦躁不安、夜哭不眠、食欲减退、抑郁易怒等现象，愁得弟媳整天抱着孩子去"看病"，医生也没有什么好办法，只能嘱咐说让孩子有规律地休息，有规律地饮食，给孩子营造一个安逸的环境等。

一次我去看望他们，弟媳看着躺在床上的孩子向我诉苦。听她讲述完，我告诉她，孩子没什么大病，这是典型的"父爱缺乏综合征"的症

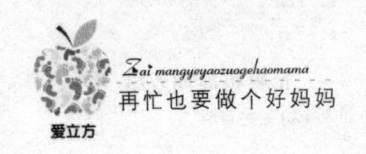

状，药物是不管用的。弟媳将信疑信地向我讨教方法，我当时说，每天让爸爸陪伴一会儿或许管用。

后来，他们听了我的建议。表弟压缩了应酬的时间，每天下班后就直奔小表侄的小床前，同他说话啊，逗弄他笑啊，抱着他到处走啊。当两个月后我再到他们家去时，再也看不到弟媳的愁眉苦脸了，她欢天喜地地告诉我，他们家的小宝贝变得乖了。

从那以后，我简直成了他们的育儿亲子顾问，上门求教，电话咨询，三天两头地找我。我也乐得给他们当顾问，十分体谅他们的不易。现在，小表侄也上了高中，是一个品学兼优的好学生，还获得过省级奥赛的冠军，是学校重点培养的对象。

父爱是不能缺席的，有时，因为缺乏父爱，孩子还会通过一些独特的行为和心理来表现他对父爱的需求。同事家的小女孩琳琳，非常聪明伶俐，可常有"人来疯"的毛病，这让父母十分头痛。当他们向我这个过来人讨教时，我发现：孩子这种反常态的表现，其实是在向大人暗示一种最基本的心理交际需求——爸爸，给我一点关注吧！事实也正是如此，我的这位同事算不得一个合格的爸爸，爱好交际的他很少同孩子在一起，他更多的时间都用到了你来我往的应酬上，这样，孩子怎能得到想要的父爱？

随着孩子一点点地长大，他的独立性和生活处理能力逐步加强，已不再满足于以往仅和妈妈在一起的交往方式和生活圈子了。这时，爸爸就会成为他们重要的游戏伙伴，孩子会从中学到许多不同于妈妈的交往方式。如爸爸会更多地通过游戏和孩子交往，而一旦游戏结束，爸爸就很快地转移情绪，这对孩子来说感到十分新鲜，而且有利于孩子体会应该在什么时候克制自己过多的情感要求。另外，在和孩子进行游戏的过程中，爸爸不同于妈妈，总是一味地谦让和娇宠孩子，他们更多是以平等、平行的形式交往，这会给孩子提供更多的学习机会。所以，为了孩子更健康地成长，爸爸们一定要从百忙的工作中抽出时间，来陪伴和教育自己的子女，千万不要因为过于忙碌而疏忽了对孩子的教育，更不能

一、忙妈妈时间攻略
时间是可以拼接的碎片

错误地认为"照料孩子与爸爸无关"。

父爱和母爱是有差别的。女性的柔情容易导致对孩子的溺爱,喜欢对孩子的一切包办替代,为孩子提供无限的温情和安稳、舒适。相比较而言,父亲则更能放手一些,能给孩子更多尝试和探索的机会。而且,爸爸喜欢和孩子玩那些刺激多变的游戏,这会使孩子更勇于接受挑战和冒险。这样的培养方式可以让孩子勇敢、有魄力和勇于承担责任。男性和女性的天然差异,使得父亲在很多问题上更趋于理性和宏观一些,而母亲则更趋于感性和微观一些。这样的差别会潜移默化地影响孩子的处世方式和判断能力。缺少父亲陪伴的孩子,往往理性教育偏弱,这样的孩子往往通晓是非、明白事理,但能力会相对较差一些。偏于理性的父亲会给孩子更多的权威感、纪律感和约束感。因此,父亲应创造机会,尽可能多地陪伴孩子,有意识地发挥自身的这些良性作用,用自己良好的言行为孩子作表率,并把做父亲当做自己的一项事业来经营,对孩子投入更多的精力与心血。

关注孩子不在于时间长短。工作繁忙的爸爸,尽管亲子时间比较少,但只要方法得当,善于抓住"表现时间",仍然能和孩子保持很亲密的关系。父子肌肤的亲密接触,能给孩子带来极大的安全感和力量感。所以,爸爸平时不妨多亲吻、拥抱和抚摸孩子,牵牵他们柔软的小手,这会使孩子感受到父爱的温暖。每天抽出一点时间给孩子讲个故事,同孩子一起玩耍、一起欢笑、一起聊天,这会成为孩子心中最美好的记忆。他们会从父亲的潜移默化中汲取最美好的情感、智慧等营养。忙碌的爸爸们,多给孩子些时间和关爱吧,别让你今天的忙碌错过孩子的成长,也许会留给孩子一生的遗憾。

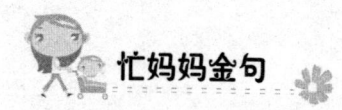

忙妈妈金句

孩子是夫妻的爱情结晶,也是共同的财产,对孩子的培育爸爸同样是不可缺席的。孩子不是妈妈一个人的,所以不管是照料

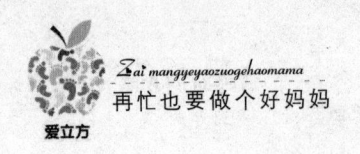

孩子，还是教育孩子，都是家庭共同的权利与责任。爸爸绝不是可有可无的配角，同样是很重要的。

　　为了孩子更健康的成长，爸爸们一定要从百忙的工作中抽出时间，来陪伴和教育自己的子女，千万不要因为过于忙碌而疏忽了对孩子的教育，更不能错误地认为"照料孩子与爸爸无关"。

　　父亲应创造机会，尽可能多地陪伴孩子，有意识地发挥自身的这些良性作用，用自己良好的言行为孩子作表率，并把做父亲当做自己的一项事业来经营，对孩子投入更多的精力与心血。

二、再忙也不能忽略的关键
关键品质的塑造和培养

品德决定成败,性格成就未来。忙碌的妈妈不一定顾得上孩子的所有教育工作,但品质的塑造和培养是教育一个优秀孩子的前提,是家庭教育的关键所在,再忙也不能忽视。

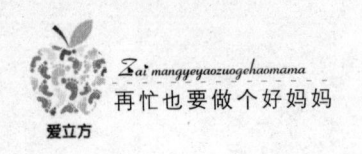

你若不洗碗我就不做饭

> 爱劳动的优秀品质要从小培养,现在许多孩子都过着"衣来伸手,饭来张口"的日子,这对孩子成长极为不利。一定要改变孩子的这种懒惰习性,他要是不洗碗,妈妈就干脆不做饭。

一天,一位同事向我抱怨说她的孩子很懒,什么家务都不做,已经12岁了,吃完饭后便拔腿走人,从未洗过一次碗,更不要说洗衣服、做家务了。我告诉她,你不妨运用方法"强迫"孩子劳动。她觉得让孩子从小养成爱劳动的习惯是很重要的事情,但真正做起来又困难重重。上学、课后作业,已经把孩子压得死死的,再让孩子做家务于心不忍,做父母哪有不疼孩子的。她说完连连摇头,表示很无奈。

是啊,孩子是妈妈的心头肉,疼孩子是理所当然的。看到她很无奈的样子,我说,我觉得劳动是孩子的"必修课",为了孩子的一生,家长一定要从小培养孩子爱劳动的习惯,对孩子力所能及的事不要大包大揽。要给孩子施展自己能力的机会,让孩子自己的事情自己做,不会的事情学着做,会做的事情经常做,只有这样,我们的孩子才能健康成长。你抱怨孩子不劳动,其实这种懒惰也是你自己给养成的。谁家的孩子都是一样的,我们家的彤彤同样面对上学、课后作业等问题,可是她在劳动上从未缺席过,而且还积极主动参与其中,把劳动当成了一种责任、乐趣。仔细想想看,谁家又有多少家务活呢?让孩子参与,主要目的是

二、再忙也不能忽略的关键
关键品质的塑造和培养

培养其勤劳的好习惯，不然孩子走上社会，建立家庭，他们什么也不会做，什么也不肯做，那么会是一个什么样的结局呢？

我这一番话对她是个警醒，她觉得是这样的一个道理，可是还是发愁，因为孩子已经养成"衣来伸手、饭来张口"的习惯，让他做点什么简直比登天还难。

我给她出了个主意：今天吃完饭后，让孩子洗碗，如果孩子不洗碗，你就不给他做饭。品尝过饥饿滋味的孩子，就能体会到妈妈的辛苦，主动帮妈妈做事了。我又给她讲了一位妈妈罢工的故事，让她从中受到一些启发。

美国有一位叫格蕾·施吕特的妈妈，她养育了四个 8~14 岁的孩子。这些孩子终日只知道看电视、玩游戏，就是不肯帮妈妈干活，甚至连做功课也提不起劲，每天需要爸爸妈妈不断地呵斥才会勉强去做。

终于有一天，这位妈妈决定治治这些孩子。那天，孩子们发现，妈妈在门前竖了一个牌子，上面写着："妈妈罢工"，孩子们觉得很奇怪，于是纷纷去问妈妈怎么回事。

妈妈说："我每天要工作，还要给你们做饭、洗衣服，但是，你们并不觉得妈妈做的这些事很重要，从不肯帮助妈妈来做，甚至自己的功课都要妈妈来催，妈妈觉得很累。从今天开始，妈妈要罢工了，我不再为你们做家务活了，你们自己的衣服自己洗，自己要吃什么都自己去做吧！"这位妈妈说到做到，真的不再为孩子们做家务。这时，孩子们才发现，劳动是多么的重要。

格蕾·施吕特说："孩子们终于明白，他们除了看电视外，还有很多事情要做。他们开始懂得用脑子想事情，开始看书、做作业和做家务活。"

听了这个故事，同事决定当晚就进行尝试。过了几天，她兴冲冲地跑来告诉我，这招还真管用，现在她的孩子不光能帮她做点事了，还懂得了体谅父母的辛苦。

当然，我并不是提倡父母都用这种要挟的方式来对孩子进行劳动品

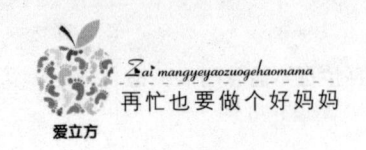

质的培养，这只是下策，是不得已而为之。孩子劳动习惯的培养应从小做起，父母应该让孩子明白劳动的重要性，让他知道不管愿不愿意，都必须参加劳动。一个不会劳动的人，会不断萎缩直到失去自我，这样的孩子最终不会获得幸福，其未来肯定也不会是十分光明的。

其实，孩子天生是爱劳动的，之所以变得懒惰，原因不在孩子，而在于家长。当孩子小的时候，跟在大人身后，想干点事儿时，家长却说："小毛孩子能干什么？别帮倒忙了，一边玩去！"这在不经意之中挫伤了孩子的劳动兴趣和积极性。还有的家长过于疼爱孩子，什么事情都包办代替，或认为孩子小，不用着急，长大了自然就会了，这样一来，孩子没有学习做事的机会，当然就什么也不会或不愿做事了。对于一些经常教训孩子"你现在不好好学习，长大了就只能去扫马路！"的家庭来说，会使孩子在潜意识当中，认为从事普通的体力劳动是一件不光彩的事。这样的家长，又怎能培养出一个热爱劳动的孩子呢？

让孩子参加劳动不仅可以培养孩子的社会责任感，也可以避免"好逸恶劳""好吃懒做"坏习惯的产生，还可以保持和他人良好的人际关系。对孩子的劳动教育要越早越好。特别是在孩子有劳动欲望的时候，家长一定要因势利导地鼓励和保护孩子的积极性，然后对孩子进行具体的指导。即便孩子做得不好也没有关系，孩子的劳动意识和劳动能力会逐渐地得到培养和加强。

如果真正爱孩子，那就从现在起培养他爱劳动的习惯吧！让孩子每天坚持做力所能及的事情，让孩子在劳动中感受成长的快乐。

在这方面，我一点也不娇惯彤彤，在她一岁多时，就让她自己拿汤匙吃饭，拿拖鞋或递物品给大人，把玩具放进篮子里等。到了两岁时，擦桌子、练习洗自己用过的盘子、杯子，把家人的鞋子摆整齐，将垃圾丢进垃圾桶内等都是她的必修课。养成习惯后，你不让她做这些时，她还会和你急。三岁的时候，已经能熟练地将用完的毛巾、牙刷挂好、放整齐，清理自己吃完饭后的桌面。至于扫地、自己整理床铺、给植物浇水、给宠物喂食等她都能胜任。到了五六岁她已经是一个非常勤快的小

二、再忙也不能忽略的关键
关键品质的塑造和培养

姑娘了，成了我的家务小助手，有时在一起说说笑笑就把家务干完了。

我之所以如此狠心"使唤"彤彤，并非不爱她，因为我知道几岁的孩子正处在学习动机最强烈的时期。从孩子的发展过程来看，孩子都是喜欢做事的：开始学走路就不要大人抱，学吃饭的时候不要大人喂，要自己舞匙弄筷地吃；给他穿衣服，他还会抢着自己套上身。这些时候，便是孩子学习做事情最强烈的时候。家长应耐心地教给他们做事的方法，指导孩子做好他们想做的事，使孩子享受到"我会"的喜悦和成就感。千万不要顾虑到安全或觉得麻烦而不肯让孩子尝试，使他们错失了学习的最佳时机。

对于年幼的孩子来说，他的生活就是游戏，学习做家务也是一种游戏。要孩子收拾玩具的时候，你可以对他说："玩具宝宝玩累了，让我们送他们回家休息吧。"开饭的时候你可以说："妈妈当厨师，你当服务员，请服务员帮忙把菜端出去"。这让孩子感到劳动是很有趣的事，所以，他一定会非常喜欢参与劳动。

我们不要总认为孩子小，许多事情都舍不得让他做而事事代劳，孩子没有机会练习，渐渐地很多事情就真的不会做了。因此，要舍得让孩子锻炼。当然，一定要按孩子的实际水平和能力提要求，不能做拔苗助长的傻事。由于孩子的年龄不同，动作技巧、认知程度、体力、耐心均存在个别化差异，所以，应根据孩子的能力来让孩子做事，不宜超过，以免孩子因挫折而对劳动产生抗拒和畏惧心理。

培养孩子爱劳动的习惯，不是一朝一夕养成的，需要父母进行不断地强化。但是，父母一定要注意不要单纯地把孩子当做劳动力来使唤，不要把劳动当做惩罚孩子的手段，也不要过分用物质或金钱来强化孩子的劳动，而是应该通过表扬、鼓励等方法来进行强化。对孩子的劳动果实要给予鼓励和尊重，这样才能让孩子从劳动中获得快乐，从而有效强化和培养孩子热爱劳动的好习惯。

忙妈妈金句

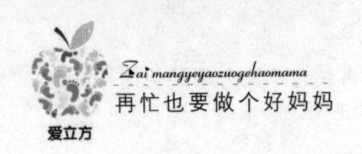

　　我觉得劳动是孩子的"必修课"。为了孩子的一生,家长一定要从小培养孩子爱劳动的习惯。

　　父母应该让孩子明白劳动的重要性,让他知道不管愿不愿意,都必须参加劳动。一个不会劳动的人,会不断萎缩直到失去自我,这样的孩子最终不会获得幸福,其未来肯定也不会是十分光明的。

　　如果真正爱孩子,那就从现在起培养他爱劳动的习惯吧!让孩子每天坚持做力所能及的事情,让孩子在劳动中感受成长的快乐。

　　我们不要总认为孩子小,许多事情都舍不得让他做而事事代劳,孩子没有机会练习,渐渐地,很多事情就真的不会做了。

二、再忙也不能忽略的关键
关键品质的塑造和培养

莫斯科不相信眼泪

在困境面前，眼泪是不能解决任何问题的。唯有凭借自己的意志，坚强地去面对，才能越过障碍，战胜前进路途中的一切困难和挫折。

记得彤彤三岁的时候，有一次我带她去打预防针，在计划免疫的医务室中，有一种现象，当打针的孩子哇哇大哭时，其余的孩子也都会纷纷"作陪"。如果不仔细辨认，你都看不出是谁在打针。所以，孩子计划免疫的日子，往往是医院中极为"热闹"的日子。

我在带彤彤去打预防针的路上，就开始给彤彤打气，"打针有什么可哭的，彤彤就不会那样。"

彤彤扬起小脸，问："打针很疼吗？"

我说："在蚊子叮你的时候，疼不疼？"

她想了想说："有一点点。"

我说："打预防针就像被蚊子叮了一下那样，并不是很疼的。"

我又对她说："要是想哭也是可以的，哭不哭反正都是被'叮'一下，也没什么大不了的。"

她说："那我就不哭。"

我问她："是不是觉得打针时，哭和不哭是一样疼的，哭也不能减轻疼痛。"

她点点说："是。"

到了医院，彤彤果然没有随波逐流加入"合唱团"，只是看着那些

大哭的孩子。

轮到彤彤打针了，她看看站在一边的我，坐在椅子上，伸出小胳膊，虽然有些紧张，但安静地等护士拿针管，安针头。

护士发现这个孩子不哭，很诧异地看看她。

果然，彤彤在护士面前没有表现出要哭的样子，只是把脸扭向我这边，紧紧地闭上眼睛和嘴巴，做出要挺住的样子。我站在一旁拉着她的另一只手，给她鼓劲。

针头刺进皮肤的那一刹那，我看见彤彤身子摇晃了一下，小嘴咧了咧，发出一声很闷的"哼"声。

护士拔出针头，惊喜地夸奖道："你这个小姑娘，真是太懂事了！阿姨从来没遇到过这么勇敢的孩子！你真棒！"

彤彤和我骄傲地走出了医务室，我问她："是不是有些疼？"

她说："比蚊子叮的疼些，我不哭。"

哭，是每一个孩子在成长过程中都必须经历的，在他们不会用语言表达时，哭声就是要求，如渴了、饿了、便便了；还有感知上的表达，如痛了，感到冷或热了；当然还有情感需求，如要妈妈抱，让家人陪同等。待他们稍大一点时，有了语言表达能力，哭在很多时候都是情感上的诉求。一般来说周岁前的哭是孩子的一种需要，但孩子长大了，仍然遇到一点困难和挫折就哭哭啼啼，这无疑是意志薄弱的表现。

有人说最怕听到孩子的哭声，孩子一哭心就软了，这是人之常情，是人的共性。但对于孩子的哭声，也要区别对待，特别是做父母的更是如此。我看到不少四五岁的孩子，有的摔倒了会保持着摔到地上时的最初姿势，趴在那里望着家长大哭，等着家人来呵护和帮助自己，这可能已经成为他们的一种固定习惯，如果当时并没有家长在身旁的话，相信他们也能够自己站起来，并拍拍身上的土，继续跑着去玩耍。这样的孩子往往有着太强的依赖性，也容易利用别人的同情和关爱，而这种同情和关爱会使孩子变得懦弱。

孩子摔跟头是常有的事情，彤彤也经历过多次这样的摔打，可是每

二、再忙也不能忽略的关键

关键品质的塑造和培养

一次我都鼓励她勇敢地爬起来,如果距离稍远,就装看不见,她在地上趴了一会儿,自己也就爬起来继续玩耍去了。这就是暗示的作用,如果孩子摔倒了,大人表现得比孩子还强烈,自然就会暗示给孩子这样一种信息:摔得很痛,孩子心里的痛感立刻就会增大数倍。反之,如果大人轻描淡写,或转移孩子的注意力,孩子的痛感就会减轻许多,因为孩子从大人那里得到的暗示是:没什么大不了的。

记得我在小区广场上带着她学走路的时候,彤彤高兴地咧着小嘴、蹒跚地冲着我走来,一不小心,摇摇晃晃地栽倒在地上,我没有像其他妈妈那样惊慌失措地冲过去把孩子抱起来,而是拍着手站在离她不远的地方继续激励她,"彤彤,站起来,找妈妈!"其实,大多数孩子的哭,并不是因为摔得有多痛,而是被妈妈惊慌的情绪所惊吓。

老实说我一直认为自己不是一个母鸡般呵护孩子的妈妈,也不是高高在上对孩子指指点点的老师,而是孩子的朋友和引导者。彤彤每一次的摔倒,我都鼓励她要坚强,要不哭不闹,自己站起来,自己拍干净身上的土。这让孩子从小就明白了眼泪不能解决问题,要想走出困境,必须勇敢地去面对和克服。

在孩子的成长过程中,总会遇到许多这样或那样的麻烦,在面对困难和挫折的时候,胆小懦弱的孩子往往没有坚强的意志去战胜这些困难和挫折。坚强勇敢的孩子则能够做到持之以恒,凭借自己的意志,战胜一切困难和挫折,从而取得最后的成功。著名作家狄更斯说过:"顽强的毅力可以征服世界上任何一座高峰。"所以,明智的父母应该从小就重视孩子意志品格的培养,以便孩子在今后的人生道路上能够走得更远,走得更好。

孩子坚强的意志品质不是天生就有的,而是通过良好的后天教育逐步培养起来的。趁着孩子年纪尚小,一定要抓紧对孩子进行坚强意志的教育和培养。我在对彤彤的教育过程中,总结出以下几个方面,你不妨拿来试试,看看对于你家的小宝贝是否试用。

(1)一般来说,那些生活善于自理的孩子是坚强的,在面对挫折和

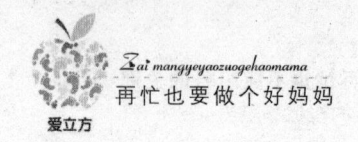

困难时，他们会用自己的能力去处理这些问题，不会感到无所适从。所以，父母要提高孩子的自理能力，让孩子学会自己动手做事，自己去面对生活。

（2）告诉孩子，在困难和挫折面前要沉着冷静，不惊慌、不哭泣，应动手动脑、勤于思考，找出失败的原因，顽强地坚持下去。

（3）多带孩子出门长点见识，如参加亲子聚会，外出旅游等。因为一个见多识广的人，在面对困难时，往往更具有智慧与勇气。

（4）孩子胆小懦弱，往往是由于对自己的能力缺乏信心所致。所以，从小应对孩子进行自信心的培养，当他们完成了力所能及的事后，要立即给予肯定和鼓励，不管事情在你看来是多么得微不足道。

（5）利用孩子喜闻乐见的形式，如听故事、看图书、看电视等，在孩子的心目中为他们树立一个坚强、勇敢的正面形象，引导孩子学习模仿他们心目中的主人公，培养孩子克服困难的品质。

只要我们能对孩子进行有意识、有计划的训练，不久你就会发现，孩子的哭声会逐步减少，随之而来的是，他们应对挫折和困难的勇气和能力也会越来越强。当孩子能够迎接越来越大的困难挑战的时候，一个意志坚强的孩子就昂首伫立在家长面前了。

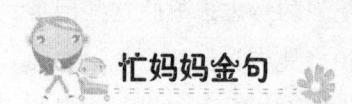

忙妈妈金句

如果孩子摔倒了，大人表现得比孩子还强烈，自然就会暗示给孩子这样一种信息：摔得很痛，孩子心里的痛感立刻就会增大数倍。反之，如果大人轻描淡写，或转移孩子的注意力，孩子的痛感也就减轻了许多，因为孩子从大人那里得到的暗示是：没什么大不了的。

彤彤每一次的摔倒，我都鼓励她要坚强，要不哭不闹，自己站起来，自己拍干净身上的土。这让孩子从小就明白了眼泪不能解决问题，要想走出困境，必须勇敢地去面对和克服。

二、再忙也不能忽略的关键

关键品质的塑造和培养

明智的父母应该从小就重视孩子意志品质的培养，以便孩子在今后的人生道路上能够走得更远，走得更好。

只要我们能对孩子进行有意识、有计划地训练，不久，你就会发现，孩子的哭声就会逐步减少，随之而来的是，他应对挫折和困难的勇气和能力也会越来越强。当孩子能够迎接越来越大的困难挑战的时候，一个意志坚强的孩子就昂首伫立在家长面前了。

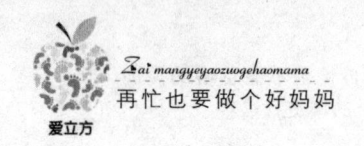

想"绑架"妈妈？没门儿

当你急急忙忙赶着去上班，孩子搂着你的腿哭成了泪人；当你忙碌了一天，回到家想赶紧做点家务，孩子又像照片似的贴在了你身上。对于被孩子绑架的妈妈，一定要及时为自己松绑，让孩子摆脱依赖的同时学会自立。

杨欣气喘吁吁地跑着进了办公室，她抬头看看墙上的石英钟，顽皮地吐着舌头，说："嘿，还差三分钟就八点了，差一点迟到。"然后一屁股坐进电脑椅里，边开机边说："我今天差一点被绑架了。"她这一嗓子一下子引来三四个同事围过来询问情况，大家七嘴八舌地问杨欣，"谁要绑架你？""怎么回事？""哎，这光天化日的，胆子可不小！"

等杨欣喘匀了气，又咕嘟咕嘟喝了一大杯子水，才说明白，原来是孩子太缠她，害得她出门很晚，差点迟到了。说到孩子，大家可有的说了，似乎做妈妈的都有这样的经历。姚敏说："我的女儿小时候很黏我，她只要一看到我，可以什么事都不做，只和我玩。而且，我在家的时候，对我更是寸步不离。我炒菜，她在厨房拉着我的衣角，我洗衣服，她抱着我的腿生怕我插上翅膀飞了，即便我上厕所，她也必须跟着一起进去。在她没睡觉之前，我几乎什么事都不能做。除了工作，我几乎被她'绑架'了。"赵艳也有同感，说她儿子都七岁了，还不肯分床单独睡，而且还嫌弃他爸爸"碍事"。

大家问起彤彤的时候，我告诉她们，彤彤从来不缠人，每次都能很理智地对待妈妈的上、下班。杨欣像抓到了救命稻草一样，立刻向我讨

二、再忙也不能忽略的关键
关键品质的塑造和培养

教经验。

说到经验其实也没什么经验可谈，还是一个习惯培养的问题。为什么有的孩子爱缠大人呢？这其中是有原因的。一般来讲，那些个性强、有自理能力、有独立意识的孩子较少缠人，而父母过于宠爱，事事处处为他们考虑得过于周到的孩子，就特别爱缠人。由于我工作忙，又是个"懒妈妈"，所以只要彤彤能做的事情，我从来不包办替代，从小就让她养成"自己的事情自己做"的习惯，这样一来，孩子的独立意识和自理能力都有了很大的提高，对父母的依赖心理就会逐渐减轻。

许多小"跟屁虫"们更喜欢黏着妈妈，这是妈妈总是每天和他们在一起的缘故造成的，这里面也有爸爸的责任。彤彤小时候之所以不特别黏人，与她爸爸积极参与是分不开的，在孩子眼里，爸爸妈妈都是一样的地位，都是爱她的，这样就分散了孩子的注意力。我告诉杨欣说，最好让你的先生每天抽出一定的时间陪孩子一起玩耍，让孩子完全在你身上的注意力转移一部分给爸爸。父亲的缺席会使孩子觉得在这个世界上，只有你一个人是可靠的，只有你一个人和孩子玩，和孩子交流。

杨欣连连点头称是，说她先生整日忙得团团转，早起晚归的连个影子孩子都摸不着，孩子不依恋她这个当妈妈的才怪呢！

孩子爱缠妈妈，还有可能是由于安全感的建立不太好，或早期曾有过不愉快的经验。比如在孩子不听话时，有的妈妈就吓唬他，"你再闹，妈妈就不要你了"，然后就假装真的走了，这样一来，孩子害怕了，就会撕心裂肺地哭。以后，孩子就会越发在乎妈妈，越发害怕妈妈的离去，对于妈妈也就更加依恋。所以，我们做家长的一定不要随便吓唬孩子，小孩子分不清真假虚实，他把一切都当成真的，认为妈妈真的不要他了，真的离他而去了。对于这样的孩子，我们要理解他的黏人，理解他的分离焦虑，想办法一点点增进孩子心里的安全感。

孩子不可能一辈子生活在父母的羽翼下，终究有一天他会单宿单飞。离不开父母的孩子长大后大多性格懦弱、乖僻，生活能力和人际交往能力低下，很难适应竞争激烈的社会。所以，对于那些总是喜欢"绑架"

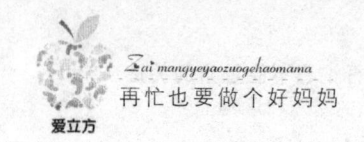

妈妈的孩子，妈妈们要及时为自己松绑，帮助孩子一点点脱去"保护层"。

（1）从小要注意对孩子独立性的培养。当孩子有了自己做事的欲望时，家长一定要及时给予支持和鼓励，即便孩子把事情办糟，父母也不要批评和指责孩子，或者剥夺孩子做事的权利。否则孩子容易产生挫败感，以后会更加依赖父母。

（2）给孩子一个自己活动的空间，不要孩子一哭闹，妈妈就赶紧进行抚慰。这会让孩子习惯于总有一双眼睛不离他的左右，一旦失去，孩子就会感到不适应而缺乏安全感。

（3）妈妈可以有意地对孩子采取疏远一点的策略，比如让孩子多接触其他的家庭成员，多和别的小朋友一起玩耍，多到户外接触丰富多彩的世界等。这些都会分散孩子对妈妈的过度依恋，帮助他形成健全的人格。

事实上，孩子的潜力是无穷大的，你给予孩子多大的信任，孩子就能够承担多大的事情。所以，妈妈与其对孩子照顾周全，不如让孩子自己独立思考和做事。在未来的人生道路上，不想让孩子面对失败，父母就要帮助孩子打消心中的依赖心理，让他们逐渐离开父母的怀抱，为今后的独立做好准备。

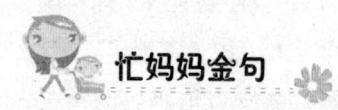

忙妈妈金句

由于我工作忙，又是个"懒妈妈"，所以只要彤彤能做的事情，我从来不包办替代，从小就让她养成"自己的事情自己做"的习惯，这样一来，孩子的独立意识和自理能力都有了很大的提高，对父母的依赖心理就会逐渐减轻。

最好让你的先生每天抽出一定的时间陪孩子一起玩耍，让孩子完全在你身上的注意力转移一部分给爸爸。父亲的缺席会使孩子觉得在这个世界上，只有你一个人是可靠的，只有你一个人和

二、再忙也不能忽略的关键
关键品质的塑造和培养

孩子玩，和孩子交流。

　　孩子不可能一辈子生活在父母的羽翼下，终究有一天他会单宿单飞。离不开父母的孩子长大后大多性格懦弱、乖僻，生活能力和人际交往能力低下，很难适应竞争激烈的社会。所以，对于那些总是喜欢"绑架"妈妈的孩子，妈妈们要及时为自己松绑，帮助孩子一点点脱去"保护层"。

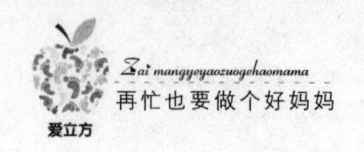

小象你累了吗

现在许多父母都是"二十四孝父母",对孩子疼爱有加,可孩子却很少能体谅和关心父母。为什么在这些孩子心里,总是时时处处装着自己,而对他人却不管不顾呢?不是孩子天生不如人,是你的教育方式出了问题。

彤彤十五岁那年的一个中午,我们在小吃一条街吃东西。一个同彤彤年龄差不多的女孩子站在一个烤肉串摊子前,左手拿着一大把烤好的羊肉串,右手举着一串急急地吃,妈妈就站在一旁看着,可是孩子只管把注意力放在吃上,却始终没有抬头看妈妈一眼。大约有二十分钟的时间吧,一直是这个样子,直到孩子吃完,妈妈付了钱,母女俩消失在小街的另一端。

我敢肯定,妈妈是饿着肚子陪女儿吃肉串的。那种疼爱的眼神和孩子忘我的吃相,给我和彤彤留下了深刻的印象。彤彤当时的表情既惊讶无比,又感到有些气愤。等她们走后,彤彤鄙夷地说,真够可以的,那么多肉串不要说与妈妈分享了,连让一让妈妈的意思都没有,太自私了。

孩子自私是一回事,可是这位妈妈的溺爱也是真够可以的。孩子不懂得体谅,板子不能打在孩子一个人的屁股上,妈妈也是有责任的。在我们生活当中"长不大"的成人不在少数,天下的"理"都在他这里,别人的事情和感受他都可以不管不顾,自己的事情和心情却是天下最重要的,处处表现得自私狭隘。不仅给别人带来不快,也常常给自己带来不快。有这样心态的人做了父母,是不可能培养出一个体贴善良的孩

二、再忙也不能忽略的关键
关键品质的塑造和培养

子的。

善良和豁达永远是相随的,这是一个人最基本的素质。善良的人,是和世界摩擦最小的人,也更容易成为幸福的人。体谅别人的情感,在心态上不苛刻的孩子,长大后他的处事态度会更自如,人际关系会更和谐,会获得更多的帮助和机会。善良和豁达是需要在必要的家庭环境里造就的,是需要父母在孩子出生那一刻起就要进行培养的。

彤彤很小的时候喜欢玩玩具,这是许多孩子的共性。在每次玩过之后,我们常常带着她一起把玩具收拾起来,并且对玩具说着:"累了吧?陪彤彤玩了这么大半天,好好休息休息吧。"渐渐地,彤彤也学会了体谅她这些玩具朋友的"辛苦"。每天晚上,她都要和布娃娃玩上一会儿,到该睡觉的时候了,她就对布娃娃说:"累了吧?咱们一起进被窝,听妈妈讲完故事就睡觉哦。"

两岁多的时候,有一次我带她去公园玩儿,她特别喜欢骑电动小象,小小的人儿骑在上边摇头晃脑的,看上去有些滑稽。时间到了,彤彤从小象身上下来,站在那里轻轻地拍拍小象,关切地对它说:"小象,累不累呀?彤彤去那边玩去了,你快乖乖歇一会儿,不然一会儿其他小朋友来了,你就没力气了。一定要听话,知道吗?"她这天真的举动,令管理玩具的阿姨十分高兴,直夸彤彤是一个知冷知热的好孩子。

伴随着我和她爸爸的继续教育,彤彤对这些物品的体谅逐渐地扩大到了对人的体谅。有一次我和彤彤在我们小区里的长椅上坐着折纸船,彤彤看到张奶奶买东西回来,忙从椅子上面跳下来,指着长椅说:"奶奶,累了吧,快坐在这儿歇一会儿吧。"张奶奶乐呵呵地同我们坐在一起,不经意地敲打着腿说:"人老喽,这腿脚也不利索啦,走几步路腿就抬不动了。"彤彤忙伸出两只小拳头帮张奶奶敲打着,扬着小脸说:"敲敲就好了,奶奶就能走路啦。"这把张奶奶高兴得直亲她的小脸蛋。几个过路的邻居听见后,惊讶地说:"哎呀,这小姑娘真懂事。"我感觉很欣慰。

从孩子小的时候起就教他关心自己的玩具、体谅小象的辛苦,这是

一个看似很不着边际但却是非常有益的情感教育方法。这种教育能够促进同情心和利他行为的发展，因为孩子对于任何事物的看法都要经历推物及人的过程，给孩子一个关心的机会，孩子才能学会关心。一个能体谅小象累不累的孩子，对别人会有更多的理解和爱心，遇到问题时从不偏执于自己的理由和利益。这样的思维方式，不仅令他人和自己感到心情愉快，也能保证自己一辈子不会吃大亏。

　　孩子的情感成长有一个从索取到付出的过渡期，一般来讲，三岁之前处于索取和感受期，到了三岁之后就到了付出与交换期。当然每个孩子都不一样，有的孩子可能会晚些。孩子最早出现感情付出的欲望时，父母是重要的付出对象，而他对父母付出情感的方法大多来自于在索取和感受情感的过程中的所见所闻。所以父母经常教孩子对与自己有关的事物表现关心与体谅，能够让孩子在付出情感的过程中更能掌握分寸。而孩子在付出情感的过程中如果能得到相应的回应，更能促使他们养成关心与体谅他人的习惯，这对于他们一生家庭关系与人际关系的处理都是非常有益的一件事。

　　父母是孩子最好的榜样，对孩子的影响是方方面面的。因此父母首先要做一个热爱生活，具有责任感，常怀感恩之心的人。其次，在家庭教育中，应当注意不要溺爱孩子，要尊重孩子，正确评价孩子，为孩子创设一个良好的精神环境，使孩子从小就能体会到人与人之间细腻的情感。多为孩子提供关心他人的机会，这样孩子才能学会关心和体谅别人。

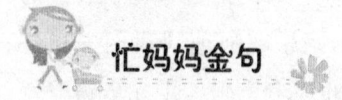

忙妈妈金句

　　　　体谅别人的情感，在心态上不苛刻的孩子，长大后他的处事态度会更自如，人际关系会更和谐，会获得更多的帮助和机会。

　　　　从孩子小的时候起就教他关心自己的玩具、体谅小象的辛苦，这是一个看似很不着边际但却是非常有益的情感教育方法。这种教育能够促进同情心和利他行为的发展，因为孩子对于任何事物

二、再忙也不能忽略的关键
关键品质的塑造和培养

的看法都要经历推物及人的过程，给孩子一个关心的机会，孩子才能学会关心。

　　一个能体谅小象累不累的孩子，对别人会有更多的理解和爱心，遇到问题时从不偏执于自己的理由和利益。这样的思维方式，不仅令他人和自己感到心情愉快，也能保证自己一辈子不会吃大亏。

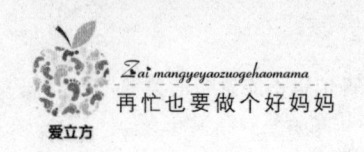

奶奶的头发是白的

百善孝为先，孝是一切道德的根源，是一个人为人处世的根本。但是，孝敬长辈的品质不是天生的，还需要父母传、帮、带，用实际行动做出示范。

有一段时间彤彤老追问我一个问题，人老了就要死了吗？开始我给她讲了生老病死的规律，她似懂非懂地点着头。后来觉得情形有些不对，才三四岁的小孩子怎么突然对生老病死的问题起劲地关心起来了。

一次在她又跑来同我探讨这个问题时，我问她为什么总是揪住这个问题不放。她坐在小椅子上忽闪忽闪地眨着大眼睛，显出担忧的神色说："奶奶头发白了！""是吗？"我也有些吃惊。奶奶今年六十岁了，由于这段时间忙，我有快一个月的时间没有去乡下去看彤彤的爷爷奶奶了，上次是她爸爸带她去的。他们的身体很硬朗，在乡下种着几亩田地，每年除了冬季，其他三个季节都种有时令鲜蔬，我们每两周都要有其中一个人带彤彤去距离市区三十多公里的那个小山村看望他们，回来时都会有够我们一个多星期吃的各色无污染的自家种的蔬菜。

说实在的，我们虽然不在一起住，但是来往还是很密切的，也曾多次要求他们来市里住，但他们舍不得熟悉的生活环境和他们的几亩田地，觉得农村生活比城市享福。即便是在农闲时过来小住，也就是十天八天的。所以，我们力争每两周都回乡下去待上两天，如果工作忙，就谁有时间，谁带彤彤回去。彤彤也乐意回乡下，愿意在爷爷奶奶膝下承欢。

奶奶头发白了，这个细节是彤彤发现的，由此担忧起老人的生死问题,这是三四岁孩子该念念不忘的事情吗?看来,我还真的小看孩子了。她爸爸回来后,我问起不久前他带彤彤回乡下的细节才明白,原来是彤彤发现奶奶有了白头发,奶奶就告诉她人老了,头发就白了,彤彤问头发白了为什么就是老了呢?奶奶说头发白了身体就差了,身体差了就老了。这个问题把彤彤绕糊涂了,不过她还是从奶奶的叹息声中,感觉到头发白了和人老了不是一件快乐的事情。于是,她就开始担忧起来,牵挂起来。

在感叹奶奶头发白了的同时,我也为彤彤的这份孝心而感到自豪,证明我和她爸爸的心思没有白费,通过我们的实际行动,为她做出了典范,她也潜移默化地传承了孝敬老人的优良传统。

自打彤彤记事时起,我们就锻炼她如何与人分享,吃东西几人就是几份,还要互相谦让。有老人在场时,第一口必须是老人吃。

有一次我们带她到姥姥家,买了几斤各色糕点,彤彤举着一块蛋糕要姥姥吃,姥姥让彤彤先吃,我赶紧给姥姥使眼色,姥姥笑笑夸赞彤彤乖,然后香甜地吃了起来。彤彤一一给我们分发完后,才拿起属于自己的蛋糕吃。我们回家后大大夸奖了彤彤一番,还奖给她一朵小红花。

在我们的鼓励和熏陶下,彤彤常记得孝敬爷爷奶奶,还有姥姥姥爷。每次准备去看望他们时,彤彤都张罗得很欢,买这买那的。即使我们到了外地去旅游,她也总要给爷爷奶奶、姥姥姥爷选些纪念品回去。这些虽不是什么了不起的大事,但都在告诉我们,孩子学会了用自己的方式孝敬长辈。

别看她人小,心计却挺多的,在她的小本本里记着爷爷奶奶、姥姥姥爷,还有我和她爸爸的生日,当然也记着她自己的生日。到了谁过生日的前几天,她都提前张罗送什么礼物,她压岁钱的很大一部分开支都用在这上面。上幼儿园时,礼物是她画的图画或表演个节目什么的;上小学时,一般是她亲手做的小手工;到了初中、高中阶段是生日蛋糕,上面还配上自己写的精巧的小诗,让蛋糕房的师傅制作到蛋糕上;现在刚开始工作,开始送保健品或衣物了。这么多年来,有时我们自己都忘

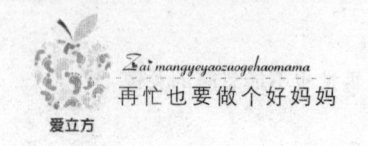

记了过生日，可她都记得，所以我们从没有错过生日的快乐。

孝敬长辈是我们中华民族的美德，如果家庭中晚辈懂得孝敬长辈，可以促使家庭和睦、温馨、幸福。家庭中长幼有序，互相关心，互相宽容，将会呈现出其乐融融的气氛，对每个人的身心发展都是有利的。

若想让孩子从小接受良好的美德教育，做家长的首先要以身作则，做好表率，让孩子来效仿，这样可以相得益彰，互相促进。相信，只要做生活的有心人，孩子自然会对"孝敬长辈"这四个字拥有自己的理解，也会用自己认为合适的方式去孝敬长辈。

让孩子做到孝敬长辈这也不是一件难事，只要注意观察，及时发现、鼓励孩子的好行为，时间长了，自然会产生好的效果。记得彤彤还只有两三岁时，一次她爸爸下班回家，她突然跑到门口，给爸爸摆好拖鞋、帮爸爸拎包，样子可爱极了！原来，她在模仿我平时的样子呢。我及时夸奖了彤彤，并告诉她，以后爸爸回来，都由她来迎接，她很高兴地答应了。以后，每次她爸爸回家，她都主动跑出来帮她爸爸拿这拿那，每次我都高兴地夸奖她。当然，我也享受着这温馨的待遇。

在生活中，要让孩子学会感恩。感恩源于良心、良知、良能，这是孝心的亲情基础。然而，感恩这种情感不是自然而然产生的，必须通过教育。做家长的应有意识地让孩子体会父母的辛苦，体会父母挣钱养家的不容易，体会父母对孩子的爱，体会父母也同样需要孩子的爱和关心。因此父母不妨经常给孩子讲讲自己一天的情况：起床、做饭、洗衣服、整理家务、上班等，让孩子体会到父母是如何关心孩子的。知恩就要感恩，感恩就要报恩。要让孩子从小养成关心父母、体贴长辈的好习惯，如为妈妈梳梳头，给爸爸捶捶背，等等。孩子只有在亲身实践和体验中才能体会到父母的辛苦，尝到为别人付出的快乐。当孩子"父母养育了我，我应当为他们多做事"的观念逐渐形成时，孩子就有了一份生命的义务感和责任感。

二、再忙也不能忽略的关键
关键品质的塑造和培养

忙妈妈金句

若想让孩子从小接受良好的美德教育，做家长的首先要以身作则，做好表率，让孩子来效仿，这样可以相得益彰，互相促进。

只要做生活的有心人，孩子自然会对"孝敬长辈"这四个字拥有自己的理解，也会用自己认为合适的方式去孝敬长辈。

感恩这种情感不是自然而然产生的，必须通过教育。做家长的应有意识地让孩子体会父母的辛苦，体会父母挣钱养家的不容易，体会父母对孩子的爱，体会父母也同样需要孩子的爱和关心。

当孩子"父母养育了我，我应当为他们多做事"的观念逐渐形成时，孩子就有了一份生命的义务感和责任感。

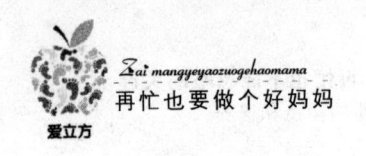

遇到小偷，喊还是不喊

警察抓小偷的故事我们都给孩子讲过，警察抓小偷的游戏更是不知道和孩子玩过了多少遍。可是，当孩子真的遇到了小偷，喊，还是不喊？

在小孩子的心里，坏人的形象大多局限于故事书或者电视剧、电影里的角色，一眼就能看出来。殊不知在生活当中，坏人是不贴标签的，坏人没有明显的标志，如邪恶的笑容、贼眉鼠目的眼神、脸上的刀疤等，他们和普通人长得一样，从外表上根本看不出来。对于一个涉世未深的孩子，是不可能分辨出来的。即使是大人，也是要在言谈、行动中才能知道他们是否是坏人。

我和彤彤的爸爸从来不避讳把一些关于儿童的犯罪新闻讲给孩子听，比如说拐卖儿童、引诱孩子开门后入室抢劫等。希望能用这种方法帮她培养自我保护意识，让她认识到自我保护的重要性。至于面对坏人在实施犯罪时该如何应对，我们提倡见义"巧"为，并多次同彤彤进行演练，以防万一日后遇到突发情况能从容应对。

在彤彤十二岁那年，我们还真的碰上了这种事情。那天是三八妇女节，下午放半天假，由于彤彤老师也放假，孩子们便也跟着占了个"便宜"。我带上彤彤去郊游，乘公交车回来的路上，天色已经很晚了，车上的人比较多，大多数是妈妈带着孩子，还有一些年轻的单身女青年。仅有的两个年轻的男性站立在大家中间，看上去像女青年身边的男朋友。一路上孩子们叽叽喳喳地说着郊游趣事，大人们要么是闭目养神，要么是看着窗外的景色。我和彤彤上车时人已经很多了，只好站在门口不远处，刚好挨着那两个男青年。

二、再忙也不能忽略的关键
关键品质的塑造和培养

车载着欢声笑语的人们向市区驶去,谁也没注意身边有什么异常。这时彤彤悄悄扯我的手指,在我低头看她时,她使眼色示意我看那两个男青年。由于小孩子个子低,视线刚好看到人们的腰际部位,她发现其中一个男青年把手伸向一个专注看着窗外的女青年的背包里。

看彤彤的神情要去提醒那位女青年,我摸摸她的左耳朵,这是我们的暗号,彤彤机灵地眨了一下眼睛,手捂着肚子突然大声地"哎哟"起来,我故意大声惊慌地问:"宝贝,怎么了,快跟妈妈说。"彤彤蹲下来说:"妈妈,我肚子好痛啊。"这时,全车的人都被我们给吸引了,那位女青年也收回目光,转过身来关切地看我们。我一边批评彤彤乱吃凉东西,一边故意惊慌地对身边的人寻求谁带了止痛药,身边的人无一漏过,包括那两个小偷。经我们这一闹,全车人都开始帮出主意了,有的说快去医院,有的说给孩子喝口热水就好了,还有一位老大姐批评我是一个不上心的妈妈,乱给孩子吃东西,不一而足。

车子很快就驶入了市区,下车的人多了起来,车厢里空了许多,那两个小偷觉得没趣也下车了。这时彤彤才从地上站起来,笑嘻嘻地说:"妈妈,蹲得我的腿都麻了。"

车厢中的人看到彤彤一脸欢欣的样子,与方才的小病号判若两人,现出不解的神情,其中一位一直关注我们的孩子的妈妈说出了实情,人们才恍然大悟。那位女青年听后,赶紧过来捏捏彤彤的小脸蛋,一再表示谢意。原来这位妈妈和她的孩子也发现了小偷,正当他们着急之际,我和彤彤的表演适时出现了,结果两个小偷没有得逞。后来,我和这位妈妈成了好朋友,经常在一起探讨交流如何培养孩子的好经验。

我们之所以将见义勇为变为见义"巧"为,是因为我们的力量不足以威慑犯罪分子,如果不采取一些策略,非但制止不了犯罪行为,反而还会危及自身的生命安全。早在我们的童年时代,所接受的教育是见义勇为,与犯罪分子就是要进行殊死的搏斗。现在想想,那时的教育是有些缺陷的。牺牲自我不是见义勇为的最高境界,特别是针对孩子这一特殊人群。有的孩子舍生取义,精神可嘉,但其行为绝对不能号召大家去

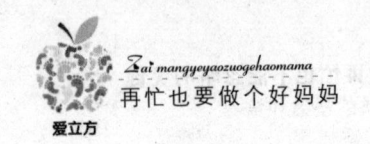

学，不能提倡，不能推广。见义勇为是一种超道德的东西，一般人很难做到，孩子们就更难领会其精神实质，更不注重后果的推测判断，所以我更拥护见义"巧"为，因为凭借智慧能制止犯罪，就不要去做无谓的牺牲。毕竟生命对于我们来说只有一次，是极其宝贵的。

前些日子，听说就在彤彤曾经上学的母校，两个小学生在乘坐公交车放学的路上，看到有人在偷别人的钱包，善良的孩子立即大喊"抓小偷"，及时提醒了失主。这使得小偷的阴谋没有得逞，他们心里有气，于是就跟着两个孩子下了车。待走到偏僻处，将两孩子狠狠打了一顿。

两个善良的孩子本来是在做一件好事，可是由于缺乏必要的自我保护意识，却无辜地遭受了一痛毒打。孩子的心灵是纯净的，可社会却不如孩子们想象的那般美好。我们在企盼社会变得纯净、美好的同时，在给予孩子无限关爱和呵护的同时，更要让孩子懂得和学会如何自我保护。

在孩子的成长过程中，不可避免会遇到一些意想不到的危险情况，如果没有正确的应对方法和强烈的自我保护意识，孩子很可能会受到伤害。

作为一个孩子的妈妈，我尤其感到加强孩子自我防范意识和自我保护能力的重要性。许多孩子发现坏人坏事时，也往往会像彤彤的那两个小校友一样，采取直面的方式解决，而不注意保护自己。我们应当告诉孩子，在我们没有能力保证自己安全的情况下，最好不要惊动犯罪分子，莽撞行事。你可以采取机智的方法，与坏人斗勇斗谋，但要注意掩护好自己。

孩子的生活阅历是随年龄增长而不断丰富的。有些家长以为自我保护的常识可以让孩子在实践中学会，这是不对的。现代社会高速发展、错综复杂，孩子们单纯可爱、天真烂漫，家长对孩子的人生安全会感到担心忧虑，但又不可能时时陪在身旁。因此教会孩子一些必要的安全防范知识、培养孩子的自我保护意识是至关重要的。只有这样，孩子才能在突发事件来临时不惊慌失措，从容应对，从而既制止了犯罪行为，又能很好地保护自己。

二、再忙也不能忽略的关键

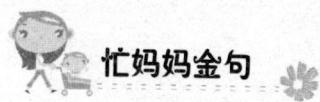

关键品质的塑造和培养

忙妈妈金句

在我们的童年时代,所接受的教育是见义勇为,与犯罪分子就是要进行殊死的搏斗。现在想想,那时的教育是有些缺陷的。牺牲自我不是见义勇为的最高境界,特别是针对孩子这一特殊人群。

我更拥护见义"巧"为,因为凭借智慧能制止犯罪,就不要去做无谓的牺牲。毕竟生命对于我们来说只有一次,是极其宝贵的。

孩子的心灵是纯净的,可社会却不如孩子们想象的那般美好。我们在企盼社会变得纯净、美好的同时,在给予孩子无限关爱和呵护的同时,更要让孩子懂得和学会如何自我保护。

教会孩子一些必要的安全防范知识、培养孩子的自我保护意识是至关重要的。只有这样,孩子才能在突发事件来临时不惊慌失措,从容应对,从而既制止了犯罪行为,又能很好地保护自己。

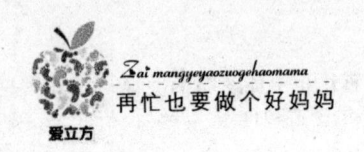

对不起，妈妈不该打扰你

"请不要打扰"是成年人交往中的重要原则，也是儿童专注精神品质培养的一个基本要素。不合时宜的关怀往往成为一种打扰，无形当中破坏了孩子专注做事的好习惯。

孩子也是怕打扰的，特别是在他们专心做一件事情的时候。许多父母很少考虑到这一点，当孩子独处时，出于关心，一会儿过去问问辛苦不辛苦，一会儿转过来给孩子送点吃的喝的，要不就是看孩子是不是有什么问题。大人辛苦不说，孩子被三番五次的关心搞得很不开心，甚至现出厌烦之色。

彤彤在刚开始学拼图时，那个上心劲儿就别提了，简直到了痴迷的程度，有时能几个小时不放手。有一次，彤彤专心地拼中国地图嵌板，已经有十几分钟了，可是总有几个地方拼不上。只见她耐心地拿着几块这儿比一比，那儿放一放，不停地尝试，努力想把地图拼好。甚至有几次，她伸出手指去触摸嵌板的边缘，似乎想在触摸中寻找相同曲线的感觉，希望能借此找到正确的拼法。

在旁边观察已久的我想给她一些帮助，轻轻地走过去，拿起其中一块镶嵌片比划着告诉她："你看，这块可以放在……"没等我的话说完，彤彤焦急地打断了我的话："我会拼的！妈妈，请你让我自己拼！"说完，又低下头，沉浸到自己的"工作"中去了。她全神贯注地拼着，完全忘记了妈妈的存在。她时而困惑，时而欣喜，只有她的表情才能让别人了解到她"工作"的进展情况。终于一幅完整的中国地图呈现在眼前，

二、再忙也不能忽略的关键
关键品质的塑造和培养

彤彤兴奋地欢呼着:"哦,妈妈,我自己拼好地图了!"

这件事给了我一些很深刻的感悟,孩子在专心做事的时候,是不喜欢别人打扰的。事后,我对她表示了最诚挚的歉意:对不起,妈妈不该打扰你!

从那以后,我真的没有打扰过她,尽量给她创设一个安静的环境。只要彤彤在执著地做一件事,无论是在画画或者拆装玩具,我都不去打扰她,我都等她忙完了再叫她,有时甚至顾不上吃饭。那时她爸爸就会悄悄埋怨我说:"你这样做,是不是太惯着孩子了?"我却不这样认为,说:"孩子正在做事,不管是在干什么,她那么认真,我们都不应该打扰她。你想,你在搜肠刮肚地构思策划方案,如果正做到关键的时候,我却没完没了地催你吃饭,你是不是也不高兴?"他搔搔头发嘿嘿地笑了,点点头承认是不能被打扰。

后来的一件事更让她爸爸赞同我的做法了。

那次她爸爸的一个同事为了一个广告策划方案,星期天也顾不上休息,跑到我家和彤彤爸爸一起研究策划要点。吃饭的时间到了,我把饭做好,想去叫他们,彤彤就拦住了我。那时她大概只有五六岁,就竖着个小指头对我说:"嘘——,妈妈,爸爸和叔叔正忙呢,咱们别叫他们了。等他们忙完后再吃饭吧。"我当时觉得特别高兴,没想到彤彤比我还自觉。是啊,人家两个人正研究在兴头上,别打扰人家了。

从那以后,彤彤竖着一根小指头,说"嘘——"的这个动作就在我们家里开始通用了。无论谁的客人来了,其余两个都会礼貌地回避,而且说话或者走路都尽量不发出大的声音,以免使别人受到打扰。如果哪个不小心发出了大声,另外一个就急忙"嘘"一声给予提醒。即便彤彤的小朋友来了也是一样,我和她爸爸也要同样回避,不打扰孩子们在一起玩儿。

不打扰别人除了出于礼貌方面的考虑,还有更深层次的原因,那就是给孩子一个良好的习惯,这是培养孩子专注精神品质的重要因素。"专心致志"是形容一个人做事全神贯注,一心一意。这就是告诉我们,在

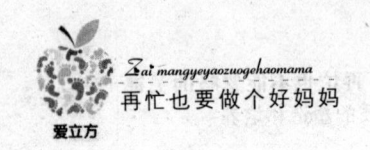

观察时就专心观察，在思考时就专心思考，在玩耍时就专心玩耍，无论做什么事，都用全部精力去做。有关专家作过调查，人与人相比，聪明的程度相比不是很大，但如果专心的程度不同，取得的成绩就大不一样。凡是做事专心的人，往往成绩卓著。而时时分心的人，终究得不到满意的结果。所以，给孩子创造一个不被打扰的环境是十分必要的。

彤彤的同学经常到我们家来写作业，除了彤彤人缘好，还有一个原因是我们家的环境好，没有人打扰。每当孩子们写作业时，我和他爸爸都自觉待在房间里看书，尽量不制造声音，生怕影响他们。

只有在他们写完作业，开始玩的时候，我们才适时出现在他们的面前。她同学杨晓丹就不无羡慕地对彤彤说："你们家真好，爸妈都不来打扰。在我家写作业的时候，我妈老在我身边转悠，一会儿伸过头来说，'好好写！别写错！'一会儿端来苹果说，'歇会儿吧，吃点儿水果！'一会儿又倒来一杯水说，'渴了吧？喝水'，唉，真是烦死啦！"她同学张一波也有同感，说："有一天，我正在自己的房间里专心练字，我妈嗵的一声推门进来找东西，我平静的心一下子被扰乱了⋯⋯"

两个孩子诉说的情形，在不少家庭里都发生过。家长这样做，好像是在关心孩子，实际上却是在打扰孩子，非常影响孩子的注意力、记忆力以及情感思维等心理功能的良好发展。当人的大脑一部分处于全神贯注、高度兴奋时，其他的部分就会相应放松、高度抑制。处于高度兴奋的那部分，各种营养成分的供应都很充足时，就显得特别灵敏，理解和记忆能力也非常强，特别能够很好地解决问题。所以，让孩子养成专心致志学习和做事的好习惯，实际上是交给他们一个成功的法宝。

我们常说，想让孩子养成什么好的习惯，父母首先要养成什么好的习惯。因此，家长想让孩子养成不打扰别人的习惯，就要在平时懂得尊重孩子"需要安静"的权利。

在这方面我有很深的感悟，千万可不能低估了孩子的能力，当我要告诉彤彤如何去拼好地图时，她焦急地打断了我的话，强调"我会拼的"，表明了孩子不希望失掉独立动手的机会，有努力克服困难、自我实

二、再忙也不能忽略的关键
关键品质的塑造和培养

现的决心。幸亏我及时发现后马上改变了指导方法,尊重孩子的愿望,把操作权利重新还给了孩子,才使孩子最终通过努力的尝试,获得了成功。没有犯下成人阻止儿童自由行动的错误,扼杀孩子专心致志的探索情趣。

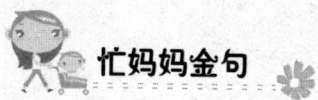

忙妈妈金句

只要彤彤在执著地做一件事,无论是在画画或者拆装玩具,我都不去打扰她,我都等她忙完了再叫她,有时甚至顾不上吃饭。

人与人相比,聪明的程度相比不是很大,但如果专心的程度不同,取得的成绩就大不一样。凡是做事专心的人,往往成绩卓著。而时时分心的人,终究得不到满意的结果。

让孩子养成专心致志学习和做事的好习惯,实际上是交给他们一个成功的法宝。

想让孩子养成什么好的习惯,父母首先要养成什么好的习惯。因此,家长想让孩子养成不打扰别人的习惯,就要在平时懂得尊重孩子"需要安静"的权利。

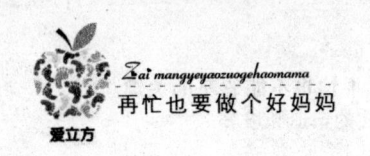

好吧，抗议有效

> 孩子也有权发表自己的言论，对于孩子有道理的行为，家长要给予支持。家长错了也要及时纠正，这样更利于塑造孩子知错就改、勇于担当的好品质。

在一次家长会结束后，我们几个顺路的妈妈边走边聊，问题都集中在孩子听不听话上。

李丽琳的妈妈感慨地说："现在的小孩子，真难对付，动辄就跟你理论一番，说你做错了，不应该批评她。"万子豪的妈妈说："我儿子更逗，他总是向我提出抗议，想想我确实做错了，就默许了他的抗议。"崔丽的妈妈说："我们家的孩子要是认为你做得不对时，还要求你道歉呢。"

我走在她们中间没有插话，但是妈妈们的话我都无一遗漏地听，她们有的认为不能向孩子低头，否则大人就没有权威了；有的认为小小的年纪就跟大人理论，这是对大人的不尊重。

我不这样认为，父母并非圣贤，不要觉得在孩子面前承认错误有失家长的颜面和权威，真理面前人人平等，而年龄、辈分并不是借口。

当孩子的意见与你的意见发生冲突，而你又认为孩子有道理时，我们应放下做家长的权威，鼓励孩子大胆发出"不同的声音"。家长是个成熟的人，自己错了，应知错就改，如果错了还狡辩，这是错上加错，反而失去威信。而孩子心灵幼小脆弱，他明知有道理而得不到伸张，使他受到委屈，极可能造成他的心理反感，或成为他以后明辨大是大非的

二、再忙也不能忽略的关键
关键品质的塑造和培养

障碍，所以在孩子有道理的前提下，我们应及时地进行自我反省，勇敢地告诉孩子："好吧，你的抗议有效！"这样做的目的也是要给孩子培养一个勇于承认错误，勇于担当责任的好品质。

彤彤上五年级的时候，有一次，我下班回家走到小区门口，恰巧碰到她的一个同学。这个同学有礼貌地向我问好后，对我说："阿姨，你别让彤彤和张小杰一起玩了。你不知道，张小杰疯得像个'假小子'，经常逃学，学习差不说，还偷过别人东西呢！"

我谢过这位关心彤彤的小同学，心里不免生起几分内疚，这段时间工作比较忙，对彤彤过问得少了点，尽管我平时很鼓励孩子交朋友，但交友也要慎重。俗话说"近朱者赤，近墨者黑"嘛。

我回到家，彤彤正在写作业，我试探着问："听说你有一个叫张小杰的朋友？"

彤彤放下笔，说："是啊。"

我说："听说她有许多恶习，今后最好跟她少些来往，以免交了不合适的朋友而把自己带坏。"

彤彤听我这么说，生气地向我提出抗议："张小杰是有许多缺点，但我们不能因为她有缺点就孤立她，应该帮助她改正，再说她也有自己的优点，比如讲义气，热爱劳动，还是校体育队的成员呢。"

我认为彤彤说的也有道理，便表示支持她们继续交往，只是要她注意帮助张小杰把注意力多放在学习上。

第二天放学，彤彤还真把张小杰带回了家，帮助她辅导作业。

在彤彤的帮助下，张小杰取得了很大的进步，也结交了许多朋友，改掉了许多以往不好的毛病。

是啊，如果彤彤不向我提出抗议，不坚持自己的意见，如我所说的那样从此不再与张小杰交往，那么张小杰可能永远都是从前那个一身恶习的女孩。

其实孩子和父母意见发生相左，也是孩子自主意识萌芽的一种表现。独立的孩子有属于自己的思考能力和创造能力，掌控生活的自由度也更

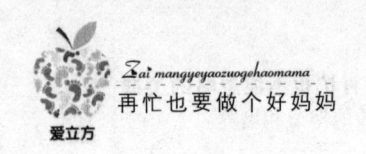

大，更具有主动性。他们能对事情做出自己的分析判断，不会随意依赖和盲从别人。所以，我们应允许孩子发表自己的言论，给孩子一个充满爱与和谐的民主的生活环境。在这样的环境中成长，孩子的人格才能得到应有的尊重，使他们更能充分认识自我价值，这有利于发挥孩子的积极性、主动性和创造性，可以培养他们解决问题、适应社会的能力，从而造就独立完整的人格品质。

忙妈妈金句

父母并非圣贤，不要觉得在孩子面前承认错误有失家长的颜面和权威，真理面前人人平等，而年龄、辈分并不是借口。

当孩子的意见与你的意见发生冲突，而你又认为孩子有道理时，我们应放下作家长的权威，鼓励孩子大胆发出"不同的声音"。

其实孩子和父母意见发生相左，也是孩子自主意识萌芽的一种表现。独立的孩子有属于自己的思考能力和创造能力，掌控生活的自由度也更大，更具有主动性。

坦诚是一种美德，当我们认识到的确是自己错了时，要及时、大胆地向孩子承认错误。切不可因为孩子小，觉得没必要坦白自己的错误，或觉得向孩子承认错误，有失做父母的威信和颜面。

二、再忙也不能忽略的关键

关键品质的塑造和培养

鼻子怎么长长了

每个孩子在父母的眼里都是完美可爱的,可随着孩子一天天的长大,忽然有一天,孩子竟然学会了说谎!那一串串看似美丽的谎言,漏洞百出,经不起推敲。而孩子却认为天衣无缝,甚至洋洋得意。令父母吃惊不已,继而转为苦恼——单纯的孩子竟然变得"复杂"起来。

一次晚饭后,我到离家不远处的公园去散步,在一个路灯杆旁,一位年轻的父亲扯着一个十来岁的男孩训斥着,气急之处还在孩子的屁股上拍上几掌,一副恨铁不成钢的样子。看孩子身上还背着书包,初始我认为孩子上补习班回来,可能是考试成绩不好被大人责打。到了近前才发现不是那么回事,原来孩子谎称去同学家写作业,结果跑到网吧去上网,到了吃饭时间也不回家,结果被爸爸从网吧里拖了出来。大人气得喘息不定,孩子像一只受惊的小鸟,吓得浑身抖个不停。

我看看这可怜的爷儿俩,忍不住上前去劝慰几句。

见有人搭腔,小孩子像捞到了救命稻草,眼睛一亮,不那么害怕了,只是不停地伸出舌头舔嘴唇,使劲儿地咽着唾沫,一副饥渴相儿。

爸爸也是口干舌燥的,有些沙哑着嗓子同我说话。他说:"这孩子算是没救了,谎话连篇,这不,为了上网,说是去同学家写作业。"

我抚摸着孩子的头说:"这可就不对了,撒谎可不是好孩子。"

爸爸说:"他小的时候,就开始撒谎。被大人指出来还能承认。现在

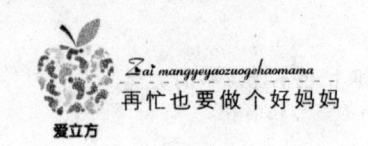

竟然发展至明明撒了谎，也不承认。前几天他把同桌的钢笔踩坏了，对他妈妈说是自己的钢笔丢了，拿钱赔给人家一只新钢笔。等他妈妈发现他还在使用自己的钢笔时，他又撒谎说找到了，问给他的钱哪去了时，又说是交了班费。"他连连不住地摇着头，"你就直接说赔人家钢笔就完了呗，还撒连环谎。"

我笑着问小男孩："孩子，这是为什么呀？"

小家伙声音很低地说："怕爸爸妈妈批评。"

我说："损坏东西要赔是天经地义的，又不是你故意弄坏的。"

小家伙还是很坚持地说怕大人批评。

由于是路人，我不好深问，但我想大人的教养方式可能也是有些问题的。否则，孩子是不会一再强调怕大人批评。其实，每一个孩子来到这个世界上，都是纯真而善良的。小孩子天生不会撒谎，之所以后来学会了撒谎，大都与他生活的环境和父母的教养方式有关。但又是什么原因让逐渐长大了的孩子学会了说谎？是什么让孩子丧失了诚实的天性？作为家长，在责怪孩子说谎、作假、欺骗大人的同时，有没有反思自己在其中扮演的角色？

在我的亲子生活中，也有过孩子说谎的经历。那是在彤彤三岁的时候，有一次她把我的塑料发夹不小心弄断了，可能是怕我批评她吧，她把弄断的发夹悄悄放在我的梳妆盒里，就跑到一边玩去了。当我需要用发夹时，才发现被弄断了。

家里除了我们娘俩，没有别人，她爸爸又远在厦门出差，我猜想一定是彤彤干的。于是，我问彤彤是不是她把妈妈的发夹弄坏了，她犹豫了一下，说"不是我"。我便没有追问下去，像什么也没有发生似的，照旧同她玩游戏。

刚开始时，她表情很不自然，玩了一会儿后就进入到游戏当中去了。当她坐在我腿上休息时，我故意惊讶地说："呀，彤彤，你的鼻子怎么长长了？"

彤彤的小手立刻就捂住了鼻子，然后自己轻轻摸摸说："妈妈，没

二、再忙也不能忽略的关键
关键品质的塑造和培养

有啊。"

我说:"好像有一点点,不信,你去照照镜子。"

我给她讲过匹诺曹的故事,她知道说谎就会鼻子长长。心里边开始犯起了嘀咕,好长时间不说话,看得出她是在做艰难的选择。

我鼓励她说:"说谎是不对的,要是知错就改,就是好孩子。"

彤彤马上说:"那鼻子就不会长长了?"

我点点头。

她跳到地上,跑去把断发夹拿给我,承认是自己不小心弄断的。

我在她的小鼻子上亲了一口,说:"被妈妈亲过了,小鼻子就不会长长了。"

彤彤摸摸自己的鼻子,一下子释然了,又开始高兴地玩了起来。

从那以后,我和她爸爸都特别注意自己的一言一行,在孩子面前绝不讲谎言,即使是善意的谎言也不当着她的面去讲。时刻给孩子灌输诚实有信的理念。在彤彤的成长记录上,除了那次谎言外,再也没有出现过一次谎话。

说谎的确令人厌恶,一个人说谎次数多了便失去了诚信,不仅影响到与人交往和沟通,还会危害自己的身心健康。家有一个常说谎不诚实的孩子,是最让父母头痛、伤脑筋的。路遇的那对父子的情形,在生活当中十分常见。我一直坚定地认为,孩子说谎更多的时候是大人的过错,是父母不成功的教育方式造成的结果。

当孩子做错事来向父母坦白时,所得到的不是原谅或指导他如何避免再错,而是一味地责骂或施予严厉的惩罚。如此一来等于在教育孩子坦白是错的,诚实的结果等于是挨打、挨骂或受处罚。以后他再也不敢诚实坦白了,他只好选择说谎,并找尽各种理由和借口来辩解。看看,是不是我们做父母的错?

还有的家长在教育孩子不说谎的同时,自己却谎话连篇。电话铃响了,让孩子接听,告诉对方说"我爸爸没在家"。明明刚给领导送礼回来,却当着孩子的面对别人说,我去健身房做运动了。试想,家长这些

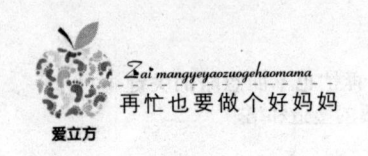

言不由衷的话，编造的这些美丽的谎言，对孩子又会产生什么样的影响呢？

要想让孩子诚实守信，家长首先要做一个明白人。不要让我们错误的言行，成为孩子说谎的理由和导火索。创设一个民主、和睦的家庭氛围，是一道预防孩子说谎的防火墙。如果一个孩子感到家庭很温暖，父母很爱自己，又彼此信任，孩子就没必要用谎言来博得父母的欢心和关注，也就更容易接受父母的影响，家长的言教身传就更有效。

忙妈妈金句

小孩子天生不会撒谎，之所以后来学会了撒谎，大都与他生活的环境和父母的教养方式有关。

我和她爸爸都特别注意自己的一言一行，在孩子面前绝不讲谎言，即使是善意的谎言也不当着她的面去讲。时刻给孩子灌输诚实有信的理念。

我一直坚定地认为，孩子说谎，更多的时候是大人的过错，是父母不成功的教育方式造成的结果。

要想让孩子诚实守信，家长首先要做一个明白人。不要让我们错误的言行，成为孩子说谎的理由和导火索。

二、再忙也不能忽略的关键
关键品质的塑造和培养

我是一只快乐的小小鸟

天下父母都希望自己的孩子能快乐一生，殊不知这种快乐的品质是需要从小培养的。一个快乐的人，能够微笑地面对人生，也往往更容易获得成功。让孩子做一只快乐的小小鸟，是父母给孩子最好的礼物，是他们一生的财富。

记得彤彤刚上初中那年，班里组织同学们去郊游——爬山。头一天晚上，彤彤就兴奋得不行，一直同我讨论着爬山的乐趣，想象着明天热闹的场景。我很支持她，居住在城市里的孩子很少能有这样的体验。在临行前，彤彤自己就准备好了水壶和一些吃的东西。他爸说带几听饮料多好啊，喝完将易拉罐一丢，可以减轻负重。彤彤说乱扔垃圾不文明，我说白开水才是最好的饮料。他爸爸笑笑，表示自己觉悟不高。

第二天早上，彤彤穿上军训时的迷彩服，斜挎着水壶，背着装满食品的书包兴高采烈地喊着同学到学校集合去了。等她们差不多快要回来时，我做好饭，到小区门口去接她。我知道爬山是很辛苦的，不知道她会累成啥样呢。

果然不出我所料，在夕阳下，彤彤搀扶着一位女同学一步一步地走了回来。彤彤的精神还蛮饱满，可是她的同学就惨了，见到我大口喘着粗气喊着累，脚步都快迈不开了，嘴里连连说，"累死了，一点也不好玩"。

彤彤把水壶和背包交给我后，让我先回家，她去送同学。回家后，我好奇地打开沉甸甸的书包，好家伙，里面的东西还挺多，各种形状的大小石头就有二十几块，酸枣一大捧，松果数十颗，三大束鲜艳的野花，

满屋子飘香。

彤彤把同学送到家，几乎是一路跑着回来的，她是急于和我分享这份快乐。我把饭菜摆好，招呼她吃饭。她却端着饭碗边吃边给我讲游山的乐趣，当我心疼地问她累不累时，她却连连摇头，表示一点也不累。我说看你同学累得都快走不动路了。她却说那个同学刚到山下就觉得一点也不好玩，连山都不想爬呢。

看着彤彤眉飞色舞的样子，我相信她确实不感到累，因为她的那份快乐足以阻挡任何的劳累。

事后我在想，为什么同一个班级的孩子，同样是小女生，却产生了截然不同的感受呢？琢磨了半天才发现，原来，她们之间存在着一种素质差异，即内在的自信和乐观，这是一种感觉，是从内心深处激发的一种自寻幸福的本能。由此我想到，为什么当自己投入到繁忙的工作中却不感到苦和累？原因也基于此。

在彤彤很小的时候，我就很注意培养她的幸福感。当早晨的第一缕阳光照射进来时，我就会对她说，明亮的天空是不是比黑夜好看呀，彤彤肯定地点点头，然后我问她高不高兴啊？她说高兴，然后我们就在床上来回地"穿越"阳光。当黑夜降临时，我指着天上的星星或月亮，问她美不美丽，她说美丽，然后我们就在星空里寻找星座，我还给她讲一些天文小知识或有关的童话。在生活当中，只要有机会，我都会把感受到的幸福灌输给她，一草一木、风霜雨雪等自然想象，人际交往、生活技能等人为现象都是她体验的好机会。所以，在彤彤的心里，苦和累也是一种体验，甚至是一种享受。面对困难，首先想到的不是艰难困苦，而是通过自己的努力获取成功，并享受成功的快乐。

幸福是一种感受，快乐是一种生活态度。在孩子成长的过程中，快乐扮演着非常重要的角色，如果一个孩子能懂得寻找快乐，那么他就没有克服不了的困难，没有越不过的心理障碍。而一个快乐的人，也往往是最容易获得成功的。现代医学资料表明：愉快的情绪，快乐的心态是使人健康长寿的主要因素。让孩子体验快乐，为孩子在生活中创造快乐，

二、再忙也不能忽略的关键
关键品质的塑造和培养

可以愉悦身心，培养孩子乐观从容的生活态度。

在我们的现实生活当中，孩子都是泡在蜜罐里的，对幸福的感受已经不敏感了，可他们对走一点路，干一点家务都觉得是极大的苦和累，怎么能经得起风霜雨雪的考验？

我认为培养孩子感受快乐、幸福的品质是最当务之急的。否则，当他们离开家庭的庇护，自己面对这个世界时，很难找到立足点，很难担当重任。

美国著名心理学家威廉·詹姆斯说："我们这一代人的重大发现就是，人能改变心态，就能改变自己的一生。"由此可见，在孩子小时候就应注意培养其良好、快乐的心态，因为好的心态能帮助孩子获得健康、幸福和成功。而消极的心态，则会剥夺孩子生活中那些最有意义的东西。所以，多给孩子一些自由，让孩子去体验和创造生活中的各种快乐，养成乐观豁达的性格，更利于他们勇于尝试新事物和挑战自我。能保持快乐心情的孩子，在成长的过程中，既比一般人少了几分烦恼，也更容易获得成功。

快乐可以滋养孩子的心灵，让他对周围变化繁复的世界有足够的抵御能力。要想孩子拥有幸福品质，成为一个阳光、快乐的人，就要注意从小培养孩子用快乐的心态面对生活。

（1）强烈的安全感是快乐的保证，所以，要给孩子营造一个安全快乐的家庭氛围，让孩子无忧无虑地生活。

（2）童年是一生中最快乐的时期，但有许多孩子却没有这种感觉，因为自己没有自由的权利，什么都要按照父母的安排去做。为了孩子能寻找到快乐，把自由还给孩子就可以了。让他们自主决定玩什么，不玩什么，喜欢什么，不喜欢什么。

（3）音乐可以陶冶人的情操，听一首好歌有时会让人精神振奋，身心舒展。而对孩子来说，每当全家一起唱一首他喜爱的儿童歌曲，他都会很快乐。

（4）培养孩子从多方面获得快乐和幸福的能力。如果只把快乐寄托在一

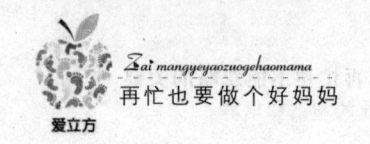

种追求上，最终往往导致的是痛苦。有的孩子因家长不让其玩电子游戏而整日闷闷不乐，而另一些孩子却会很快地从另一种游戏中找到欢乐。兴趣爱好广泛和灵活调整目标对在某方面有"专长"的孩子来说尤其重要。

（5）培养孩子对受挫的恢复力。乐观的孩子不是没有痛苦，而是能很快从痛苦中解脱出来，重新振奋。家长应认真培养孩子在"黑暗中看到光明"的自信心和技巧。

（6）父母首先要做一个拥有阳光心态的人，因为父母对生活的态度很大程度上影响孩子的认识。患得患失、斤斤计较、悲悲戚戚的父母很难培养出乐观、开朗、快乐的孩子。

快乐，是一种态度，习惯对烦恼微笑的态度。快乐也是一种能力，接受自己，也接受别人的能力。所以，要把培养孩子快乐当做一项家庭教育内容来进行，我们不仅要让孩子拥有一个快乐的童年，还要让他快乐一生，这是需要父母精心培育的品质之一。

忙妈妈金句

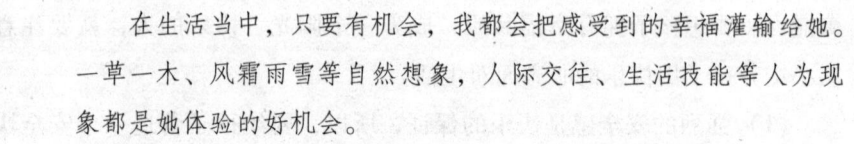

在生活当中，只要有机会，我都会把感受到的幸福灌输给她。一草一木、风霜雨雪等自然想象，人际交往、生活技能等人为现象都是她体验的好机会。

在彤彤的心里，苦和累也是一种体验，甚至是一种享受。面对困难，首先想到的不是艰难困苦，而是通过自己的努力获取成功，并享受成功的快乐。

在孩子成长的过程中，快乐扮演着非常重要的角色，如果一个孩子能懂得寻找快乐，那么他就没有克服不了的困难，没有越不过的心理障碍。

我认为培养孩子感受快乐、幸福的品质是最当务之急的。否则，当他们离开家庭的庇护，自己面对这个世界时，很难找到立足点，很难担当重任。

妈妈不说，我就不说

面对孩子的执拗和反叛，我们也要从自己身上找找原因，你是否以宽容的心态对待孩子，是否让孩子学会了宽容。一个具有宽容品格的孩子即使不同意别人的观点和信仰，也有维持同别人彼此尊重的能力，也就不会狭隘和偏执。

彤彤上初一的时候，她的一个十分要好的同学莎莎经常放学后到我家写作业，有一段时间甚至不想回家了，写完作业就和彤彤聊天。

有一次我下班回来她们聊的正起劲儿，彤彤听到我的脚步声帮我打开门，自然有一番亲热，帮我换拖鞋，放手袋，还给我敲敲背。莎莎既感到惊讶，又是羡慕。她不无妒忌地对彤彤说："你跟你妈真好。"彤彤问："你和你妈不是这样的吗？"莎莎低垂眼帘，有些伤感地摇摇头。彤彤知道自己说错了话，忙搂住莎莎的肩头，无声地表示歉意。

过了一会儿，莎莎又恢复了平静，说："你妈真好，她从来不吵你骂你吧？"彤彤点点头，认为这是理所当然的。

莎莎说："我和我妈经常吵架，好长时间都不说话的。"彤彤看看我，又看着莎莎，一脸的不可思议，说："跟妈妈还是要说话的，妈妈都是为我们好嘛！"莎莎将头一拧，狠狠地说："妈妈不说，我就不说。"停顿了一下，"妈妈跟我说话，我也不想说。"

我坐在一旁没有表态，看得出莎莎同妈妈积怨很深。正想同孩子聊上几句，有人敲门，彤彤打开房门，原来是莎莎妈妈来叫莎莎回家吃饭。莎莎背起书包，同我礼貌地说声再见，就出门走了。

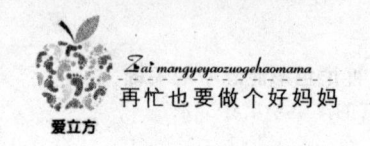

莎莎妈妈被晾在那里，显得很尴尬。摇摇头叹息着："这孩子，气性可真大，你要是惹着她，能好几天不跟你说话。就算你主动和她说话，她也总是爱答不理的。"

我和彤彤将她让到沙发上，她便同我们诉起苦来。从莎莎妈妈的一大堆苦水中，我大致了解了她们母女间的冲突点，无非是妈妈恨铁不成钢，认为孩子事事不要强，而孩子觉得妈妈过于唠叨，于是冲突不断，越来越升级，小的时候孩子还不敢顶嘴，现在大了，竟然敢与妈妈顶撞了。她无限伤心地摇着头，觉得自己付出的一切都是为了孩子，可孩子却是如此不能理解大人的一番好心。

我和莎莎妈妈并不是很熟，有些话只能婉转地说。我先说一个家庭的和谐很重要，爱孩子是每一个父母由衷的情感流露，但方式方法也很重要。孩子和妈妈闹对立，妈妈也应该总结一下自己。要想解决这个问题其实很简单，那就是宽容。

莎莎妈妈听后似有所思。

我说："父母对孩子的宽容是一种智慧，是一种特殊的爱，何必要和孩子硬碰硬呢？"

莎莎妈妈说："你不知道这孩子有多犟。"

我稍停顿一下，给她讲了一件我同事家发生的事情。

同事的女儿今年十二岁了，开始变得有思想、有个性，动不动就找茬跟她顶嘴，她不止一次向孩子发火："你想翻天吗？别忘了我是你妈！"没想到孩子脾气更大："我有翻天的能耐吗？别忘了，我是你女儿！"

为此她也苦恼了一阵子，后来听从一位心理专家的劝告，她试着采取宽容的办法与孩子相处。一天晚饭后，她对女儿说你是大孩子了，应该学学做家务了。女儿竟然接受了她的建议，跑到厨房洗碗。突然听到"啪"的一声，碗被摔碎了。还没等她开口，女儿进屋便冲她叫喊："就怨你，怎么能让我洗碗呢？"

她刚想发火，考虑到孩子不是故意的，便安慰孩子，说谁都有不小心的时候，没关系的。结果孩子也一下子没有了火气，低着头边擦眼泪边说是自己不对，没有多加小心，摔碎了好几只碗。她对女儿说妈妈也有不对的地方，应该先给你做些示范和指导。说完把女儿搂在怀里，感到和孩子之间是那样的亲密。从那以后，母女都很谨慎与对方相处，哪里有做不对的地方赶紧检讨，很快母女俩冰释前嫌，不再争争吵吵地过日子了。

莎莎妈妈走后，彤彤觉得在生活中还会有这样的事情，女儿和妈妈还吵架，还记仇，还怄气，还……

其实，这也没什么奇怪的，在现实生活当中还有不少这样的家庭。孩子叛逆，大人暴力，结果是越闹越僵，甚至造成家庭的悲剧。大人和孩子都觉得自己很委屈，都认为对方不理解或不体谅自己。这也折射出家庭教育的缺失，值得我们深思和反思。

许多人把孩子出现"妈妈不说，我就不说"的情形归罪于孩子叛逆。诚然，刚刚念初中的孩子，显著的特点是"变"。生理上在变，孩子开始发育了。心理上也在变，家长会发现不知从什么时候起，孩子不听话了，甚至还可能与家长"对着干"。你要他东，他偏朝西；你要他西，他偏朝东，这种现象，心理学上称为"逆反心理"。

从理论上来讲，确实是有一定的道理。但是，从生活实际出发，我并不认同都是孩子的错。在我和彤彤相处中，怎么没有这种"逆反"的现象发生？

我认为孩子和大人顶嘴多数情况下是父母所逼！说白了，就是父母的教育方式出现了偏差。如孩子做错了事，父母漫无边际、长篇累牍的说教令其感到厌烦。孩子犯错后有了悔改的表现，但是父母的处理不冷静，让他们感到家长有些小题大做。有时孩子没做错事，但却遭到无端的责备。父母逼迫他们去做自己不想做或者不愿立即去做的事。

一个家庭的和谐，关键在于浓郁的民主氛围，关键在于成员之间的宽宏大量。如果都能体谅对方，宽容对方出现的小小失误和错误，家庭中就不会出现不和谐的声音。

有时宽容引起的道德震动比惩罚更强烈，宽容是一种生活的智慧，让我们从小培养孩子这种智慧，会让他的人生更从容、更自信。使孩子在人际交往过程中，具有能够体会他人的情绪和想法，理解他人的立场和感受，并站在他人的角度思考和处理问题的能力。要想使孩子拥有这种能力和品格，父母的作用是不可忽视的，要给孩子一个宽容的成长空间，让孩子感受到父母宽容的处世态度。所以，家庭成员间要友爱宽容，让孩子从小就生活在一个温馨、和谐、友爱宽容的家庭环境中，使其在潜移默化的影响中，逐步形成稳定的宽容忍让的良好品质。

孩子的宽容心是一种非常珍贵的感情，它主要表现为对别人过错的原谅。这种感情对于孩子个性的健康发展，尤其是情感的健康发展，以及对于孩子良好人际关系的建立都有着非常重要的意义。富有宽容心的孩子往往心地善良、性情温和、惹人喜爱、受人拥护，而缺乏宽容心的孩子往往性情怪诞，易走极端，不易与人亲近，因而人际关系往往不好。

下面的几点建议或许可作些参考。

（1）家长首先要稳定情绪，冷静对待，切不可急躁地和孩子硬碰硬。

（2）你可以采取回避的方法，待孩子平静下来后，再和孩子推心置腹地交谈，帮孩子找到问题的根源所在。

（3）应以宽厚包容的心态对孩子进行理解和接纳，宽容他们的过错，接纳他们的不成熟，用父母博大的爱抚慰孩子的心灵，这比说教和惩罚更具力量。

（4）由于孩子的模仿能力很强，作为家长，在平时的生活和与人交往中，我们要给孩子树立一个宽容忍让他人的榜样。一个斤斤计较的父母是不会教育出胸怀广阔的好孩子的。

家，是温馨的港湾，而维持温馨家庭环境的就是最大程度的民主和浓浓的亲情，一家人的挚爱，才能保证家是永远的避风港。希望所有的家庭都是和平的，没有"战争"的发生，不出现"妈妈不说，我就不说"的尴尬局面。

二、再忙也不能忽略的关键
关键品质的塑造和培养

忙妈妈金句

爱孩子是每一个父母由衷的情感流露。但方式方法也很重要。孩子和妈妈闹对立,妈妈也应该总结一下自己。要想解决这个问题其实很简单,那就是宽容。

一个家庭的和谐,关键在于浓郁的民主氛围,关键在于成员之间的宽宏大量。如果都能体谅对方,宽容对方出现的小小失误和错误,家庭中就不会出现不和谐的声音。

有时宽容引起的道德震动比惩罚更强烈,宽容是一种生活的智慧,让我们从小培养孩子这种智慧,会让他的人生更从容、更自信。

家,是温馨的港湾,而维持温馨家庭环境的就是最大程度的民主和浓浓的亲情,一家人的挚爱,才能保证家是永远的避风港。

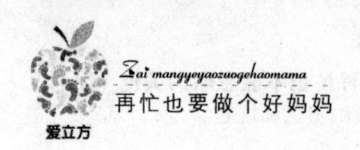

小鸟飞了

爱是人类最伟大的情感，是所有高尚品质和美好道德的核心。对孩子进行爱的教育，不妨让他从爱护小动物做起。在放飞生命、呵护生命的同时，也使孩子收获了爱心和幸福。

彤彤五岁那一年的春天，一个周末的早晨，我习惯地和彤彤赖在床上打发时光，我将一个枕头举起来做欲打她的动作，彤彤翻滚着逃到床的另一头，准备找一个还击的"武器"。当她的目光扫向阳台上时，被什么东西一下子吸引住了，惊讶地"啊"了一声，回头向我招手，悄声地告诉我说："妈妈，一只小鸟！"

我坐了起来，沿着她小手所指的方向看去，在阳台的窗外墙沿边，果然有一只小鸟。我们轻手轻脚地慢慢走过去，同它隔窗相望，那只小生灵一点也没有要飞走的样子，而是瞪着小眼睛在看着我们，那目光纯净如水，看它无助的样子，似乎在等待求助。我这时才发现，这是一只刚刚会飞的雏鸟，只有成年鸟的一半那样大，左边翅膀有凝固的血迹，原来它受伤了。彤彤也发现了这个问题，小手扯着我的睡衣要求收留小鸟。

我试着轻轻将窗子向一边推去，怕惊吓着小鸟，我一点点地挪动着铝塑窗。彤彤比我更紧张，两只小手十指交叉在一起，眼睛盯着小鸟，嘴里不断轻声地对小鸟说："小鸟呀，不怕，乖，我们来救你啦。"

也许是彤彤感动了它，也许是它实在飞不动了，总之，在我的救援过程中，小鸟特别地配合，一点也没有流露出害怕的样子，当被我轻轻

二、再忙也不能忽略的关键
关键品质的塑造和培养

捧在手掌中时，依然静若处子。彤彤马上想到小鸟需要有一个窝，她便把她的小鞋盒子翻出来，还在里面铺上一块海绵，直到小鸟安卧其中，才轻轻拍拍手，舒心地笑了。然后就是一直蹲在那里爱怜地看着小鸟。彤彤爸爸从外面晨练回来，见到这一幕，也惊喜异常地奔过来，脚步声也许大了点，彤彤赶紧起来，做出轻迈脚步的动作，等她爸爸放轻脚步后，她又做出嘘声的动作，那个长长的"嘘"声并不比她爸爸进门的响动小多少。搞得我和她爸爸都想笑，只是强忍住罢了。

就这样，小鸟成了我们家庭中的一员。彤彤乐不可支地说："这回我可有一个好朋友了。"她歪着头想了想，对小鸟说，"嗯，你就算是我的小妹妹吧。"看到小鸟只是好奇地看着她，回头问我们，"小鸟怎么不出声啊。"我说："它在想妈妈了！"爸爸说："它可能是渴了，或是饿了。"还是她爸爸有经验，毕竟小时候是在农村长大的，懂得鸟的习性。

彤彤赶紧跑去端来一小杯水，放在小鸟面前热情地邀请小鸟喝水，可是小鸟太小了，水杯又太大了，尽管小鸟很想喝水，却够不到。彤彤爸爸拿来一个纯净水瓶盖，将水倒在里面，小鸟这才畅饮一番。

吃早饭时，彤彤坚持把小鸟放在餐桌上，让小鸟和我们一起共进早餐。彤彤将饭粒、米粒、甚至肉丝等放在碟子里，可它却一点也不吃。爸爸说："小鸟喜欢吃虫子和谷粒，这些它是不会吃的。"彤彤赶紧说："妈妈，小鸟喜欢吃虫子，吃完饭就去捉虫子给它吃吧。"当她听说城市里没处捉虫子时，急得眼泪都下来了，无限忧愁地说："小鸟没有饭吃，那不是饿死了嘛。"我们宽慰她，告诉她可以去鸟市买鸟食的，她这才破涕为笑。

小鸟在我家住了十七天，每天都是彤彤亲自喂水，喂食物，小鸟和她熟悉后，还喜欢轻轻啄她的小手，任凭彤彤抚摸她的羽毛，像一对好朋友，简直形影不离。每天彤彤去幼儿园前，都要同小鸟聊上一会儿，把我都冷落在了一边，以前每天早晨都是我或者她爸爸陪同她聊天，这回可好了，有了小鸟，连爸妈都不理了。回来后边写作业边同小鸟说话，什么王大伟哭了，赵奕然吃饭掉饭粒了，毛毛又推人了，把她幼儿园发

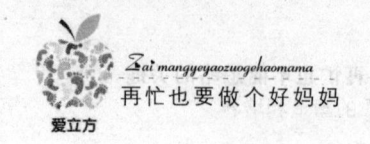

生的事情事无巨细地给小鸟唠叨一遍。小鸟不叫也不跳，安静地待在窝里当她最忠实的听众。

小鸟的伤渐渐好了，也能蹦蹦跳跳，飞上飞下了。我们知道，它的天地应该是大自然，而不是温馨的室内。我和她爸爸商量放飞小鸟，可彤彤坚决不同意。我将她拥入怀中，抚摸着她的小脸蛋："要是妈妈离开你，妈妈会十分想念你，你也会很想念妈妈，对不对？"彤彤点了点头。"如果小鸟迷路了，离开了妈妈，它的妈妈也会很着急的，小鸟也会很想念妈妈的。所以，我们放了小鸟，让它回到自己的家和妈妈团聚，好吗？"彤彤点点头又摇了摇头，她有些舍不得。经过两天的思想工作，彤彤终于同意放飞小鸟了。

我们特意选择在早晨，彤彤捧着小鸟，我打开窗子说："乖宝贝儿，由你自己亲手将小鸟放飞吧。"彤彤迟疑了一下，亲吻了小鸟的头，说："小鸟啊，你快回家找妈妈去吧，你有时间可记得来看我哦。"说完，双手向窗外一送。小鸟愣了两秒钟，扑棱一下就飞走了。彤彤看着飞走的小鸟，眼泪哗哗地流下了，呜咽着问我："小鸟飞走了，是去找妈妈了吗？"我抱紧了她，心里也酸酸的，点点头算是做了回答。她真的很伤心，默默地流着泪，望着阳台前方的天空，久久不愿回到房间，她的内心真是舍不得小鸟。我说："小鸟是你亲手放飞的，它的心里会很高兴啊，因为你是讲道理的好孩子，它会表扬你的。"彤彤还是默默地流着泪，我只有安静地陪在她身边。过了好久，彤彤问："妈妈，小鸟还会飞回来跟我玩，对吗？""当然啊，小鸟是我们的朋友，而且，你很乖啊。"彤彤这才不哭了。她开始期盼小鸟回访的日子早日到来。

彤彤不仅爱鸟，对其他小动物也很喜欢，邻居家的小狗，隔壁杨叔叔家的热带鱼，都是她日记里的好朋友。孩子爱护小动物的过程，实际上也是爱心培养的过程。他们在照顾小动物的过程中学会付出，学会关照，体验奉献。长大以后，彤彤除了爱护小动物，还经常参加社区组织的义工，在高中时，尽管功课紧张，仍坚持每周到她结对帮扶的杨爷爷家去嘘寒问暖，打扫卫生，给老人洗头洗脚。直到上大学走后，她的位

二、再忙也不能忽略的关键
关键品质的塑造和培养

置被新人顶下,依然坚持给老人打电话,陪老人聊上几句。

喜欢动物是孩子的天性,在孩子的成长过程中,还会有一个专门的关注动植物的敏感期,这使孩子对动物的关心成为一种本能。在孩子出生后的最初几年,他们的发展都是以自我为中心的,那时候他们最关心的是自己,对于自己需求以外的人或者事物漠不关心。可是随着眼界的开阔,孩子发现这个世界上有太多有趣的事情,这吸引他们忍不住想要观察与探索一切。当静止的东西看厌的时候,孩子的注意力便会转移到一些与众不同的,并且能够不断变化的事物上。这时,同样具有生命的,可以在一个固定环境中不断变化与运动的小动物便进入了孩子的视线。

开始的时候,孩子对于动物的喜欢仅限于观察,渐渐地,他们又发现了一个"新大陆"。由于孩子在成长的过程中,一直处于被父母保护之中,这让孩子在认识到父母的强大的同时也认识到了自己的弱小,小动物的出现让他们找到了比自己更弱小的生命,这使他们的强大被突显了出来,所以孩子的心里就会油然而生一种保护弱小的欲望。他们关心小动物,喜欢收留小动物,尤其是收留无家可归的或者受伤的小动物,就是孩子的一种保护欲望的表现。

人和动物都是大自然的产物。尤其是人在婴童时期,他们在社会化之前,拥有更多的是自然属性,所以他们与动物有更多的情感。一个和谐发展的人,首先应该能够与大自然和谐相处。生命教育,应该从儿童做起。培养孩子的爱心,应该从爱护小动物开始,只有这样,才能让他们从珍爱小动物到珍爱大自然,再到珍爱自己的生命,珍爱他人的生命。

忙妈妈金句

孩子爱护小动物的过程,实际上也是爱心培养的过程。他们在照顾小动物的过程中学会付出,学会关照,体验奉献。

由于孩子在成长的过程中,一直处于被父母保护之中,这让孩子在认识到父母的强大的同时也认识到了自己的弱小,小动物

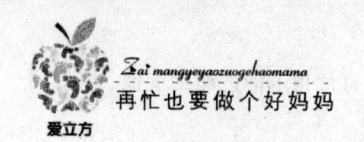

的出现让他们找到了比自己更弱小的生命，这使他们的强大被突显了出来，所以孩子的心里就会油然而生一种保护弱小的欲望。

　　培养孩子的爱心，应该从爱护小动物开始，只有这样，才能让他们从珍爱小动物到珍爱大自然，再到珍爱自己的生命，珍爱他人的生命。

三、避免忙中出错的秘诀
让理智教育成为习惯

习惯成自然。不想让忙碌的工作与生活把自己折磨得心力交瘁,不想让因忙碌而带来的烦躁扰乱自己的思维,导致在家教过程中出现错误的方法或言行,最为有效的办法就是从孩子小的时候起便一贯坚持理智教育。

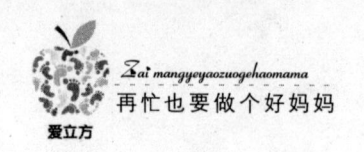

我工作，所以我骄傲

> 作为一个上班族妈妈，只要能理智地处理好工作与家庭的关系，就一定能做一个自信、成功的妈妈。你因工作而骄傲，孩子也会因你而自豪。

工作和培养孩子除了在时间上有些冲突外，并没有太大的矛盾，职场妈妈同样能把孩子培养成才。我并不支持非得把妈妈这个角色"职业化"，工作要干好，孩子也要培养好。有一位作者在他的书里说："一位女性把孩子培养成才，其意义远远超过到工厂去拧几颗螺丝钉。"去拧螺丝钉也好，去做其他工作也好，如果不去"拧螺丝钉"，怎么接触社会？长时间与社会脱节，无法想象一个不关注社会的妈妈会培养出一个属于社会的孩子。妈妈培养孩子固然需要时间，但更需要"教育资源"，那么工作就是活生生的"教育资源"，孩子从妈妈身上学到的不仅仅是知识，更有了解社会、探索世界的勇气和能力。

我在"你不是全职妈妈"里已经强调过职场妈妈的优势。工作对于妈妈也是非常重要的，工作让妈妈有自己的生活，能够更客观理智地看待孩子的成长，更有利于孩子教育。

母爱是无私的，母爱是伟大的。现实生活中几乎所有的母亲都可以自豪地说：为了孩子我可以付出我的所有，甚至生命。是的，没有哪一个母亲不爱自己的孩子，也没有哪一个母亲不牵挂自己的孩子，但母亲的爱也应该是理智的。

说到培养孩子，许多父母觉得是一个繁重复杂的过程，其实没有我们想象的那么复杂。培养孩子最关键的是给孩子一个好的生活、行为和学习习惯，让孩子理智地面对生活，这就足够了。因为有了这些好的基础，孩子就能逐渐自我成长起来。

我觉得做父母的如同过去的私塾先生，只要做到传道、授业、解惑就可以了，没有必要凡事都事无巨细地手把手去教孩子这样做，那样做，对孩子过多的干涉和指点。在培养孩子方面，传道就是把道理跟孩子讲明白，让孩子知道什么可以做，什么不可以做，了解做人的底线。而授业就是教给孩子必需的生活技能，让他们自己去琢磨、探索。解惑就是当孩子遇到难题，及时给孩子予以指导就可以了。其余的就让孩子自己去弄吧，他们都会尽心尽力地去做的。所以，该工作的时候，就要投入精力做好工作，回到家后，完全有充足的时间对孩子做好传道、授业、解惑的事情。

彤彤从自己能吃饭开始，我就没有管过她，每到吃饭时，我只负责把饭碗端给她，勺子筷子递给她，然后就各吃各的。刚开始时，由于协调能力差，饭粒掉在地上，勺子送不到嘴边是常有的事，弄得脸上、手上、衣服上都是饭粒和汤汁。后来逐渐掌握了要领，熟练了动作，就很少有弄得到处都是饭粒汤汁的现象了。两岁多的时候，已经能用筷子夹花生米了。还有自己洗脸、穿衣服，以至后来的生活自理，都是靠自己去琢磨的。比那些同龄的孩子并不差，可见孩子的学习能力是很强的。除了节假日，我没有整块的时间陪同孩子，也没有全职妈妈那样无微不至地对孩子给予过关注。也许是我们没有时间的缘故吧，孩子不得不自己去捣鼓，结果比大人教的记得还牢固，做得还自如。

我认为培养一个理智讲理的孩子是最重要的，中国人总是把"听话"当做一个孩子的优点。但我不满足孩子只做听话的孩子，还要成为讲理的孩子。听话的孩子可能是盲从，而不见得懂道理。讲理的孩子会在你有理时听话，那正是我们所要的。所以，父母应多给孩子宽松的成长环境，只是在孩子碰到困惑时，给以建议，多引导孩子，多和他们沟通，而不是强加给孩子某种愿望。

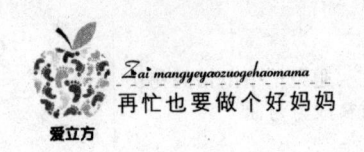

我承认，许多父母不是育儿亲子专家，但是我们天天同孩子生活在一起，对孩子的每一步成长都了然在心，孩子有哪些缺点，哪些优点都十分清楚。这就好办了，优点鼓励，缺点帮助找出差距，与孩子一同在生活中去改变。孩子缺点越来越少，你就会越来越轻松。工作和亲子自然就两不误了。

职场妈妈不要认为自己是一根蜡烛两头烧，是一个苦差事。首先我们要认为自己是一个幸福的妈妈，因为我们拥有了事业，也拥有了孩子，这种人生的完满其实已经达到了。只要你处理好这二者间的关系，那你就是一个职场上自信、成功的妈妈。

忙妈妈金句

我并不支持非得把妈妈这个角色"职业化"，工作要干好，孩子也要培养好。

培养孩子最关键的是给孩子一个好的生活、行为和学习习惯，让孩子理智地面对生活，这就足够了。因为有了这些好的基础，孩子就能逐渐自我成长起来。

我觉得做父母的如同过去的私塾先生，只要做到传道、授业、解惑就可以了，没有必要凡事都事无巨细地手把手去教孩子这样做，那样做，对孩子过多的干涉和指点。

除了节假日，我没有整块的时间陪同孩子，也没有全职妈妈那样无微不至地对孩子给予过关注。也许是我们没有时间的缘故吧，孩子不得不自己去捣鼓，结果比大人教的记得还牢固，做得还自如。

孩子不是银行卡

工作忙碌的妈妈最常犯的一个错误,就是用钱来对孩子弥补亲情,希望孩子能用钱去买到自己需要的东西,减轻因缺少妈妈的照顾而出现的心理不平衡。这是不正确的,孩子不是银行卡,妈妈也不是ATM机,用钱来代替自己,这是妈妈在家教过程中犯下的一个极不理智的错误。

高亮曾是我女儿彤彤的小学同学,是一个很可爱的小男孩。他爸爸经常出差,妈妈工作也很忙,不是中午不能回家,就是晚上要加班。所以,他从很小的时候起便要习惯着自己照顾自己。当其他同学还在被爸爸妈妈接送的时候,他就早已经脖子上挂着家钥匙和月票卡,自己坐公交车上学放学了。在高亮的父母看来,别的孩子每天都能有爸爸妈妈接送,还能经常去游乐场玩,可自己却一点陪孩子的时间都没有,甚至不能常给他做些可口的饭菜吃,觉得非常对不起孩子。为了弥补这种时间上的亏欠,高亮父母在钱的方面就大方了起来。别的孩子有什么,高亮就有什么,别的孩子没有的东西,高亮也应有尽有,以至于高亮都说不出自己还有什么没吃过的东西,没玩过的玩具了。

我和高亮妈妈见过几次面,也算认识吧。我今天之所以想起高亮,是因为前几天巧遇了他的妈妈——当年看上去成熟干练、气质高雅的她,如今却憔悴得厉害,提起高亮就眼泪汪汪的。她说,当年她们夫妻俩工作那么拼命,就是为了能给孩子创造个好的生活条件,不让他吃苦。只希望他能心满意足,乖乖地上学。可没想到,高亮升入初中以后,开始

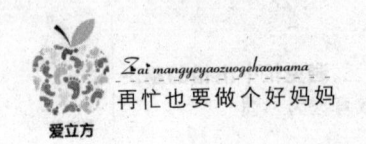

出现厌学情绪，经常和妈妈要了钱就逃课，学习成绩一落千丈。高中还是花了钱进去的，没多久就想辍学。为了孩子的前途，她决定辞去工作，专门负责照顾孩子的生活起居。孩子却不领这个情，甚至说，她辞了职，家里钱少了，他的钱不够用了怎么办。还说她真是多此一举，把钱给他，他不用别人照顾。结果，孩子最后也没有好好学习，混了个毕业证就被送去参军了，他父母希望孩子能在部队的严格管教下不再让大人操心。高亮父母一致认为是命运不公，如此好的家庭条件，孩子竟不争气。

高亮父母的家教悲剧并非个例，总是会有些父母在为了工作不得不忽视孩子的时候，用金钱来弥补自己内心的不安，把经济上的富裕当做给孩子的心灵慰藉，直到金钱无法消除不安，不能慰藉心灵，反而造成坏影响的时候，才下定决心把注意力放在孩子身上，但这常常太晚了。在生活中，不乏条件不如高亮家的家庭，父母忙碌，收入却一般，仍拼命地想用钱给孩子做心理安慰的例子，导致孩子不了解父母疾苦，一味地把父母当成自动提款机。

真正来自父母的爱并不是用金钱来表现的，父母不是自动提款机，孩子当然也不是银行卡。一个孩子的幸福并非完全依靠金钱来诠释，甚至并不需要用金钱来诠释，只有父母由爱而做出的亲密举动，让孩子亲眼看到并亲身体会到这种感情的存在，才是对父母之爱的最好诠释。高亮的妈妈明白得太晚了，甚至于我觉得现在她仍在糊涂中，否则便不会只是慨叹命运的不公了。

我在孩子小学的时候也是一个忙碌的妈妈，她爸爸那时也不常在家，我每天中午都不能回来，晚上赶到家时也时常天黑了，所以彤彤像高亮一样，也是早早地开始学着照顾自己。我对自己不能更好地照顾彤彤也有些愧疚感，但我却从不觉得用钱能改变这个问题。比如吃饭，彤彤学校里可以热中饭，我总是每天早上给她装好饭盒，让她中午在学校把饭热热再吃。虽然给她几元钱让她自己买着吃，我也许早上可以多睡一会儿，但我觉得除了钱的问题之外，这对孩子的身体也不好，所以一直坚持。那时候彤彤在花钱的问题上十分自觉，我习惯于在她口袋里放一元

三、避免忙中出错的秘诀
让理智教育成为习惯

钱,告诉她在有必要给妈妈打电话的时候,可以找一个公用电话打给我。这一元钱就一直在她口袋里放着,只在换衣服的时候拿出来,再放进想穿的衣服口袋里,只要不需要给我打电话,哪怕是一年半载,这一元钱还是一元钱。相对那些爸妈给了两元钱买早点的钱,也要悄悄留下一元去买烤肠、烤串的孩子们来说,彤彤对钱的态度简直太令人欣慰了。

另外,彤彤一直以来对穿衣戴帽没有什么特殊的需求,这是因为我一直都以"舒适为主"的观念去影响她,从来不强调品牌。即使是到了大部分孩子开始出现攀比行为的青春期,彤彤也没有让我因此发过愁,也许是因为她心里有更重要的东西吧——彤彤从小练习书法,每个我不能陪她的日子,业余时间除了写作业,她就像一尊小雕塑一样站在桌前,拿着毛笔反复练字,笔墨纸砚我从不吝啬,但教她节俭,一幅作品写得不好,她从来不把纸团掉,而是裁切成小块,练字的时候用,直到这些小块的宣纸也被写得无处可写了,才会放弃它,这样一张纸的作用就相当于好几张纸了。她的作品被我贴满了屋子,每次看,我都自豪得很,仿佛是我写的一样。彤彤很高兴,始终认为,妈妈花几百元钱给自己买一件衣服,并不能让自己比别人更优秀,倒不如送她一令宣纸更有实际作用。

在练习书法的过程中,彤彤克服了很多困难,也养成了坚持不懈、注意力集中、性格沉稳等优点,这使她在学习和生活的过程中大为受益。更主要的是,书法在我不能陪伴女儿的时间里,给了女儿很大的心理安慰,不觉中度过了很多妈妈不能总是围在身边的日子。而我,也不会忘记在忙碌过后回到家里时,对她的字进行诚恳的品评,或提意见,或表扬,或鼓励,总是抱抱她的肩膀,拍拍她的脸蛋;也会在忙着做事的时候,抽出耳朵听她说说学校里的事儿,或者她觉得想和我分享的一些乐事儿——这并不占用什么时间,但确实让孩子和我都觉得很快乐,我的愧疚和孩子的不满足感就早早地消散了,既然生活如此,我们用好的方法去适应它,这是钱做不到的。

孩子是容易孤单的,并且很容易产生不安全感,他们需要人来陪,

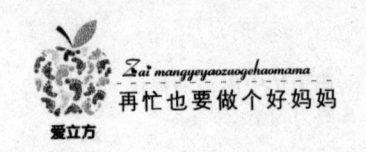

需要有人在他们彷徨无助的时候告诉他们该怎么办，而这些唯有温暖的话语、慈爱的眼神和真心的陪伴才能满足，这比给他们再多的钱都有意义。缺少了这些，即使给他们买再贵重的东西，再多的辅导书，送他们去再高档的辅导班，都不会对他们更有帮助，因为心灵上的需求是金钱买不到的。即使孩子自己在家一直到夜深，父母中途打个电话嘘寒问暖，或者晚归时从怀里给他掏出一个热乎乎的烤红薯，都比带他们去必胜客狂搓一顿更让他们觉得温暖。

爱是一种金钱无法替代的东西，是从内心迸发出来的行为与关注，并不受时间和空间的限制。以忙碌的理由，将爱定义为物质的满足，将表达爱的方式定义为金钱的付出，自己甘心做一个 ATM 机，以为让孩子像一张存有巨款的银行卡一样，可以随时从 ATM 中提取现金就是爱——这样的妈妈就大错特错了。

忙妈妈金句

爱是一种金钱无法替代的东西，是从内心迸发出来的行为与关注，并不受时间和空间的限制。

对于小孩子来说，父母的陪伴并非只意味着每天抽出几小时来陪他们玩，只要每天都能见到父母，父母每天都给他们一些温暖的微笑，或者小小的拥抱，都会让孩子有特别幸福的感觉，情感上也有安全感和满足感。

真正地来自父母的爱并不是用金钱来表现的，父母不是自动提款机，孩子当然也不是银行卡。一个孩子的幸福并非完全依靠金钱来诠释，甚至并不需要用金钱来诠释，只有父母由爱而做出的亲密举动，让孩子亲眼看到并亲身体会到这种感情的存在，才是对父母之爱的最好诠释。

三、避免忙中出错的秘诀
让理智教育成为习惯

蚕是怎么钻进茧里的

　　　　　自由是人与生俱来的权利，我们不要让孩子一步步走进为他编织好的茧中，而失去自由的天性。要想让孩子的世界更绚丽多彩，就应该让孩子到广阔的天地里去"经风雨，见世面"。

　　乖孩子几乎成了成功妈妈的共同心得，一提到孩子首先想到的是乖不乖。有一次我坐公交车，两个素不相识的妈妈聊起了孩子，当时一个妈妈领着一个约三四岁的小女孩上车，坐在我前面的空位上，旁边一位女士隔着过道喜滋滋地看着瓷娃娃一样的孩子说："这宝贝可真乖！"那位妈妈赶紧对孩子说："快说阿姨好！"孩子很听话地侧头看着那位女士甜甜地说："阿姨好！"然后扭头专注地盯着前面看。

　　都是有孩子的妈妈，话题自然离不开孩子。先是带孩子的妈妈自豪地夸赞一番自己的孩子，还说孩子如何如何听话，如何如何按大人的指令做，总之，孩子听话得很，简直是唯大人是从，是一个指哪打哪的好孩子。另一位妈妈饶有兴趣地"哦"了一声，说："孩子的执行力特别强。"接下来说到她的七岁儿子，觉得自己不是一个合格的母亲，孩子是一个小捣蛋鬼，整天热衷于研究拆装玩具，搞得家里一片狼藉，批评他几句，暂时消停一会儿，用不了十分钟，他的小手指就痒痒了，又开始捣鼓起来。前一段时间，把一个价值二百多元的电动汽车拆了个七零八落，她那个心疼啊。

　　车到站了，我走下车，她们的话题肯定还在继续，一个是自豪的妈

· 89 ·

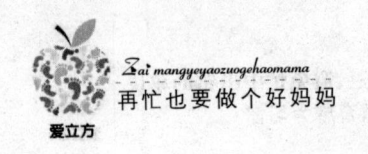

妈，一个是自认为失败的妈妈。对于这两位妈妈的话题，相信大家肯定都经常听到过，也会有一番感慨的。多数会欣赏那位自豪的妈妈，而对于自认为失败的妈妈则会报以同情。

我并不这样认为，孩子乖固然是好事情，但孩子乖也是有区分的，像那种毫无主见，指哪打哪的好孩子，在他小的时候可能受到大人的欢迎和夸奖，可是一个一味按指令行事的人，一定是一个呆板、不懂得变通的人，到了复杂的社会环境里，未必能适应。我认为乖孩子应该是懂礼貌、性情随和的，至于在办事上，还应有自己的主见，自己的是非观念，不愚忠不盲从。乖的不但可爱，还要乖得聪明。所以，那位自豪的妈妈在教育上存在误区，是在一步步地束缚和禁锢孩子，而不是鼓励孩子破茧而出，通过自己的眼睛看世界，通过自己的思维来判断是非曲直。相反，那位自认为很失败的妈妈的孩子倒更令人喜爱，因为他有主见，有自己的思维方式，可惜的是妈妈却认为这是孩子的缺点，予以大加否定和竭力的阻止。她确实是一个失败的妈妈，也是一个不负责任的妈妈。

上面这两位妈妈，可以说是一个硬币两个方面，都比较极端。孩子不是家长的道具，也不是电脑游戏中的角色，可以随时人为地升级，然后顺从鼠标的指令，指哪打哪。孩子的成长需要自由的空间，他唯一需要父母为他们做的就是支持——自由的支持，给他们自由，让他们去"为所欲为"。

无拘无束是孩子们的天性，他们的手脚、思想和头脑总是自由地、漫无边际地发散着自己的想象力。对于孩子来说，椅子不是拿来坐的，而是当做高台往下跳的，这就是孩子。在孩子充满想象力的脑袋里，任何事物都可以变为有趣的玩具。因此在孩子看来，这个世界充满了神奇的魅力。他们用身体感受着世界的乐趣，攀高上低，爬上跳下，而这一切也正培养着孩子的能力。但遗憾的是，往往在孩子还没有体会这些乐趣之前，父母通常就会先下命令，不准干这不准干那，如此一来，孩子天马行空的想象就会被禁锢和束缚，只能按照大人的眼光，永远把椅子看成椅子了。

三、避免忙中出错的秘诀
让理智教育成为习惯

孩子的成长和发展需要一个宽松、开放、积极的活动环境。父母不要总是规定孩子一定要这样做或那样做，孩子毕竟是孩子，与成人有着本质的不同。所以我们不要用爱的锁链紧紧束缚住孩子的手脚，应该让孩子尽情地跑跳，在这样一种自由而轻松的氛围中，孩子的思想和头脑才不容易被束缚住。孩子的世界才会更快乐，更色彩纷呈。要解放孩子的头脑，让他们大胆去思考；解放孩子的眼睛，让他们仔细看世界；解放孩子的嘴，让他们发表自己的见解；解放孩子的双手，让他们学会做事情；解放孩子的时间，让他们更能从容思索；解放孩子的空间，让他们走进社会，投入大自然。

在彤彤两岁的时候，上了一家私人幼儿园。入园不久，我发现老师对待孩子的方式特别粗暴。也许是由于她心情不好吧，听说她那时正在和她先生为离婚闹得不可开交。于是，孩子们成了她的出气筒，动不动就大声呵斥孩子，这也不让孩子动，那也不让孩子摸。上课时，小手必须背在身后，吃饭时，谁要是掉了饭粒，就又遭到一阵数落。

有一次，彤彤由于不愿午睡而被大声呵斥，并不允许她哭。我同园长作了交流，很快换了一位新老师，这是一个脸上总是带着微笑的女孩子。

当时彤彤对幼儿园的抵触情绪很强烈，她剩饭，不愿意午睡，不愿意上课，甚至还出现吃手的现象。新老师做了不少努力，跟她讲道理、表扬她，可情况还是没有得到改善。

一次偶然的机会，我认识了一位很有见地的育儿专家，他特别强调，给孩子自由才是最大的爱，才是最成功的教育，接下来他给我讲解了许多关于爱和自由的话题。这时我才恍然大悟，原来只要我们给予孩子一个爱和自由的环境，孩子就能听从天性的指引完成自我教育。

于是，我跟彤彤的老师谈了自己的想法，既然我们的努力让孩子更痛苦，不如给她自由。不想午睡，可以去看书，或者玩一些安静的游戏；吃饭时剩饭也不再劝她、喂她，把饭收走，等她饿了再吃；吃手前只要把手洗干净就行。在家里我和她爸爸也是这样做的。

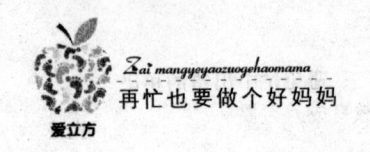

大约过了一个月左右，我们和彤彤的老师看到了爱和自由的成果，她愿意午睡了，吃饭时剩饭的情况也明显减少，至于吃手的现象几乎消失了。在不知不觉的教育中，彤彤有了质的变化。

爱孩子，就给他适度的自由吧，自由对于孩子而言是非常重要的。因为自由意味着孩子的精神胚胎可以充分地获得发育，自由也意味着孩子的意志得到了尊重，他被允许并被鼓励走向自我实现，自己为自己的人生做选择。把爱和自由有效统一的父母，最容易培养出具有安全感的孩子，因为孩子的安全感，来源于对自身生存技能的信心，来源于对高质量母爱的确认。而只有建立起安全感的孩子，才会不惧怕新的体验，从容地探索世界、与人交往和面对挑战。在这种随心所欲的与外界互动的过程中，孩子的发展便形成了良性循环。

所以，要给孩子自由的成长空间，让孩子自己去决定一些事情，只要在孩子安全的基本前提下，就应该放手让他去做。因为孩子的能力，就是在不断动脑动手的过程中逐渐形成的。而孩子的自信和自主意识，也是在父母放手的情况下，通过逐渐做事慢慢养成的。

忙妈妈金句

孩子不是家长的道具，也不是电脑游戏中的角色，可以随时人为地升级，然后顺从鼠标的指令，指哪打哪。孩子的成长需要自由的空间，他唯一需要父母为他们做的就是支持——自由的支持，给他们自由，让他们去"为所欲为"。

无拘无束是孩子们的天性，他们的手脚、思想和头脑总是自由地、漫无边际地发散着自己的想象力。

我们不要用爱的锁链紧紧束缚住孩子的手脚，应该让孩子尽情地跑跳，在这样一种自由而轻松的氛围中，孩子的思想和头脑才不容易被束缚住。孩子的世界才会更快乐，更色彩纷呈。

三、避免忙中出错的秘诀
让理智教育成为习惯

拳头上有一张很丑的嘴

孩子不听话怎么办？打！这是许多家长都惯用的家教方法。用拳头说话，真的可以起到教育孩子的效果吗？答案是否定的，一味地打，只会造成孩子种种不良的心态和心理偏差，绝不能获得教育孩子的效果。

我不主张打孩子，打骂孩子可能会解决眼前的一个小问题，却给孩子的成长留下大隐患，创痕会伴随孩子一生。天下没有哪一个父母不盼望自己的孩子能成龙成凤的，但无数事例证明，没有一个孩子是在父母的打骂中成才的。棍棒威吓可能会起作用，但只是暂时的。其实，不打骂孩子一样可以教出优秀的孩子，每个父母都应该把孩子当做朋友，这是家庭教育中的重要原则。为了使孩子能够健康地成才，现代父母必须拒绝打骂孩子，改变以打施教的教育方式，对孩子循循善诱，以理服人，给孩子的成长创造一个良好的环境和一片快乐的天空。

有人说你不打孩子，难道说你家彤彤就没有过满地打滚无理取闹的时候吗？你怎么解决这个头痛的问题？

只要是小孩子当然同样要经历大错不犯、小错不断的年纪。在她四岁那年，我带彤彤去超市买东西，她看上了一种叫"摇摇冰"的雪糕，举在手上摇摇晃晃的，一看就是放了许多色素和过多的食用胶。我担忧这种食品对孩子健康不利，所以不主张她吃，我说给她买一只瓶装的酸奶，既健康又卫生，营养蛮丰富的。平时彤彤挺听话的，不知这回是怎么了，非要买"摇摇冰"。像许多孩子一样，彤彤开始哭闹了。她趴在

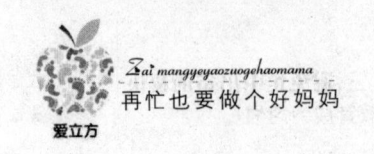

超市的冰柜上不离开，哭哭啼啼地要我一定给她买。

我装作没看见，不理她。一些在超市购物的人看不下去了，劝我说："现在的孩子都是这样，既然她想吃，就给她买一个吧。"彤彤听有人帮她说话，忙停住哭声看着我，见我还是没有给她买的意思，她就继续哭。

我索性走到了水果区，她也哭着追出来，引来很多人围观。有一个中年男人嘴里嘟哝着："啪啪，扇她两个嘴巴子就好了。"我没理他，干脆走出超市，对彤彤的哭闹视而不见，她又跑着跟了过来，抱着我的腿哭。我还是不理她。哭了好一会儿，她大概是有些累了，不再哇哇大哭了，只是抽泣。

这时我问她："哭完没有？"她一见我理她，又开始委屈，眼泪又流了出来。于是我说："那好吧，你再哭一会儿，妈妈等你。"就这样经过几个回合，到最后，她自己也觉得没意思了，于是主动过来拉着我的手，和我一起回家了。

这以后，我提也没再提起这件事，彤彤也从来不再乱要物品了。因为她知道，在妈妈这里，哭闹是无法奏效的。

问题就这么轻而易举地解决了。如果当初我真如那人所说，打她几巴掌，非但解决不了问题，还会给孩子的心理留下阴影。其实，对付小孩子的哭闹，这种置之不理的冷处理方式就能很好地解决，无需打骂。

当然，你会说，说着挺轻松，真让孩子逼到了节骨眼上，不打他几巴掌实在难消心头之火。是啊，谁都不是圣人，家长不可能个个都能心平气和地对待孩子的一些让人头疼的行为。如果实在不能抑制自己的情绪，大不了躲出去清静一下，眼不见心不烦，待心情平静下来之后，再面对刚刚让自己怒火中烧的问题时，处理的结果显然会有明显不同。

打孩子并不能真正起到教育孩子的目的。由于力量上的悬殊，孩子小，你打他，他畏于你的强大而屈服了，但并不理解为什么。以后为了躲避体罚，他可能会用遮掩或撒谎的办法来保护自己，这样一来，你和孩子之间相互交流的渠道就会从此被堵死。

在人生道路上，很少有人不犯错误。犯下错误并不可怕，可怕的是

三、避免忙中出错的秘诀
让理智教育成为习惯

不去改正错误，继续掩盖错误。在现实生活当中，孩子做错了事，父母的教育方法过于简单、粗暴，常常用呵斥和打骂来教育孩子。所以当孩子做了错事后，心生恐惧，也一定不敢承认自己错了。有的孩子自尊心和个性都非常强，他们倔强、执拗、任性，对父母的责打会拿出一副"视死如归"的英雄气概，任凭你追打拷问，他也绝不嘴软认错，这都是打出来的"毛病"。

蒙台梭利说："每种性格缺陷都是由儿童早期经受的某种错误对待造成的。"经常被父母打骂的孩子，性格更容易走极端，或者极度自卑，性格内向，不能与人进行良性沟通，或者性格偏激、残忍、脾气暴躁、缺乏自我管理能力和自我反思能力，甚至有可能堕落。有的还会产生生理上的反应，如呕吐、腹泻、胃肠疾患以及失眠等。

所以，在孩子面前，家长最理智的做法，就是要把孩子当做一个"与我们平等的人"来对待，把自己放在孩子的角度上去思考和理解他的想法，并用孩子能够接受的方式对其进行引导，而不是把他当做一个"比我们弱小的人"去征服。

诚然，暴力能迫使孩子顺从，能够立竿见影地解决当前所面临的实际问题，但却无法让孩子从真正意义上变得聪明和懂事。很多父母在挥手打向孩子的时候，心里已经没有了教育孩子的初衷，当时他们心里想的只是用一种最强有力的、最能够立时生效的办法，对那个竟敢挑战家长权威的孩子实行镇压，目的就是立刻将主动权夺回，维护家长的威严。尽管这是一种不怎么光彩的做法，但"我是为了你好"，这是很多家长的"爱的宣言"。这真是为了孩子好吗？这种做法实际上伤了孩子的心，毁了孩子原本的善良初衷，觉得拳头就是硬道理，这实在是得不偿失的。

忙妈妈金句

打孩子并不能真正起到教育孩子的目的。由于力量上的悬殊，孩子小，你打他，他畏于你的强大而屈服了，但并不理解为什么。

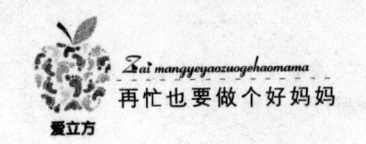

以后为了躲避体罚，他可能会用遮掩或撒谎的办法来保护自己，这样一来，你和孩子之间相互交流的渠道就会从此被堵死。

有的孩子自尊心和个性都非常强，他们倔强、执拗、任性，对父母的责打会拿出一副"视死如归"的英雄气概，任凭你追打拷问，他也决不嘴软认错，这都是打出来的"毛病"。

在孩子面前，家长最理智的做法，就是要把孩子当做一个"与我们平等的人"来对待，把自己放在孩子的角度上去思考和理解他的想法，并用孩子能够接受的方式对其进行引导，而不是把他当做一个"比我们弱小的人"去征服。

河东狮的嗓子哑了

厉声责骂,是管教孩子最笨拙的方法。这种粗暴的态度,不仅束缚孩子的主动精神,给孩子的心灵造成严重的创伤,还会影响亲子感情,也使自己徒增烦恼。不妨让河东狮的嗓子哑了吧,家庭也是需要和谐的。

强按牛头喝水是许多家长对孩子经常运用的手段,孩子不听话不是一顿斥责,就是几个巴掌。在我年幼时,这样的情况是比较普遍的。如每当玩完玩具,大多孩子会自觉地将散落的玩具收拾妥当。但此时,只要听到妈妈一声"马上给我收拾干净"的号令,那份"干活儿"的兴致便会随之一扫而空,有时装作没有听见妈妈的告诫,直到妈妈气得暴跳如雷,才会极不情愿地、磨磨蹭蹭地收拾玩具。

我也有过几次这样的经历。其实,不论是大人还是小孩,都不喜欢别人对自己发号施令或指手画脚。人的心理有时就是这么奇妙,有时,即使是自己原本有意去做的事情,但倘若身边有人对此指手画脚,便会打消我们的积极性,甚至还会因此产生一种叛逆心理,令我们对这件事变得反感至极。

当年我们这些从小孩子过来的人,如今也做了妈妈,尽管对童年的记忆依然清晰,可是吵起孩子来比当年的妈妈过犹不及,经常能听到年轻的妈妈河东狮吼的亮嗓门。难道是好了伤疤忘了疼?难道是遗传基因在作怪?难道责骂和唠叨就可以使孩子明事理?

以我的经验来看,在打算与孩子共同完成某事或希望孩子处理某事

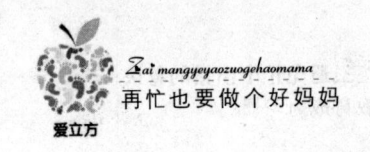

时，婉转地对其加以劝导，远比采用强硬的语气发命令更管用。最好能够及时给予孩子适当的提醒或建议，使孩子自觉地做出处理。河东狮吼或过于频繁的唠叨只会使孩子产生逆反或当做耳边风。倘若在毫无心理准备的情况下，沉浸于兴奋之中的孩子突然间听到指责的话语，孩子岂可乖乖地听话，来个急刹车？

简单、粗暴的斥责不但不能使孩子心服，感受到父母对他们的爱和关怀，反而易导致孩子的反抗。这种叛逆心理一旦形成，就会造成父母和子女间的隔阂和冲突。

我的一位同学小时候做事马虎，常弄坏家里的东西。有一次洗碗，一失手把一个碗打碎了。她母亲听见碗打碎了的声音，就厉声地责骂了她一顿。她心里很不服，觉得打碎了碗，心里已经很害怕，母亲还一味责骂，于是对母亲产生了一种强烈的不满与愤恨。

在现实生活当中，有的孩子自尊心强，父母的责骂会使他们感到自己很受伤，而有的孩子根本就不理会，既不顶嘴也不反抗，就是不听。你骂你的，他做他的。

教育孩子，古往今来对做父母的人来说都是一门很大的学问。做人原本就是一门大学问，而比起做人，做父母就更是一门大学问了。生活中我们时常可以看到一些人，他们很会做人，在与朋友和同事的交往中，他们热情周到、和蔼可亲、不卑不亢。然而在教育孩子上，他们却不能妥善地处理与子女的关系。问题就出在管教子女时斥责的方式上。不是失之过严，就是失之过宽。不是把孩子管教成了小老实或木头人，就是把孩子惯成了飞天蜈蚣。

父母过多的斥责，严厉的管束不但会束缚孩子的主动性，也会扼杀其心灵的创造精神。在彤彤上幼儿园时，我曾经作为家长应邀和孩子们一起去游乐园玩，在结束集体游戏后，老师吩咐孩子们自己去玩自己喜爱的游戏。这本来应该是孩子们皆大欢喜的事，他们可以自由玩耍。而有些孩子竟然木讷地站在那里不知应该做什么。老师没有吩咐，没有布置，他们就不知如何行动。没有了指示和布置，他们就无所适从。这就

三、避免忙中出错的秘诀
让理智教育成为习惯

是父母斥责过多、管束过严的结果,这就是家长心中"好孩子"的标准。

我常听见一些父母在斥责孩子时说:"难道连父母的话你都敢不听了?"或者说:"你敢不听?"这当然也是父母对不肯听话的孩子,气得没有别的办法时才说出的气话。而且它也似乎成了父母对付不听话的孩子的最后的一张王牌。这是一句强迫的话,而且还带有威胁。如果孩子很小,听了可能会真有些惧怕,因而也会屈从。但是这种强迫加威胁长久了,对孩子的头脑、思想的发展却都会造成一些消极的影响,会妨碍孩子完整人格的发展,影响他们思考力的发育和成长。他们可能会成为父母眼中的乖孩子,但同时也可能变成毫无判断能力和无法独立生活的人。

并非我崇洋媚外,欧美父母对待子女的态度、教育子女的方法值得我们借鉴,他们不主张强迫,更不主张威胁。在子女不听从父母的时候,他们先了解孩子的心理,倾听孩子的意见,然后再告诉孩子为什么应该这样做?直至孩子心服口服为止。因为孩子小,不容易理解父母话中的道理。这时,父母就要耐心地说明自己的看法和要求,让孩子懂得和认同父母的道理,进而知道什么是对,什么是错,什么是好什么是坏。久而久之,孩子自然而然便能养成自己判断的能力了。

如果我们不加以任何解释,不作耐心的说服,只强迫孩子服从,他们并不知道父母是对的以及对在什么地方,错在什么地方。孩子盲目的服从,也就无法养成自己的判断力。更坏的是有的孩子不服从,消极地或公开地与父母对抗。

我看河东狮吼式的教育方法应该休矣,当今的妈妈多数都是知识女性,在教育孩子上面有许多好的方法可以借鉴,责骂孩子的情况不应该出现在我们这些人身上。即便是再大的事,即便自己很气愤,但在孩子面前,也应控制自己的感情,以免厉声斥责之后,孩子不服,自己只会徒增烦恼。

忙妈妈金句

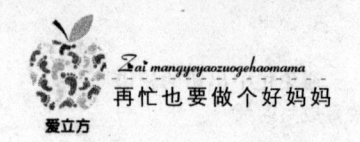

即使是自己原本有意去做的事情，但倘若身边有人对此指手画脚，便会打消我们的积极性，甚至还会因此产生一种叛逆心理，令我们对这件事变得反感至极。

在打算与孩子共同完成某事或希望孩子处理某事时，婉转地对其加以劝导，远比采用强硬的语气发命令更管用。

简单、粗暴的斥责不但不能使孩子心服，感受到父母对他们的爱和关怀，反而易导致孩子的反抗。这种叛逆心理一旦形成，就会造成父母和子女间的隔阂和冲突。

这种强迫加威胁长久了，对孩子的头脑、思想的发展却都会造成一些消极的影响，会妨碍孩子完整人格的发展，影响他们思考力的发育和成长。他们可能会成为父母眼中的乖孩子，但同时也可能变成毫无判断能力和无法独立生活的人。

坏情绪是可怕的毒气

　　　　不良情绪是可怕的毒气，不仅使自己的情绪不断恶化，还会影响到家人，使他们的心情也随之变坏。特别是对孩子的影响更深更大，父母的不良情绪就像巨大的阴影，使孩子生活在不安之中。

　　身在职场，压力大，任务重，人际关系复杂，难免会产生不良的情绪。当不良情绪来临时，最好及时将其化解掉，不但在职场要保持平和的心态，也不能把怨气带回家去，摔东西、吵孩子的事情千万不要干。内心再大的不痛快，回到家都不要在家人，特别是在孩子面前发泄。父母暴风骤雨式的坏情绪，对孩子的影响太大了。

　　彤彤爸爸的一个同事就是一个典型的例证，我们住对门，她儿子强强是一个很可爱的小家伙，比彤彤小两岁，没事的时候就敲开我家的门，找彤彤玩。我也乐的彤彤有一个玩伴，喜欢同他聊上几句。小家伙愿意和我说话，把他们家陈芝麻烂谷子的事情都同我讲。有时候还神秘兮兮地要求我保密，一再叮嘱我不能泄密。他几乎快成为我们家的一员了，隔几天不来还挺想他的。

　　强强的妈妈在公司里是一名业务主管，由于所领导的部门业务量没有上去，被撤换下来，所以一回到家里就满腹牢骚，对老公和孩子说话也是很大的火气，显得凶巴巴的。每到这个时候，强强都会吓得跑到我们家来"避难"。只要我在家都做"义务消防员"去帮助消火。强强妈妈坐在客厅的沙发上咒骂公司领导，无非是认为自己受到了不公正的待

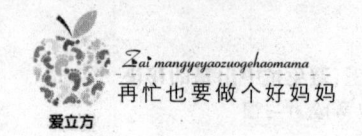

遇。我苦口婆心地给她讲，情绪是一个很坏的坏蛋，不但影响自己的健康，还搞坏了同事间、上下级间的关系。最重要的是这种不良情绪对强强的影响是直接而深远的，在他幼小的心灵里，妈妈的形象被定格在凶巴巴的样子，将在相当长的时间里难以改变。这种影响还将使孩子的性格发生变化，可能会变得胆小，不敢与人交流，形成孤僻的性格。强强妈妈没有想到事情会有这么严重，听我这样一说，果然消去了火气，转变了态度。

由于职场妈妈要兼顾公司工作与家务两项职责，因此时常会忙得焦头烂额。如果一个人长时间负担超出自己体力和能力范围的事务，难免会引发烦躁情绪。尤其是当她们在工作中遇到瓶颈、障碍，或是其他压力时，不良情绪会更加升级。这个时候，疲惫一天的妈妈回到家，看到孩子没做功课，或是醉心于打游戏、迷恋于看电视，负面情绪爆发的导火索必定会引燃。

尽管如此，我们最好还是不要在孩子面前大发脾气，或显露出自己性情暴躁的一面。因为坏事往往会比好事给人留下更为深刻的印象，尤其是对于成长中的孩子来说，他们的特性通常是只会记住刺激性强烈或自己印象颇为深刻的东西。即使你只在孩子面前大发过一次脾气，在孩子印象中，你也是一位情绪烦躁、充满抱怨的母亲，而以往那种亲切、温柔的形象将荡然无存。因为孩子并不明白妈妈为什么会突然怒火中烧，平时即便自己再不乖，妈妈顶多也就是唠叨几句，今天却是冲天大怒。孩子会被你的情绪所困扰，在毫无思想准备与提防中陷入深深的恐惧之中。

我们知道，环境对孩子的影响是全方位的，除了物质环境外，精神环境也很重要，包括周围人的行为、情绪、语言等方方面面都会影响到孩子。因为孩子是从周围的环境来认知这个世界的，是从成人的一举一动当中来模仿为人处世的。如果孩子生活在不良情绪浓郁的家庭氛围中，孩子的内心世界也会变得暗淡无光，这对于孩子的心理发育极其不利。久而久之，还会滋生一些心理疾病和生理疾病。

三、避免忙中出错的秘诀

让理智教育成为习惯

作为一个忙碌的职场妈妈，都会或多或少受到过不良情绪的影响。我也一样。但我从不把这种坏情绪带进家中，工作就是工作，生活就是生活，我把二者严格分离开，不用自己的错误来惩罚孩子，使孩子能在良好的生活氛围中健康地发展其心智。

每天不管工作中遇到什么烦心事，我都在下班途中及时地将其排解掉。看看周围美丽的风景，想想孩子天真可爱的模样，尤其在进家门前再给自己三分钟，梳理一下工作给情绪带来的负面影响，把情绪的燃点把握在可控的范围内。摇摇头，把所有的坏情绪都扔到爪哇国里去吧，不管再大的磨难，明天还是一个艳阳天。这样，在你打开家门的时候，就呈现给孩子一个微笑开心的妈妈形象了。

在孩子的成长过程中，难免会犯这样或那样的错误，因为孩子本身就是在不断地犯错误——改正错误中长大的。当孩子做了令你不满意的事情，或是捅了娄子回家，你也最好不要感情用事，长篇大论地教育孩子一通或对他大发雷霆地严词审问。遇到类似的情况时，妈妈要把马上脱口而出的话放在舌尖转转，大脑里想一想，稳定一下情绪。因为人在情绪不稳时会口不择言，其结果只能是让你和孩子都受到巨大的伤害。即便事后后悔，再设法弥补，也可能来不及挽回。

忙妈妈不要忘记定期给心情放个假，这对于消化紧张情绪，释放内心压力可以起到很好的减压效果。如每天中午坐在工位上闭目养神十分钟，完全不想工作也不想孩子，让大脑彻底放松，处于超然忘我的状态，或在下班途中听听音乐，睡觉前听一段幽默故事，利用节假日带上孩子一起去郊游，这些都是很好的减压方式。

另外，同孩子在一起，也是一种安慰和放松，孩子的那份天真，那份无忧无虑，也可以冲淡你的坏情绪。记得我那时在单位有了不痛快，回到家就干脆和彤彤玩个天翻地覆，一塌糊涂，所以，每每我情绪不佳、工作压力大的时候，也是彤彤最开心、最快乐的时候。这样既增强了亲子关系，又达到了放松身心、减轻压力的目的。

工作有了压力，就在生活中寻找减压方式，千万不要积蓄坏情绪，

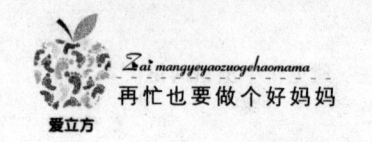

把自己搞得不快乐不说，对工作，对家庭都有负面作用。

忙妈妈金句

内心再大的不痛快，回到家都不要在家人，特别是在孩子面前发泄。父母暴风骤雨式的坏情绪，对孩子的影响太大了。

我们最好还是不要在孩子面前大发脾气，或显露出自己性情暴躁的一面。因为坏事往往会比好事给人留下更为深刻的印象，尤其是对于成长中的孩子来说，他们的特性通常是只会记住刺激性强烈或自己印象颇为深刻的东西。

我从不把这种坏情绪带进家中，工作就是工作，生活就是生活，我把二者严格分离开，不用自己的错误来惩罚孩子，使孩子能在良好的生活氛围中健康的发展其心智。

记得我那时在单位有了不痛快，回到家就干脆和彤彤玩个天翻地覆，一塌糊涂，所以，每每我情绪不佳、工作压力大的时候，也是彤彤最开心、最快乐的时候。

你确定可以许诺吗

古人云"一言九鼎",许诺的分量更是如此。许诺是诚信的一部分,一旦许诺落空,你的人格和信用就要受到别人的质疑。尤其是对于天真的孩子而言,我们的承诺是不能轻易落空的,孩子的内心世界洁白无瑕,父母的爽约无疑是在污染他们纯洁的心灵。

孩子如同一张白纸,容不得任何的污染。在他们眼里,这个世界都是可以信赖的。家长说话不算数,孩子小或者还不懂事的时候,不会有明显的反应,但随着孩子的成长和心理逐渐成熟,这个问题就会越来越大。我们可以不对孩子许诺,但一旦许下的承诺就必须兑现,否则,孩子将对你失去信任,继而学会许空诺和撒谎,这可是关乎孩子人格的大问题。

在生活中,我们的家长经常会给孩子许下无数的诺言,如你考试考好了带你去旅游,这学期评上三好学生带你去吃肯德基,过生日送你一个最美的芭比娃娃等。家长这些美丽的诺言在无形中会成为孩子积极向上的目标和奋斗的动力。但是家长一旦不兑现承诺,就会让孩子非常失望,甚至会对家长产生不信任和怨气。不要以为孩子小,过了就会忘记,或哄一下就过去了。如果你这样认为,就大错特错了。发生在我家彤彤身上的一件事情就证实了这一点。

彤彤刚过两岁,正是懵懵懂懂的年纪,她小姨来我们这里出差,住在我家,白天出去忙业务,晚上回来休息。有一天,她小姨带了几个气

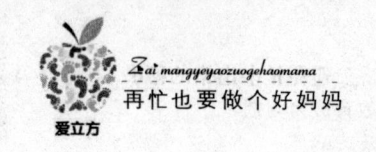

球回来给彤彤玩，由于孩子太小，正是破坏的年龄，所以，几个气球很快就被报销了。彤彤没有玩够，就撵着小姨要，小姨随口承诺明天买给她。小姨说完这句话，就去睡觉去了，彤彤却当成了心事，临睡前还不断地问我，小姨明天会给她买气球吗？我肯定地说，"一定会的，小姨不会食言的"，彤彤这才放心地去睡觉了。

第二天晚上，彤彤早早就等在家门口，嘴里不断地念叨，"小姨咋还不回来？"。我知道，她是在惦记那些五颜六色的气球呢！

小姨拖着疲惫的脚步回来了，彤彤欢天喜地地迎着小姨，同小姨一番亲热后，彤彤问有没有给她买气球。小姨这才想起自己昨天的承诺，一拍脑袋说，我忙得不可开交，竟忘了给彤彤买气球了。然后不住地亲彤彤，表示一定满足她。彤彤懂事地点点头，表示她可以等。

由于小姨的确太忙，每天都是很晚才回家，结果彤彤追问了一星期，也没有得到她的企盼。孩子每天都抱着一种美好的期待：小姨买气球。她做梦在说，醒来后第一句话也是小姨买气球，走在路上还在说，见到熟人更是要告诉他们小姨要给她买气球。

我知道小姨很忙，确实没有时间去买东西，于是我下班时顺便买了几个气球，等小姨回来偷偷塞给她，要她交给彤彤。彤彤终于得到了盼望已久的气球，兴奋地大喊大叫，忘我地玩着，那份高兴劲儿，就别提了。

小姨还没有孩子，虽然喜欢孩子，却不知道如何与孩子打交道。她对我说以为彤彤早忘了呢，没想到她天天记着这件事情。我告诉她，对孩子的承诺一定要兑现，因为他们认为大人是不会忘记的。如果不及时兑现，容易引发一系列的问题。小姨顽皮地吐着舌头，说没想到养个小孩子学问还挺大的。

承诺是庄严的，承诺无论大小，都必须要兑现。最初在孩子心中，父母的承诺犹如铜墙铁壁般坚不可摧，但是父母若是连续多次都未能履行诺言，自那一刻开始，孩子便不会再相信父母。以后即便你多么真诚地再许下承诺，但基于此前的种种表现，孩子势必会认为父母又是在敷衍自己。甚至严重时他们还会怀疑父母对自己的爱，或是因此而变得自暴自弃。

所以，父母在对孩子许诺前，一定要深思熟虑，不要轻易对孩子许下无法履行的诺言，一旦承诺给孩子的事情，则一定要做到坚守不变。无法做到言行合一的父母，是永远无法在孩子面前树立起威信的，甚至于连父母子女间最基本的信任也会因此而受到影响。

我深知家长不信守诺言会对孩子造成多大的危害，所以从不轻易对孩子许诺，大凡只要我向孩子承诺的事情，也一定说到做到，这使我和彤彤之间拥有了更多的理解和信任。这么多年来，只有一次我没有兑现答应彤彤的承诺，但最后我还是获得了她的谅解。

记得在她八岁的时候，我答应陪她周六去公园看骆驼，结果那天早上，公司打来电话说一位正在加班的员工突发急病，已经送往医院抢救，要我赶过去负责安排陪同人员，接待好从外地赶过来的病人家属。情况特别紧急，彤彤又出去买早点了，来不及同她当面解释，只好匆忙地给她留了张纸条，简单说明一下情况就坐上公司派来的车火速赶往医院。

安排好这一切，已经很晚了，回到家彤彤正在一个人看电视。

我歉疚地对她说："宝贝儿，真对不起，妈妈实在是太忙了，咱们没有去看成骆驼，明天咱们就去好吗？"

彤彤懂事地点点头，搂着我的肩头表示不介意，说："妈妈已经给我留条了，我知道不是妈妈故意不带彤彤去的。"

这么多年来，这是我唯一的一次爽约，但是获得了孩子的原谅。第二天，我先带她到公园去看骆驼，然后才赶往医院，去看病情已经稳定的病人。

别看孩子年龄小，其实他们也能体谅大人，只要你把情况同孩子说明，他们都会很通情达理的。

"诚信"是一本人格保证书，为了孩子长大后能成为一个信守承诺、言行一致的人，家长首先应从言而有信做起，给孩子做出一个好的榜样。

忙妈妈金句

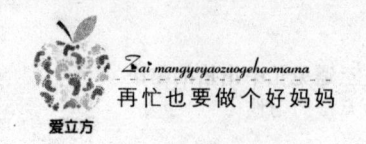

我们可以不对孩子许诺，但一旦许下的承诺就必须兑现，否则，孩子将对你失去信任，继而学会许空诺和撒谎，这可是关乎孩子人格的大问题。

最初在孩子心中，父母的承诺犹如铜墙铁壁般坚不可摧，但是父母若是连续多次都未能履行诺言，自那一刻开始，孩子便不会再相信父母。以后即便你多么真诚地再许下承诺，但基于此前的种种表现，孩子势必会认为父母又是在敷衍自己。

父母在对孩子许诺前，一定要深思熟虑，不要轻易对孩子许下无法履行的诺言，一旦承诺给孩子的事情，则一定要做到坚守不变。

"诚信"是一本人格保证书，为了孩子长大后能成为一个信守承诺、言行一致的人，家长首先应从言而有信做起。

三、避免忙中出错的秘诀
让理智教育成为习惯

借你一双慧眼

每个孩子都是独特的,父母只有对孩子用心观察,才能较早发现他们的优势和劣势。与其把自己的意愿强加给孩子,倒不如用你智慧的双眼去留意和发掘孩子身上与众不同的光芒。

没有一个父母不希望自己的孩子能够成为天才的,可是大多数孩子却显得那么平庸。很多父母就会纳闷,为什么孩子表现出了灵气,却越来越变得笨拙了呢?其实,每个孩子都是独一无二的,个个是天才,只是孩子的优势和特长没有被及时发现而已。奥运冠军有很高的体育天分,音乐家有敏感的音乐细胞,企业家有超强的情商管理能力,这些在孩子很小的时候就已经体现出来了,并能够察觉得到。

罗丹说:"生活中不是缺少美,而是缺少发现美的眼睛。"这同样适用于我们对孩子的观察和发现。作为父母,我们要善于发现孩子的兴趣所在,了解孩子的优势和劣势,从而扬长避短,对孩子的兴趣和特长给予足够的重视和培养,往往就能够造就一个成功的孩子;而不能发现孩子天分或对孩子的才能有所误解的家长,则会在子女教育上多走很多弯路,最终影响到孩子的成长。

曾经看到这样一则寓言,讲述一只小兔到了上学的年龄,被父母送到动物学校去上学。学校里设置的课程有很多,唱歌、跑步、跳舞、游泳、攀岩、爬树等。小兔最喜欢上的课是跑步,几乎每堂课都得第一名,小兔为此感到高兴。可是爸爸妈妈却坚持让小兔去学游泳,小兔最不乐

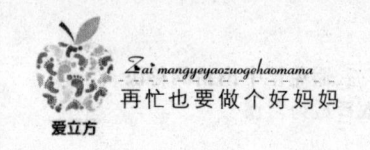

意上的课就是游泳了，不管它怎么努力，总得不了好成绩，小兔为此感到很苦恼。当老师看到小兔为上游泳课苦恼时，表示愿意给小兔提供帮助。老师对小兔说："跑步是你的强项，是你的优势，以后你就不用再练跑步了。只要你专心练习游泳，就一定能够取得好成绩！"结果小兔放弃了跑步，专心地练起游泳来。经过一段时间的刻苦训练，小兔的父母发现，小兔的游泳水平非但没有多大长进，倒是它的优势——跑步的成绩却下降了许多。

这则寓言告诉我们，对孩子的观察和了解有多重要。只有对孩子仔细观察，父母才能发现孩子的天分，从而根据孩子的天分因材施教，帮助孩子走向成功。兔子的天分就是跑步，如果让兔子放弃跑步去练游泳，那么兔子永远也不会成为游泳冠军。如果想让兔子有成就，就应该让兔子发挥自己的长处，努力练习跑步。

可是，在现实生活当中，有几个父母能看到这一点？看看那些从这个特长班出来，立即赶往另一个特长班的孩子就知道了，孩子学习艺术的现象是多么得触目惊心。而有几个孩子是心甘情愿地去学习艺术呢？有几个家长是根据孩子的真正兴趣爱好去安排孩子学习的呢？

作为职场妈妈，我们的确很忙，但忙不能代表说就应无暇顾及子女的成长。因为，我们与孩子在一起的时间有限，所以不能像全职妈妈那样有充足的时间观察和留意孩子。但只要我们能从拼接起来的有限时间里对孩子仔细观察，也同样能使孩子潜在的天性得以很好的发掘。

彤彤五岁那年的一个星期天，有一次我带她去家附近的公园玩，公园里一位老爷爷拿着一支很长的毛笔，蘸着清水在水泥地上练字，这吸引了彤彤。她站在一旁静静地观看。刚开始我也没在意，小孩子嘛，看见什么都觉得稀罕。

后来，我发现她在家经常拿着一根小木棍学老爷爷写字，像模像样。这以后，只要我们去公园，她就跑去看老爷爷练字，其他热闹的地方对她都没有了吸引力。

再后来报兴趣班时，我给她报了书法班，她每次都高高兴兴地去，回来还要练上好大一阵子才尽兴。由于兴趣使然,她的书法进步得很快,在四年级时还获得过市青少年书法大奖赛一等奖。

兴趣是孩子学习最好的老师,这是亘古不变的真理。兴趣是孩子认识世界、获取知识、发展能力的内部动力,也是激发孩子探索的基础。有了兴趣,学习的效果将事半功倍,可兴趣也是需要父母去发现和引导的。否则即便孩子在某方面具有极高的天赋,也会因没有适宜的土壤而使兴趣之花"夭折"于摇篮之中。

孩子的言行是最纯真的,也是最能表达他们的想法和意愿的。所以,我们要在平时的生活中多注意观察孩子,看看他蹒跚走路想去哪儿,他捡起一根小木棍想要做什么,想想自己的孩子与别的孩子有什么不同的地方。对孩子多些留意,多些观察,多些思考,多些比较,也许在你不经意间,灵光一现,孩子的天分就会被你发现和挖掘出来。

美国教育家杜威认为:"成年人只有通过对儿童不断地予以同情的观察,才能够进入儿童的生活里面,才能知道他要做什么,用什么教材才能使他工作得最起劲、最有成效。"所以,我们要练就一副慧眼,及时发现孩子的兴趣所在,不要强迫孩子做他们不愿意做的事情。孩子虽小,但他们也有着鲜活的思想和情感,有自己的兴趣。只有从兴趣出发,孩子才能自主地学习,才能学得又快又好,才能享受到学习的乐趣。作为父母,我们只能因势利导,顺其发展。反之往往达不到预期的目的,还有可能扼杀一位天才。

罗宾曾说:"个人身上都储藏着一份特别的能力。那份能力如同一位熟睡的伟人,等候着我们去唤醒他。"每个孩子都有自己的闪光点,作为家长,要认清自己的孩子,懂得孩子的优点和短处,发掘孩子的潜能,因材施教,扬长避短,每个孩子都能成才。

忙妈妈金句

兴趣也是需要父母去发现和引导的,否则即便孩子在某方面

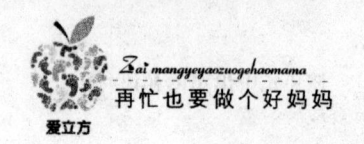

具有极高的天赋，也会因没有适宜的土壤而使兴趣之花"夭折"于摇篮之中。

对孩子多些留意，多些观察，多些思考，多些比较，也许在你不经意间，灵光一现，孩子的天分就会被你发现和挖掘出来。

我们要练就一副慧眼，及时发现孩子的兴趣所在，不要强迫孩子做不愿意做的事情。

每个孩子都有自己的闪光点，作为家长，要认清自己的孩子，懂得孩子的优点和短处，发掘孩子的潜能，因材施教，扬长避短，每个孩子都能成才。

忙得要死是因为你母爱泛滥

很多妈妈都觉得忙,为了孩子一天到晚像个陀螺似的转来转去,恨不得能生出个三头六臂来。因为孩子有太多的事让自己操心,好像每时每刻都要追在他屁股后面提醒他。为什么忙得要死?是因为你母爱泛滥成灾。

作为母亲,母爱是少不了的。母爱虽然伟大,但也不可过于泛滥。就如同正午的阳光,适宜的温度会令人倍感温暖,而过于强烈则会使人难以忍受。事无巨细地照顾孩子,反而会使孩子感受不到你的爱,甚至会招惹孩子的反感。有一位朋友在管孩子方面显得精力异常"充沛",作为全职妈妈,她对孩子的教育似乎才真正做到了"管",请看她这一天的忙碌生活吧。

早晨六点钟起来给孩子张罗早餐,六点半准时叫孩子起床,然后给孩子叠被子,准备好洗脸水,挤上牙膏,将头一天晚上给孩子擦洗干净的鞋,整齐地摆放在门口的沙发前,以便于孩子出门前能及时换上。孩子在穿戴上也是不能马虎的,上学时要穿什么样的衣服,哪件衣服配哪条裤子哪双鞋,她都一应俱全地为孩子安排妥当。吃过早饭,给孩子用保温瓶装满开水,把红领巾替孩子系在脖子上,然后一手拎着孩子的书包,一手拉着孩子,送孩子走到学校。目送孩子走进教室大门,方可舒心地吐出一口气,打完这一天中的第一仗。

回到家中,抓紧时间给孩子清洗换下来的外衣、内衣、袜子,甚至小手绢,把孩子四处乱扔的玩具、图书、废纸等收拾利索,然后去菜市

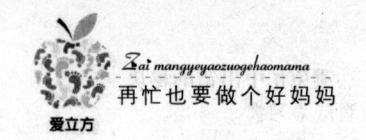

场买菜，到学校接孩子，为孩子准备午饭。将饭菜上桌，摆好碗筷，监督孩子洗手。吃饭时提醒孩子不许掉饭粒、不准吧唧嘴、筷子不准在桌上敲。午饭过后，安排孩子适当午休，她则一边给孩子当闹铃一边做家务。

下午接孩子放学后，立即骑车送孩子去辅导班学画画。孩子上课时，她赶紧回家准备晚饭。做罢晚饭，孩子也正好下课。接孩子回家，让孩子洗手，换衣服，吃饭，然后与孩子一起开始写作业。孩子不会的问题随时给予解答，需要的辅导书及时递上，渴了赶紧给孩子倒水，想吃水果马上给孩子去洗。孩子写完作业后及时帮助检查，错题督促孩子进行改正。给孩子的作业签字，为孩子整理好书包。睡觉前，安排好孩子洗脚、洗手、洗脸、刷牙，九点钟铺好床让孩子必须睡觉。准备好第二天孩子要穿的衣服，忙妈妈的一天也就基本宣告结束。

我说："你这一天围着孩子转，真够累的，具体得可真到没法再具体了。"

她说："唉，都是为了孩子嘛，做妈妈的，能亲自管的就亲自管，能为孩子做的就多为孩子做点，只要孩子学习成绩能上去，能健健康康长大，我们这些做父母的苦点累点又算得了什么呢？"

是啊，可怜天下父母心，爱孩子是所有父母的初衷。可当她和我说起这些的时候，神情却是一副筋疲力尽状，可怜巴巴地说："你看我都累成这样了，孩子却是没有长进，学习成绩不好不说，还成天对我横挑鼻子竖挑眼的，哎，一天为他忙得要死，他却丝毫不领情！"

看着她的样子，我感觉很揪心。作为母亲，她希望孩子能够优秀，为了这个，她付出了自己所有的时间和精力，但太可惜了，可能白忙一场。

这就是中国母亲的悲哀，太多的中国家长，对孩子的饮食起居照顾得无微不至，为孩子的课余时间安排众多的学习项目，如音乐、绘画、舞蹈、外语。家长们希望孩子将来有远大前程的心情可以理解，但这种越俎代庖的方法，会使孩子在生活上产生依赖性，在学习上产生被动，

三、避免忙中出错的秘诀
让理智教育成为习惯

消极的情绪；而且不利于培养孩子的责任心，在以后的生活中遇到挫折或是失败了，他们不怨自己，而是怨父母、怨社会。这极不利于孩子的成长。

孩子有手有脚，有自己的头脑和思考方式，少替孩子做一点事并不意味着孩子会出问题，反而会让孩子在自立自主、探索实践的过程中，体会到自我的力量，并由此产生成就感和自信心。即使失败，也是为他将来的人生积累经验。

可能由于我是一位忙碌的职场妈妈，抑或是一位"懒妈妈"吧，所以对于孩子成长中的一些"小事"，我都无暇顾及。

从彤彤学走路开始，摔了跤，我"懒"得去扶，每次她都自己爬起来；吃饭时，我也"懒"得喂，让她自己拿着勺子自食其力；上学时"懒"得送，让孩子自己坐车去。写作业时"懒"得陪，让她独立思考和研究；洗衣服时"懒"得管，让她学会了自力更生。

我对彤彤做到适时放手，让她自己安排学习、娱乐、休息与生活。可彤彤并没有因我的无暇顾及而比同龄的孩子落下什么，反而跑到了前面去。这都是我平时上班忙，给孩子自主的结果。我的"懒"和彤彤的勤奋、能干形成了鲜明的反差，以至于周围的熟人、邻居在佩服我这"懒"妈妈培养了一个勤奋、能干的好女儿的同时，纷纷向我取经。

我真的懒吗？这里所谓的"懒"并不是真正的要父母懒，而是在孩子能做的事情上，父母不妨偷"懒"一下。孩子能做的就都让孩子自己去做，这样不仅有利于培养孩子勤奋的习惯，还能培养孩子的动手和自理能力。做个"懒"父母，放手让孩子自己成长，是一种高明的教子方法。

孩子终有一天会长大，不可能永远生活在父母的庇护下。他们终究会走出父母的天空，独立承担生活的责任。家长们如果真爱自己的孩子，真为孩子考虑，就请放开为孩子包办一切的手，莫要用爱的名义断送了孩子的幸福。

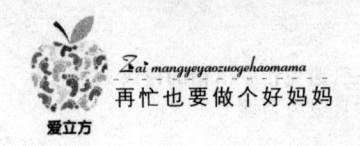

忙妈妈金句

母爱虽然伟大,但也不可过于泛滥。就如同正午的阳光,适宜的温度会令人倍感温暖,而过于强烈则会使人难以忍受。事无巨细地照顾孩子,反而会使孩子感受不到你的爱,甚至会招惹孩子的反感。

孩子有手有脚,有自己的头脑和思考方式,少替孩子做一点事并不意味着孩子会出问题,反而会让孩子在自立自主、探索实践的过程中,体会到自我的力量,并由此产生成就感和自信心。

孩子能做的就都让孩子自己去做,这样不仅有利于培养孩子勤奋的习惯,还能培养孩子的动手和自理能力。做个"懒"父母,放手让孩子自己成长,是一种高明的教子方法。

家长们如果真爱自己的孩子,真为孩子考虑,就请放开为孩子包办一切的手,莫要用爱的名义断送了孩子的幸福。

门缝里的眼睛

孩子,是父母最大的牵挂,自打孩子出生那一刻起,就一直成长在父母的关注与呵护之中,这凝结着多少浓浓的亲情与沉沉的责任感啊,对孩子的牵挂在父母的心中从不曾停止过。当孩子渐渐长大了,也渐渐有了自己的小秘密,这又使父母生发隐忧:"我了解自己的孩子吗?"在这种焦虑之下,有的家长便开始偷偷地窥视孩子的秘密。

孩子有了小秘密,家长是最想探知的,因为他们担心孩子上当受骗,担心孩子不去学好。从家长的角度出发,这种担忧固然是应该有的。因为孩子毕竟还没有成年,他们在有些时候还不能独立处理一些事情。但是同时我们也应该看到,孩子有了小秘密,说明他们已经开始走向独立。

随着孩子年龄的增长,他们的生活领域、知识、情感都逐渐变得丰富起来,自我意识、自尊意识也在不断增强,原先无所顾忌敞开的心扉也会随之渐渐关闭起来。但是,很多父母却没有意识到他们的孩子正在一天天长大,忽略了孩子也会拥有自己的小秘密,甚至错误地认为自己是孩子的父母,可以无所顾忌地进入孩子的世界、随意闯入孩子的"隐私地带",甚至粗暴干涉、私拆孩子的信件、监听孩子电话、偷看孩子日记等。

这种做法肯定是不对的。这不但侵犯了孩子的隐私权,而且也是与孩子沟通不够、缺乏信任的表现,容易造成孩子对父母的不满情绪,从而产生新的沟通障碍。

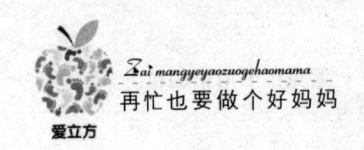

其实，隐私是孩子成长的重要养料。拥有秘密是一种成长，可以让孩子体验到独立与依赖、疏离与亲近、反抗与顺从。当孩子发现自己有了小秘密，这意味着他诞生了内心世界，意味着自我意识的成长，拥有个人秘密并能恰当处置是孩子走向独立的要素。所以，孩子有秘密，这是一件再正常不过的事情了。作为家长，我们应该感到高兴，珍视一颗童心的成长，允许孩子保有自己的秘密，并且对他们的秘密给予尊重。

道理都是这样讲的，可是在现实生活当中，每一个家长都想打开孩子的秘密之门。我也有这种好奇，每当彤彤给同学打电话时，我就侧耳想听听他们都说些什么，有许多次在收拾家务时，都想趁孩子不在身边，想打开她书桌的抽屉。最后，我都忍住了，因为我知道这样做是不道德的，也是对孩子的不尊重和不信任。同时，也是对自家孩子没有信心。孩子有什么秘密不同大人谈，说明孩子认为没有必要，否则他们就会向家长求助了。只要家庭民主，亲子关系密切，孩子是能够向你敞开心扉的。

而有的家长却很难做到控制自己，想方设法了解孩子的秘密。

在彤彤上初二的时候，我的一位多日不见的好友刘莉来家做客，彼此谈及孩子，她便叹气："唉，孩子长大了，再也不像小时候那样亲近我了，他有了自己的许多小秘密。有时我真怕自己并不了解他！"

原来，两天前，她无意之中看到了儿子的周记里边有老师的评语，她很想知道老师对儿子的评价是怎样的，于是便拿起周记看了一下，老师对儿子充满鼓励以及朋友般的交心令她感激与欣喜。于是晚餐时，她忍不住就评语一事将老师夸了一下，却没想到儿子来了气，指责她不该偷看，还把老师的评语抖了出来，这样做是侵犯隐私，是对别人的不尊重！

刘莉认为我是妈妈，为什么不能看，这样做是出于关心。她的儿子却不这样认为，说妈妈也不能随便偷看孩子的东西。

这不是一个个案，同事陈续也有这样与儿子争吵的经历，刘霞的女儿为此甚至要同妈妈断绝关系。

三、避免忙中出错的秘诀
让理智教育成为习惯

无独有偶，孩子间也进行交流。彤彤一次回来突然问我会不会偷看她的日记，我坦诚地告诉她，有这种想法，但我不会去这样做。彤彤高兴地搂着我的脖子喊老妈好伟大。

接下来她同我讲，她好些同学都有被妈妈偷看日记或偷听电话的经历，最绝的是杨晓航的妈妈，还偷偷跟踪过他呢！

我问彤彤，那你有没有什么秘密呀，她歪头想了想说，也没有什么秘密，都是平时的一些感想记到日记里，其实让你看看也没什么的。我连连摆手，告诉她妈妈不是那么不开通的人。

隐私，人人都有，孩子也是如此。作为家长应多与自己的孩子沟通，用平等、尊重的态度对待孩子，而不是通过偷窥隐私、施加权威等来控制他们。现在的孩子都很聪明，他们有自己的见解和想法，也希望家长能尊重、理解、信任他们。家长有时候管得太细，反而适得其反。最好的教育方法是与孩子做朋友，彼此之间距离拉近了，孩子什么话都会和大人讲，还用再偷偷摸摸去窥探孩子的隐私？

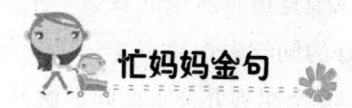

忙妈妈金句

拥有秘密是一种成长，可以让孩子体验到独立与依赖、疏离与亲近、反抗与顺从。当孩子发现自己有了小秘密，这意味着他诞生了内心世界，意味着自我意识的成长，拥有个人秘密并能恰当处置是孩子走向独立的要素。

孩子有秘密，这是一件再正常不过的事情了。作为家长，我们应该感到高兴，珍视一颗童心的成长，允许孩子保有自己的秘密，并且对他们的秘密给予尊重。

作为家长应多与自己的孩子沟通，用平等、尊重的态度对待孩子，而不是通过偷窥隐私、施加权威等来控制他们。

在默默关心的同时，让孩子感觉到你对他的信任和尊重，对他的隐私的保护，这样更有利于孩子的成长。

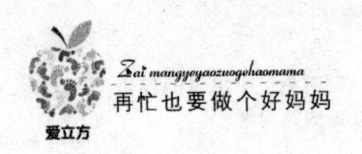

别让钞票满天飞

良好的消费观念要让孩子知道"你不会理财,财就不理你。"而不是给孩子养成大把花钱的坏习惯,把孩子纵容成一个"小大款"。

经济社会离不开钱,离不开消费。说到消费,我想起不久前一位同事告诉我一桩令他极为气恼而又大惊失色的事。

他有一个儿子,才满12岁,在期末考试成绩公布后,成绩名列全班第二。几个同学怂恿,要他庆祝一下,于是儿子竟擅自从他的钱柜中拿走两张百元大钞。当天中午,他邀请几位要好的同学去饭店点了一桌子菜,还喝了啤酒。这事被老师知道后,将他们几个叫到办公室询问训诫,并且将此事告知了家长。

我的这位同事很生气,责问儿子为何如此胡乱花钱、大吃大喝时,他竟面无惭色,甩出一句"我是跟你们学的呗",呛得我这位同事干瞪眼。他感慨而无奈地说,如今的孩子真是把钱不当一回事,我都不知道该怎样管教了!

类似的故事我已听过不少,现在的孩子们,或多或少地沾有这种花钱大手大脚的习性。从不认为花几十元钱吃一份"肯德基"、挥手拦乘一次出租车是一种奢侈。记得我小的时候,妈妈给一毛钱零花钱都舍不得花,吃喝上根本不去考虑,总惦记买学习用品。尽管见到零食也直咽口水,可转一大圈回来,被汗水浸湿的五分钱还紧紧地攥在手心里。那时候一根冰棍才5分钱,一个面包1毛钱,5毛钱可以买一大把糖块,这

三、避免忙中出错的秘诀
让理智教育成为习惯

些在当时可都是最好的零食了。但是，就这也不乱花钱，因为知道大人挣钱不易，大家也不互相攀比。

现在却不同了，物质丰富了，攀比也上来了。大人比房子、车子、票子，孩子比名牌、比吃穿。冲动消费的人是越来越多，好像你不消费就是吝啬鬼，没本事。从这里不难看出，造成孩子冲动消费、花钱如流水的根本原因还是出在家长身上。家长自身的不良消费习惯以及疏于引导是这一现象的"罪魁祸首"。同事儿子的一句"我是跟你们学的呗"，一点也不过分，的确是真实的写照。

有一次，彤彤回家跟我讲，班上有个同学钱可多了，每天早上请大家吃早点，花掉十几元钱，让同学帮写作业花掉十几元钱，一天下来要花掉好几十元钱呢。我听了很吃惊，一个中学生竟然出手如此阔绰，他们的父母给孩子这么多的零花钱，这个数目也太大了。

后来我见到了那个孩子的父母，据说是在山区开矿的，他们每一个星期到市里来看望孩子一次，给孩子丢下大把的钱，目的是不能让市里的人瞧不起。这钱也确实起到了作用，在彤彤的同学们的心里，有的认为臭显摆，有的认为大老板的孩子就应该有那么多钱，就应该呼风唤雨，一求百应。我问彤彤是怎么想的，彤彤说没什么想法，反正她是不会乱花一分钱的。她这态度还是令我欣慰的，挥霍确实不是我们家的习惯。

有些孩子父母给多少就花多少，花完了再跟父母要，花钱数目大，没有节制性，花钱大方得令人咂舌。也许他们的父母会说，我们家经济状况好，没必要对孩子克克扣扣的。

这其实是一种误区。孩子正在长身体长知识的时候，他们虽然很小就接触了钱，懂得了钱的诸多好处，但实际上他们很少接触到真正的人生。他们不知道生活的艰辛和不易，在父母的呵护下体会不到挣钱的酸甜苦辣。

孩子们总有一天会长大，会投入到火热的生活中去，要在社会上学会独立生存，不再依赖于父母的抚养，这就必然要和钱打交道。没有合理的消费观念，他们的日子是过不好的。这样的孩子将来或许会成为

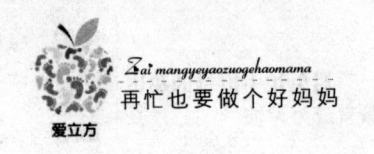

"月光族"或"啃老族"。

所以，我们从小要帮助孩子树立正确的金钱观念，教育他们懂得只有辛勤努力和付出才会有更多的收获；让孩子学会正确看待金钱，不能唯钱至上；还要对他们进行消费观念的培养，应该从小懂得钱的价值，懂得如何使用这些钱，学会生活，学会理性消费，而不是盲目地乱花钱。

从小挥霍无度的孩子，长大后更会是无节制、非理性地消费，而收入和支出很可能是不成正比的，弄得入不敷出。我国有一句老话叫"富不过三代"，还有"三穷三富过到老"，讲的就是父母没有给孩子一个正确的金钱观和消费观，结果老子的江山被儿孙辈败光了。

作为父母，给孩子一个好的消费习惯很重要，这关乎到孩子今后的生存，因为父母是不可能伴随孩子一辈子的。俗话说得好，吃不穷，穿不穷，计划不到才受穷。用现代词语解释就是学会理财。

理财对孩子确实很重要，好的消费习惯不但可以增强孩子的自制能力，也可以教他们权衡利弊，分清主次，培养他们的计划性和计算能力。

早在彤彤一两岁的时候，我就开始让她与钱打交道了。每次带她一起去超市购物，去菜场买菜，去给她买零食、买玩具时，我都把钱交给彤彤，让她把钱递给对方。这样几次之后，她懂得了钱是可以与商品进行交换的，而商品都是有价值的。

记得大概是彤彤五岁那年，有一次星期天，我带她去离家大约三千米的一个公园玩。我俩这次公园之行计划消费30元钱，于是我把这30元钱交给了彤彤，告诉她："咱们今天所有的开支，包括交通费、午餐费、零食费以及买玩具的钱都在这里面。如果有节余，剩下的钱就归你了。但是不能超支，超支后果自负。"

彤彤觉得自己能像大人一样当家了，心里很高兴。可是当她买下一件十分心宜的电动小青蛙后，手里的钱花完了。由于缺乏经验，彤彤第一次理财就出现了赤字。回家的路费没了，这可怎么办？这时彤彤用求救的眼光看着我，我说那没办法，我们只能走着回去了。结果，五岁的小彤彤和我一起从公园走回了家。

三、避免忙中出错的秘诀
让理智教育成为习惯

公园之行使彤彤受到了"超支后果自负"的惩罚。从这以后，她便吸取了教训。当再从我这里领到活动经费后，她学会了先大致计划一下，然后对经费进行合理分配。

彤彤十岁的时候，我把全家人外出吃饭的"经济大权"也下放给她。去哪家饭店、点什么菜、喝什么茶水也由她说了算。这看似简单的事情，对于一个只有十岁的孩子来说，却是件不容易的事情。既要让大家吃饱、吃好，还不能超出预算。于是，在点菜时，就要考虑荤素搭配，就要算计每一个人的进食量，然后安排几个菜，吃什么主食。别看孩子年龄小，做起事情来是蛮认真的，每次都很精确，既不超支，又能满足大家的需要。

从那时起，我们就尽量让彤彤当家做主，家庭账目也由我转交给她来管理。到超市买东西时，她知道挑选特价商品，知道哪些可以多买些，哪些少买些，哪些是一次性的，哪些是长期性的。到市场上去买菜，知道货比三家，还能很熟练地与人砍价。到了十一二岁时候，已经很会计划消费了，什么该买，什么不该买，该买多少，买什么牌子的，都了然于心。当彤彤的同龄孩子随意向父母要吃、要穿的时候，她已经知道并能做到合理花钱、理性消费了，并养成了习惯。

所以，父母要培养孩子良好的消费观念，杜绝孩子的浪费行为，就要注意培养孩子节俭的品质。节俭是浪费的克星，一个养成了节俭习惯的孩子，在自己平时的消费过程中，也会更好地来评判自己所要买的东西是不是自己最需要的，从而有效抑制冲动消费。

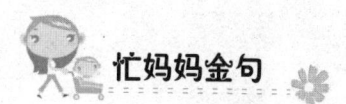

忙妈妈金句

从这里不难看出，造成孩子冲动消费、花钱如流水的根本原因还是出在家长身上。家长自身的不良消费习惯以及疏于引导是这一现象的"罪魁祸首"。

没有合理的消费观念，他们的日子是过不好的。这样的孩子

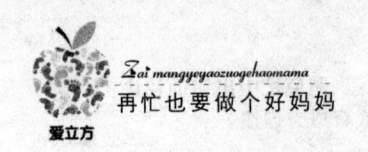

将来或许会成为"月光族"或"啃老族"。

我们从小要帮助孩子树立正确的金钱观念，教育他们懂得只有辛勤努力和付出才会有更多的收获，让孩子学会正确看待金钱，不能唯钱至上。

节俭是浪费的克星，一个养成了节俭习惯的孩子，在自己平时的消费过程中，也会更好地来评判自己所要买的东西是不是自己最需要的，从而有效抑制冲动消费。

跑进最近的一家店

孩子们都喜欢过节，因为在节日里不仅可以收到自己心仪的礼物，更能感受到其乐融融的亲情和父母温暖的爱。工作忙碌的职场妈妈，千万不要拿工作当借口，而忽视了孩子的一些重要节日，让一颗期待的心失望。

连日来的突击培训，搞得我真有点焦头烂额了，讲课讲得我口干舌燥，回到办公室还没来得及喝口水，下面几个分公司的人力资源部经理又扎堆来"纠缠"，无非想要从总公司调几员精兵强将，充实他们的队伍。

送走他们时已经早过了下班的时间。一天的忙碌总算过去了，窗外的斜阳已经贴到西边的山梁，晚霞透过窗子映到墙上，我习惯性地瞄了一眼当天的台历，看看记在上面需要办理的事情是否有遗漏时，突然想起，天啊，今天是彤彤的生日。

这么重要的日子我差一点给忘记了。六年了，每年的这一天，我都会及时为她准备一份小礼物，制造点浪漫小情调，给她送上点惊喜。墙上的指针已经指到十九点了，许多商场已经开始闭店谢客了。我来不及细想，抓起外套，拎上包，连桌子上的一大堆文件都来不及收拾，锁好门，箭一般地冲出公司，好在没有人看见我这副狼狈相，顾不上斯文了，我跑进了距离公司最近的一家店。

店里已经没有几个顾客了，那醉人的轻音乐飘飘荡荡使人好想回家。儿童专柜前，就我一个顾客，我想都没想，直接指着那个带音乐盒的洋

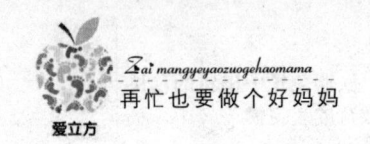

娃娃要求包起来。我知道，这是彤彤一直梦寐以求的，本来和彤彤说好，六一儿童节作为礼物送给她的。现在，由于我的失误，彤彤居然可以提前得到她心仪的礼物了。

我拎着精美的包装盒，想着小家伙得到礼物时开心的模样，心里踏实多了。坐到公交车里，才发现汗水湿透了衣背。

走进家门时，彤彤欢天喜地地跑上来拥抱我，我兴高采烈地祝过生日快乐后才发现，爷爷奶奶、姥姥姥爷都来了，她爸爸正在厨房忙活着，菜香味伴随着一屋子的喜庆直往鼻孔里钻。彤彤快乐得像一只小鸟，在客厅里跑来跑去，举着洋娃娃到处让人看，嘴里还不住地说着，"我也当妈妈喽！我也当妈妈喽！"

看着孩子的高兴劲儿，我暗暗庆幸，多亏自己在下班前及时记起了孩子的生日，否则，当孩子兴冲冲地盼着妈妈进门时，却看到一个一脸疲惫、两手空空，忘记了自己生日的妈妈，这会让孩子感到多么失望和扫兴啊！

其实，对于幼小的孩子来说，他并不在意礼物是否有多贵重，他只是希望得到父母无尽的爱和关注。

晚上休息时，彤彤还是那么兴奋，她把所有收到的礼物放在一个箱子里。这个专门存放彤彤礼物的箱子是她的"百宝箱"，经常如数家珍般地仔细品味这些礼物，这是六一礼物，这是生日礼物，这是新年礼物，这个小熊是奶奶送的，那只小象是姥姥给的。我也经常兴奋地参与其中，因为每一件礼物都是节日和亲情的见证。

说到礼物和节日，许多职场打拼的父母可能很少关注，除了像五一、十一、春节等节日外，其他节日恐怕很少关注，有时忙得忘记了家人的生日也是常有的事情，忽略了各种节日的风俗功能和亲情功能。我的一些同事就认为，都是很忙的，什么节日不节日的，凑合着过吧。

其实，这种想法并不正确，你可以不在乎节日，但却不能不在乎孩子。因为孩子是非常喜欢过节的，节日的喜庆氛围会令他们十分开心。他们总是像盼星星、盼月亮似地盼望着节日的到来。节日是孩子重要的生命历程，是各种"情"的传递和交融，对孩子的成长有着重要的影响。他们渴盼的不仅是节日热烈的氛围和收获礼物的欣喜，还有浓浓的亲情和深深的爱。

所以，即使工作再忙，也要陪同孩子一起过节，引导孩子体验节日的愉快，提高孩子的参与意识和丰富他们的实践活动内容，让孩子在节日里快乐成长。对于孩子的一些重要节日更是不能错过的，特别是孩子最关注的儿童节、圣诞节和生日，父母的礼物是不能少的。

礼物不仅仅是物品，它是父母爱心的折射，是教育孩子、帮助孩子成长的一种辅助手段。给孩子送一份好的礼物，有时能给他的人生带来意想不到的帮助。至于给孩子送什么礼物，这也是父母应该动脑筋的一个问题。

有的家长在送孩子礼物时，总是按照自己的思维去挑选，既不是尊重孩子的天性，也没有尊重孩子的个性。这样的礼物，即便你挑选得再精心，孩子也未必能欢呼雀跃、心满意足。我在送彤彤礼物时，通常都是投其所好。平时在与彤彤聊天、游戏中发现她的喜爱，然后有针对性地为孩子选择，所以彤彤对于收到的礼物总是感到十分满足。

我认为送孩子礼物，应根据孩子的年龄特点，送一些他喜欢的、有实用价值的、物美价廉的礼物。绝对不能对孩子强调物品的价格，以免将孩子的注意力从礼物本身转移到价格上，出现攀比等不良习惯。

当然，除了物质礼物，精神礼物也是不可缺少的。在当今物质丰富的年代里，孩子们更渴求的是在节日里，能在父母的陪伴下，痛痛快快地玩一场。因此，我们不妨暂时放下手头的工作，带孩子出去玩一玩，找一个远离城市喧嚣的地方，让孩子在充分享受大自然乐趣的同时，也感受到家庭的温馨和父母的关爱，也许这正是孩子最希望得到的礼物。

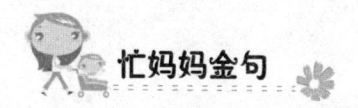

忙妈妈金句

其实，对于幼小的孩子来说，他并不在意礼物是否有多贵重，

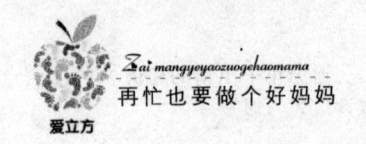

他只是希望得到父母无尽的爱和关注。

你可以不在乎节日，但却不能不在乎孩子。因为孩子是非常喜欢过节的，节日的喜庆氛围会令他们十分开心。

即使工作再忙，也要陪同孩子一起过节。引导孩子体验节日的愉快，提高孩子的参与意识和丰富他们的实践活动内容，让孩子在节日里快乐成长。对于孩子的一些重要节日更是不能错过的，特别是孩子最关注的儿童节、圣诞节和生日，父母的礼物是不能少的。

我认为送孩子礼物，应根据孩子的年龄特点，送一些他喜欢的、有实用价值的、物美价廉的礼物。绝对不能对孩子强调物品的价格，以免将孩子的注意力从礼物本身转移到价格上，出现攀比等不良习惯。

我是妈妈的小秘书

工作和家务把职场妈妈搞得团团转,劳累自不必说,整日让你有操不完的心。常常有身心俱疲、力不从心之感,别忙,不妨让孩子成为你的小秘书,在帮你做事的同时,也使他的独立意识和独立能力得到了锻炼。

职场妈妈都有这样一种愧疚,那就是自己不能给孩子更多的时间,所以都会刻意让孩子少做事,不管自己多辛苦都要亲力亲为地照顾家,因为她们总觉得孩子跟着自己是受委屈,亏欠他们许多,再让孩子小小年纪做家务就太不像个好妈妈了。

其实做点家务委屈不了孩子,适当让孩子做些家务,利于他们的成长。在家庭中,孩子也是一个重要的成员,他们也应该对家负有责任。安排他们帮助妈妈做些力所能及的事情,不仅不是伤害,还是最好的教导方式,他们也乐得接受的。因为他们在最初的参与中,是以游戏心态加入的,觉得干点家务是很好玩的事情,同过家家差不多。特别是忙妈妈,很有必要把孩子培养成自己的"小秘书",锻炼孩子成为家务的小助手。

早在彤彤一岁多的时候,我就开始着手对她进行自理能力的训练。一岁多的孩子已经能听懂大人的话了,正是爱参与的时期,他们十分乐意在妈妈的鼓励和赞扬声中"做妈妈的小助手",如心甘情愿地为你去取一份报纸、一双筷子,去搬他能搬得动的小凳子,从一个地方到另一个地方,她会高兴地跑来跑去,乐此不疲。

有时候我故意装累得不行了,对彤彤说,"宝贝,乖,给妈妈把汤勺拿来好吗?"彤彤听懂了我的意思,咚咚咚地跑到厨房,乐颠颠地把汤勺递到我手中,这时我会狠狠地亲她一大口,她就十分满足了。吃过饭后,她就主动拿来扫把,动作笨拙地扫地,掉在地上的饭粒黏在地板上,她就撅着小屁股用手去抠。尽管活儿干得很粗糙,有些地方没有扫到,我都会大大夸奖她一番,不去打消她的积极性。

我知道,小孩子没有长性,如果积极性受到了打击,她就会选择放弃了。这正是培养她养成好习惯的时机,最值得注意的就是要保持她这种积极性,时间久了,习惯就成了自然,到时候不用特意吩咐,就主动去做这些了。彤彤三岁的时候,她已经完全胜任扫地的工作了,有时还要给她爸爸挑毛病,嫌她爸爸不认真,抢过来重新扫一遍。

一天,同事来我家做客,吃完饭看到彤彤扫地,擦桌子,洗碗,惊讶得不行,那神态无疑像发现了新大陆。她说我简直不敢相信自己的眼睛,一个三岁的孩子,竟能干大人的活儿。

欣喜过后,提起自己的孩子,她连连叹息不断,说她家的宝宝都六岁了,还是衣来伸手饭来张口,像伺候小婴儿一样,拖累的你是忙完单位的,回到家还要强打精神伺候"小祖宗",搞得你团团转,没一刻闲下来的工夫。

我问她,孩子从来没有想帮你干点什么的愿望?她一拍大腿,嗨,别提了,早在像你家彤彤这样大时,他总喜欢给我添乱,洗衣服时,伸出小手跑来乱搅,做饭时他要洗米,开始我还让他参与几回,可是他干完了,造的哪儿不是哪儿了,还得你收拾半天。干脆就不让他来捣乱了。说完连连摇头,一个小男孩,就是比不上小女孩,看彤彤干得多好。

我说你可别这么说,小孩子都有积极参与的欲望,之所以有的孩子勤快,有的孩子什么也不干,与妈妈有很大的关系。她说我不是一个懒人啊,可是孩子怎么这样不争气呢?

问题就出在这里。我说:"正因为你勤快,不给孩子表现锻炼的机会,所以孩子就退却了。说到底还是你的错,当初孩子参与,你嫌弃孩

三、避免忙中出错的秘诀
让理智教育成为习惯

子捣乱,他没有实践学习的机会,怎么可能一下子做好呢?我家彤彤是经过长时间的锻炼才达到今天这样水平的。当初她也是弄得乱七八糟的,我就一点一点地让她去适应。"她听后后悔不及,悔不该当初嫌弃孩子添乱,这回倒是自己给自己"添乱"了。

孩子爱参与,并不是要存心给大人添乱,而是生长发育的必然阶段,这正是培养孩子养成爱劳动的好习惯的时机。两三岁的孩子,正是对一切都充满好奇,喜欢亲手尝试的年龄。看见妈妈洗衣服,他们也渴望将小手伸进水中,拿起自己的小袜子搓呀搓;看见妈妈择菜,他们也动手帮助拽菜叶。模仿大人是他们的天性,孩子许多技巧都是通过模仿掌握的。

做妈妈的可不能错过这样的好机会,让孩子锻炼一下,累不到孩子的,他们要模仿就让他们去模仿好了,正好把生活技能教给他们。在孩子越来越多的模仿动作中,妈妈一定要注意仔细、耐心、循序渐进,在和孩子的共同活动中,一定要让宝宝做好"妈妈的小秘书"。

在与孩子的互动中,孩子不仅在生活上成为妈妈的小秘书,在心情上孩子同样能予以分担。

有一段时间在单位工作不顺利,时常为了工作的事烦心,回到家又不想影响彤彤做功课,只好把所有的烦恼都装在了自己心里。心事多了脾气就会不好,那时候我总是爱挑毛病,还因为一点小事和她爸生气。

彤彤人小鬼大,知道我不开心,就想办法逗我笑,她说她们班有一个同学吃了九个面包,我惊讶地表示怀疑,彤彤说她是一天三顿吃下的。我扑哧被她的小幽默给逗笑了。

彤彤见我露出了笑模样,说妈妈你不应该不开心,你不开心这一天也是这样过来的,开开心心也是过一天,不开心还影响工作,还影响别人情绪。最主要的是于事无补,干吗还要不开心呢?我说你才是一个几岁的小孩子,怎么能说出这么大的道理啊,可真不简单呢。她咧着小嘴儿笑着说,这都是你说过的话呀。然后,将她的日记本翻开到某页,原来我过去劝慰她的话都记在上面。看到孩子如此关心我,我还有什么不

· 131 ·

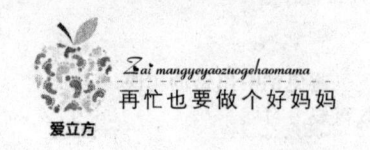

高兴的呢，工作的烦恼就这样被孩子给化解了。

孩子的心是纯真的，他们能够对事情的好坏急缓做出合理的判断。只是家长没有注意到，也没有尝试与他们沟通，在心情问题上拒绝与他们交流。其实，让孩子适当分担自己的心情，一方面可以求得孩子的理解，让孩子体会做大人的难处。另一方面，也可以培养和锻炼孩子关心他人，帮助他人，站在他人角度思考的良好品德。

有些时候，孩子比大人更细心，只要你交代给他们什么任务，保证能顺利完成。由于工作忙，有几次出门前不是忘记拿手机就是忘记拿钥匙，彤彤就主动当起了我的小秘书。每天早晨起床后第一件事就是提醒我拿手机和钥匙，在她的督促下，我再也没有落过。

彤彤的细心还不止于此，每天，她会把我和她爸爸的鞋，一双双的摆整齐，吃饭时帮我们端饭端菜。到了十三岁那年，就开始独立在厨房里做饭了，也能整出有滋有味的三菜一汤来。有的朋友担心这样会影响到孩子的学习，彤彤却说这也是学习，而且十分有趣，还能休息一下大脑。

让孩子替你分担家务，好处多多，做家务可以培养孩子的责任感，培养孩子热爱劳动、珍惜劳动成果的好品德，了解父母工作的艰辛，明白创造财富的艰难，这会让孩子逐步改掉胡乱花钱的不良习惯。孩子学做家务，还可以学到许多书本上学不到的知识，许多孩子的小发明、小创造都是在家务劳动的实践操作中受到启发而产生的。做家务也是为孩子今后走上工作岗位和建立家庭做准备。可以说，生活是最好的老师，孩子在帮助你做家务的过程中不仅能锻炼动手能力，更能积累处事经验，培养独立性。

教孩子做自己的小秘书吧，这对于一个忙碌的职场妈妈来说，是开始减轻负担的好机会。既使自己获得了轻松，不致因操心工作和家务而手忙脚乱，又让孩子得到了锻炼，是一举多得的好事情。

三、避免忙中出错的秘诀
让理智教育成为习惯

忙妈妈金句

适当让孩子做些家务，利于他们的成长。在家庭中，孩子也是一个重要的成员，他们也应该对家负有责任。安排他们帮助妈妈做些力所能及的事情，不仅不是伤害，还是最好的教导方式，他们也乐得接受的。

孩子爱参与，并不是要存心给大人添乱，而是生长发育的必然阶段，这正是培养孩子养成爱劳动好习惯的时机。

生活是最好的老师，孩子在帮助你做家务的过程中不仅能锻炼动手能力，更能积累处事经验，培养独立性。

教孩子做自己的小秘书吧，这对于一个忙碌的职场妈妈来说，是开始减轻负担的好机会。既使自己获得了轻松，不致因操心工作和家务而手忙脚乱，又让孩子得到了锻炼，是一举多得的好事情。

聪明的妈妈会忽悠

忽悠——看到这两个字眼,你一定想到了赵本山的小品。而此"忽悠"非彼"忽悠"也。这里的"忽悠"是聪明妈妈制胜的法宝。孩子会在你高明的"忽悠"中学会做事,在你的"忽悠"中懂得体贴和关爱,在你的"忽悠"中变得自信、坚强、勇敢、积极向上。

下班的人流从大街上开始往各小区分流,路上到处都是回家的匆匆步履。在小区门口,邻居的孩子小阿鲁却从大门里跑出去钻到路边的一家小超市里,过了一会儿他妈妈从后面撵过来,见到我顾不上打招呼,焦急地问我看到她儿子没有,我向小超市努努嘴,示意小家伙跑到超市里面去了。她这才放下心来,一边盯着超市门口,一边和我站在门口聊起了孩子。自从彤彤上大学走后,心里空捞捞的,看见别人家的孩子总想亲近一下,我也乐得陪她说说话。

她向我诉苦,说她家的阿鲁自私、倔强、任性、懒惰、依赖性强。然后向我请教寻求医治孩子的"良方"。因为她是看着我们家彤彤长大的,很羡慕我有一个乖女儿,不无羡慕地说,还是你有办法,把彤彤调教得既聪明可爱又乖巧懂事。

我们虽然是邻居,但是大家都有工作,很少有时间聚在一起,所以我并不了解她是如何带孩子的,但有一点我可以肯定,她平时肯定是经常帮孩子忙的,她点点头承认,说不管大小事情,我都帮他。我问她孩子是否曾主动帮过大人的忙时,她说偶尔有,但担心孩子做不好,所以

三、避免忙中出错的秘诀
让理智教育成为习惯

没让他帮。听了她的回答，我直接对她说，那从今以后你就和孩子交换一个位置，让孩子多帮你的忙，你尽量少帮孩子的忙。在孩子的面前你尽量多表现得"无能"些，给孩子在你的面前表现得"能干"的机会。她听后半信半疑，不过表示可以试试，就怕他弄不好。我说弄不好也要给他机会，头回生二回熟嘛，孩子自己也会努力的。

在我们许多家长的眼里，总觉得孩子是弱小的，因此常常在孩子的面前以强者的姿态帮助孩子、保护孩子。这本来无可厚非，然而家长的"过度保护"往往会阻碍孩子的健康成长，使孩子没有责任心和爱心，缺乏独立生活的能力。小阿鲁之所以有着自私、倔强、任性、懒惰、依赖性强等一大堆毛病，与父母不给他表现机会有很大的渊源。

阿鲁的妈妈觉得我讲得有道理，她向超市看了一眼，担心孩子已经六七岁了，开始不听大人的话了。我给她出了一个主意，那就是学会"忽悠"孩子。

"忽悠？"阿鲁妈妈一脸的迷茫，显然她是误会了我的"忽悠"。

我告诉她，这里的"忽悠"就是家长适当的"示弱+表扬"，这是教育孩子百发百中的绝招。我就是经常采取"忽悠"彤彤的方法，教会她许多生活技能，培养她优秀品格的。再精明的孩子，也会着道的。

她很想听听我的"忽悠"经，我稍回忆了一下，向她娓娓道来。

那时彤彤才四岁，有一次我和彤彤在外面散步，路经一座小木桥。这座小木桥很窄，只有两人并排那么宽，我故意犹豫不前，装作一副胆小害怕的样子，试探着对彤彤说："桥好高，妈妈不敢过去。"彤彤看了看说："妈妈，不要怕，有我呢！我牵你过去。"没想到她信以为真，小心翼翼地拉着我的手将我带过了桥。我不失时机地对她夸赞道，"彤彤真棒，比妈妈还勇敢。"后来回家时，我又故意装作迷路的样子，彤彤信心十足地对我说："不要担心，妈妈，我认得，你跟在我后面走就行了！"回到家，彤彤自豪地向她爸爸诉说起她带我过桥和回家的事，她爸爸竖起大拇指又大大地表扬了她一番。而后我和她爸爸总是在孩子的面前表现得很"无能"，努力寻找机会让孩子表现。坚持一段时间后，我们发

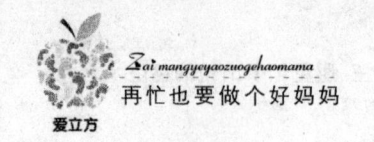

现，只要是孩子力所能及的事，她总是争着抢着去做，而且做得蛮好的。通过这种"忽悠"的方式，也能很好地调动孩子的积极性。

我接下来说，在生活中，家长不能怕孩子在成长的过程中受点苦，受点累，受点委屈。千万不要事事冲锋在前，为孩子排忧解难，把自己突出得强大威猛，把孩子衬托得弱小无能。你什么都替他干了，他自然闲起来没事给你找事了。应当学会在孩子的面前示弱，让孩子为自己"遮风挡雨"。爱就像一个口袋，往里装产生的是满足感，而往外掏产生的是成就感。在大人的频频"示弱"中，孩子渐渐品尝到了施与的快乐，这你不就变被动为主动了吗？

阿鲁妈妈若有所思地点点头，鼓励我继续讲下去。

由于我们都是上班族，我又向她谈起了职场妈妈。有些职场妈妈很强势，在事业上风光无限，做事雷厉风行，因为她很成功，有着丰富的人生阅历和处事经验，所以在这样的妈妈眼里，最看不上的就是孩子能力差，"这么简单的小事都做不好，一点儿也不像我！""你不行，还是我来吧！"很强势的妈妈往往习惯给孩子包办一切。在强势妈妈的身边，孩子会逐渐丧失自信心，旺盛的创造力和冒险精神就这样被一点点消灭殆尽，结果往往很强势的妈妈却有一个很"不行"的孩子。

其实，示弱并不是软弱，向孩子示弱也是一种智慧的表现。尤其对于那些处在反抗期的孩子来说，更是不宜直接对抗的。如果大人心态放松一些，借助孩子渴求独立的心理，适当地向孩子示弱，给孩子一定的自主权，这样既避免了冲突，又增强了孩子的自信心。

在彤彤像小阿鲁这样大的时候，我下班回来，她通常会马上迎上来，我会摸着她的头，轻轻地说："妈妈好累啊，你给妈妈拿拖鞋再倒一杯水，好吗？"彤彤忙不迭地去给我拿拖鞋，又跌跌撞撞地去给我倒水，我端过来很享受地喝下，坐下来说："哎，有个女儿就是好！喝着彤彤给我倒的水，就是一种享受啊，妈妈真高兴。"经我这样一"忽悠"，彤彤的小脸笑成了一朵花。

从彤彤六岁起，我家的垃圾袋每天都是彤彤拎到楼下去，因为我总是对她说:"彤彤能做这些事,妈妈就轻松多了。"彤彤边拎着垃圾袋晃晃悠悠地下楼边问我:"妈妈,你小时候也能做这些事吗?"我说:"我哪有你这么懂事啊,像你这么大的时候,我还不知道帮妈妈做事呢。"她听了很高兴,看来我的"忽悠"对她很受用。

彤彤从小到大一直喜欢帮助我做家务,而且非常积极主动。在我或者她爸爸生病时,她也一直都能特别积极主动地照顾我们。我想,这与我经常对她采用"忽悠"的方法是分不开的。

阿鲁的妈妈很高兴,她觉得我这些经验之谈非常及时,决定在孩子身上试试。见天色不早,她与我告别,去超市找她的"小祖宗"去了。望着她疲惫的身影,心里祝愿她能把孩子"忽悠"好,变成她的小助手,从此不再给大人找"麻烦"。

忙妈妈金句

家长的"过度保护"往往会阻碍孩子的健康成长,使孩子没有责任心和爱心,缺乏独立生活的能力。

这里的"忽悠"就是家长适当的"示弱+表扬",这是调教孩子百发百中的绝招。我就是经常采取"忽悠"彤彤的方法,教会她许多生活技能,培养她优秀品格的。

在生活中,家长不能怕孩子在成长的过程中受点苦,受点累,受点委屈。千万不要事事冲锋在前,为孩子排忧解难,把自己突出得强大威猛,把孩子衬托得弱小无能。你什么都替他干了,他自然闲起来没事给你找事了。

应当学会在孩子的面前示弱,让孩子为自己"遮风挡雨"。爱就像一个口袋,往里装产生的是满足感,而往外掏产生的是成就感。在大人的频频"示弱"中,孩子渐渐品尝到了施与的快乐。

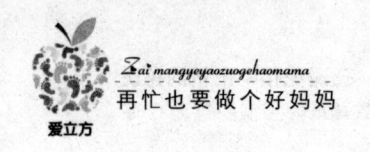

青春期第一课

孩子进入青春期，做母亲的既高兴又不安，未来孩子能成为一个什么样的人，这段时期的教育最重要，但也最难。因为这时的少男少女，内心世界与来自社会的外部环境常常发生矛盾冲突，面临着人生的诸多疑问和困惑。作为母亲，我们有责任和义务给孩子上好青春期这第一课。

青春期是人生的一个特殊时期，它不仅是一个人成长发育的重要时期，而且对于人生知识的奠基、性格的培养、身心的发展、道德和世界观的形成等都起着关键作用。

许多家长都不知道该如何与孩子谈起青春期，尤其是对女儿，更是感觉难以找到恰当的方法来谈及诸如乳房的发育，月经的来临等问题。但无论如何，我们还是应在青春期来临之前，做到未雨绸缪，为孩子上好青春期第一课，以便孩子在面对青春期的困惑和不安时能从容应对。

在彤彤十岁生日的时候，我送她的礼物是一套有关少男少女青春期常见问题方面的书籍。彤彤不仅认认真真读完了这几本书，还大大方方向我询问看不懂的问题，甚至交流一些心得，并且从从容容地接受了一段时间后自己身体方面发生的各种变化。

早在这以前，那时她已经开始发育了，有一段时间，她说胸脯有些痛，担心自己的心脏有了问题。我赶紧询问是怎样一种疼法，她还指着自己的乳头部位说，还有点硬块呢。当我给她检查完后放心了，告诉她没事的，你是开始发育了。她不懂发育是怎么一回事情，我三言两语又

三、避免忙中出错的秘诀
让理智教育成为习惯

说不清楚，就在她十岁生日的时候给她挑选了一套有关青春期的书籍。

通过书中的知识和与我的交流，彤彤对青春期有了清晰的了解，所以能比较坦然地应对。可是，她的同学芸芸就不同了，她出生在单亲家庭，和爸爸生活在一起，爸爸很难像妈妈那样注意孩子的一些细节变化，即使看出来，也会不好意思在女儿面前提起这些事。我见过几次这个女孩子，很腼腆的，不过对我还是很有信任感的，我让彤彤把她领到我家，给她讲讲有关青春期的知识，顺便也让彤彤再温习一下。

身教大于言传，我想创造一个让我们更加平等交流、坦诚相对的环境，于是决定我们一起在家洗个澡。我家的浴室很大的，十二平方米，我喜欢泡澡，所以修了一个大浴池。在洗澡前我让彤彤把她的书籍拿出来，让芸芸有个初步的了解，彤彤顺便当她的老师。两个小女生窃窃私语，彤彤还好一些，比较大方，芸芸却一脸的绯红，看得出她很难为情。

水烧好后，我喊她们过来洗澡，我说："现在我们一边泡澡，一边聊天。"说完便开始脱衣。彤彤很快脱掉衣服，最先进入池中。芸芸却显得有点犹豫，我对她说："女孩子身体发育是值得骄傲的事情，在阿姨面前不用害羞。"说完我先脱下了自己的内衣裤，芸芸这才开始脱衣。我边洗澡边聊一些她们学习上的事情，慢慢地，芸芸也不再那么拘谨，跟我们有说有笑。这时，我坐在池边，把整个身体都露出水面，对她们说："你们看，我和你们有什么不同吗？"

芸芸羞涩地看了我一眼，红着脸低下了头。彤彤大方地说："妈妈胸部鼓鼓的，还有毛毛。"她从小和我一起洗澡到现在，已经没有什么神秘感了。

我笑了笑说："是的，女孩子到了十一二岁，会进入青春期，体态会变丰满，骨盆会变宽，乳房开始发育，会出现阴毛、腋毛，这些都是正常的生理现象，是每个女孩都要经历的。"

芸芸瞪大了眼睛，对我也不再羞涩了，悄声地说："我是第一次同别人一起洗澡，不知道别人身上还有与我不同的地方。"

我说："难怪你感到困惑，没关系，以后有什么问题就找我好了。"

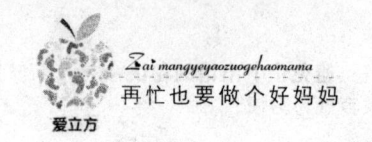

芸芸点点头，两个小女生在我面前开始查看对方了，都发现对方刚刚长出的小毛毛，芸芸比彤彤发育得快些，两只乳房开始鼓包了。她说有时还有些疼呢。我告诉她不用担心，睡觉时尽量侧睡、仰睡，避免挤压胸部，等乳房发育成熟了，就不会疼了，这是正常生理现象。

接下来，我告诉她们，女孩进入青春发育期，最先发育的是乳房。乳房刚刚开始发育时，构成乳房的乳腺及其周围的脂肪组织在乳头以及周围的乳晕处形成一个纽扣样的小鼓包，使乳头和乳晕隆起，乳头开始变大；而后乳头隆起更是明显，也渐渐变得更丰满，最后发育为成人的乳房形状。

她们抚摸着自己的小胸脯，低头审视着，在查看自己到了什么阶段。彤彤说她怎么没有芸芸的明显。

我拍拍她的头解释着，女孩的乳房发育有很大的个体差异，有的女孩才八九岁乳房就开始发育了，而有的女孩要到16岁或更大点乳房才开始发育。大多数女孩在月经初潮之前，就是在9~14岁乳房开始发育。在14~15岁时，乳房发育比较明显，乳房明显地隆起。16~17岁时，乳房丰满，线条清晰，乳晕略现，乳头大而突出。18~20岁乳房的大小和形状已是成年女性。而你们刚刚十岁多，可以说算是才开始呢。

彤彤往自己身上撩了一阵子水，突然想起了什么，自己先笑了一会儿，看我们莫名地看她，止住笑说他们班的雅雅特别逗，她的胸特别大，在人面前从不敢挺胸，走路故意弯着腰，看她那个累呀。

原来她是为这个才发笑，我说这没什么可笑的，女孩就应该挺起胸来，这是正常的生理现象，是身体的一个部分啊。你们到那时啊，可别这样做，没必要刻意掩饰自己的胸部，走路时低头含胸，或穿紧身衣束胸，会限制乳房和胸廓的正常发育，对身体是有害的。因为胸廓内有肺、心脏、大血管、食管，这些都是人体生存的重要脏器。束胸会限制这些脏器的增长，尤其是肺，它膨胀松软很容易被挤压，造成肺活量变小，而肺活量小者，其体质就会较差。

见她们听得入神，我继续讲，青春期女孩应做好乳房保健工作，在

三、避免忙中出错的秘诀
让理智教育成为习惯

乳房发育过程中，有时会出现轻微的胀痛或痒感，这时不要用手捏挤或搔抓。平时还要对自己的乳房注意保护，如在劳动或体育运动时，要避免撞击伤或挤压伤。

我一指挂在门后挂钩的文胸说，在乳房刚开始发育时，不要过早地佩戴文胸，当乳房发育到一定程度时，则要佩戴适合的文胸来保护自己的乳房免受损伤了。另外，文胸的选择也有一定的学问，松紧度一定要适当。太紧容易压迫乳头，引起乳头下陷，将来还影响哺乳，太松又起不到支撑的作用。所以选择尺寸大小合适的文胸，是十分重要的。除了尺寸适合外，材质也很重要，最好选用普通的棉质文胸，因为它透气、吸汗、不刺激皮肤，而化纤材质的则不可取，既不吸湿也不透气。少女时期正是乳房发育成型期，还要注意不应选择那种充填海绵，带半个钢丝圈的定型文胸，因为它会限制你们乳房的发育，使血流不畅，引起乳房疼痛。

芸芸听后，很有感触，这些都是她以前没有听过的。这时，她无意间看到了放在衣帽架上的一包卫生巾，她好奇地拿在手中看着，问道："这是干什么用的呀？"

彤彤："卫生巾呀。"

芸芸："你用的？"

彤彤："妈妈用的。"

借机我问她们："关于初潮的事情你们了解吗？"

彤彤自然明白，而芸芸困惑地摇摇头。我又继续给她们讲了起来，初潮，又称为初经，是指第一次月经，代表少女的身体经历青春期的变化。初潮一般在胸部开始发育后两年出现，它表示子宫内膜受到雌激素刺激而发育了，也代表从子宫到子宫颈到阴道的通路打开了。

芸芸对这些术语看来还很陌生，我说："你们先从理论上大致了解一下，现在我就告诉你们卫生巾的用途。卫生巾就是月经用品，当月经来临时，要用卫生巾垫在内裤上，这样就不至于弄脏了衣物。"

芸芸有些焦急地问："那我什么时候会来初潮呢，到时我可怎么

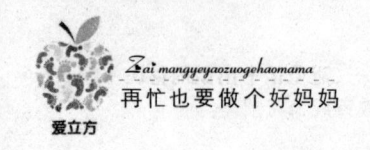

办呀?"

我说:"孩子,不必忧心忡忡、惊慌失措,这是每个女孩儿成长的必经之路,应以愉快的心情迎接初潮的来临。"

我又针对初潮,给孩子们继续上课。

在初潮前,可能会出现诸如腰酸、嗜睡、疲劳、乏力的现象,没关系,这都是正常的。不要有任何的心理负担,应充分休息、保证营养,还要避免参与剧烈的体育运动。经期应注意卫生,因为在这个阶段机体抵抗力下降,极易引起细菌感染和发烧。尽量避免接触冷水,更不能用冷水洗头、洗澡,夏天也不能。冬天要特别注意保暖。

彤彤见芸芸还是有些顾虑,对她说:"没关系的,到时候你就到我家来,有我妈妈呢!"

我说:"对,有阿姨给你当顾问,不用惊慌。"

洗了一次澡,上了一堂青春期的课。从浴室出来后,我让彤彤把她的那套书借给了芸芸,并鼓励她们互相学习,不明白的地方自然有我这个顾问呢。后来,她们都先后正式进入了青春期,由于有了充分的准备,她们都很从容,很顺利地度过了青春期。

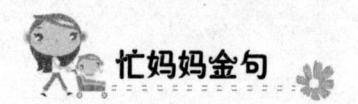

忙妈妈金句

青春期是人生的一个特殊时期,它不仅是一个人成长发育的重要时期,而且对于人生知识的奠基、性格的培养、身心的发展、道德和世界观的形成等都起着关键作用。

但无论如何,我们还是应在青春期来临之前,做到未雨绸缪,为孩子上好青春期第一课,以便孩子在面对青春期的困惑和不安时能从容应对。

后来,她们都先后正式进入了青春期,由于有了充分的准备,她们都很从容,很顺利地度过了青春期。

关于"恋爱"的那些事儿

小孩子热衷于"恋爱"和"结婚"似乎很雷人,先不要急急忙忙着去"灭火",他们只是好奇,嘴上的功夫罢了。其实,随着时间的推移,心里早就"时过境迁"了。

彤彤五岁的时候,特别热衷于参加别人的婚礼,每次参加完婚礼回来,都对新娘新郎来一番点评,有好几次不厌其烦地问起我和她爸爸结婚时的细节。在玩游戏时,喜欢扮新娘子,将家里的粉色床单披在身上,要我为她拍婚纱照,我将手做成相机状,嘴里啪啪地模仿相机拍照时的声音。而她呢,还会摆出各种造型。遗憾的是,那时我们家还没有相机,没有给她留下"珍贵"的纪念。

有一次我躺在床上同彤彤聊天,她突然问我:"妈妈,我也要结婚。"我故意逗她:"那你和谁结婚呢?"她想了想说要和爸爸结婚。我告诉她说爸爸不能和女儿结婚的,她歪着头想了一会儿,那就和小姨结婚吧。我说彤彤是女孩,小姨也是女孩,女孩只能和男孩结婚,不能和女孩结婚。她问我能和谁结婚,我说你得和一个同你差不多年龄的男孩子结婚才对。她又开始在大脑里过滤她的结婚对象,想了半天,看得出她是在作对比和权衡,最后她觉得他们幼儿园的高天宇很不错。

对于彤彤热衷于结婚,我还真很当回事,询问过许多家长,结果大家都笑着说小孩子嘛,想一出是一出,原来许多孩子都是这样的。

通过翻书我才知道,孩子在4~6岁时便会进入到一个婚姻敏感期,有些孩子则在3岁多就进入婚姻敏感期最早的初始阶段。随着孩子年龄

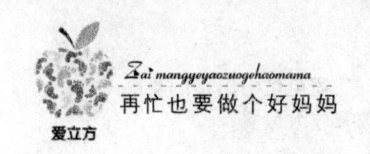

的成长，对婚姻的认识也会逐渐发展。如他最早要和爸爸或妈妈结婚的时候，还不会有年龄的认识和区分。但是再发展一段时间后，孩子突然意识到，我应该跟我同龄的人结婚，这时孩子就会在小朋友中间选择婚姻的对象。这时候的选择会是一种强行式的一厢情愿。这个时期过去后，他们开始懂得会用一些方法和技巧去和自己爱慕的伙伴交往，如果得不到对方的回应，还会痛苦。等长到五六岁左右的时候，他们便会坦然接纳这个问题，不再为不被理而感到苦恼，而是你既可以选择别人，也可以选择我，没有关系。你不选择我，我还可以选择别人。

很多家长对待孩子的婚姻敏感期不了解，认为小孩子谈婚论嫁是不道德的，是在学坏。其实，这只是孩子成长过程中一个必经的阶段。孩子在这个时期对于婚姻会有一种朦胧的向往，这些对婚姻的向往其实是转瞬即逝的，我们大可不必对其过于紧张，甚至指责、取笑孩子。应对孩子做出积极的回应，给以正确的引导。即使孩子的想法是有悖于成年人的社会规范的，也不能随便厉声喝止或视其为笑话一笑了之。否则会使孩子压抑这些想法，反而对其身心不利。

事实上，婚姻敏感期很大的成分，标志着孩子的情绪、情感是否能达到一个成熟的状态。所以，我们应该为孩子婚姻敏感期的到来而高兴，因为我们可以在这个过程中，帮助孩子建立更好的婚姻观念，为孩子建立更好的爱的观念和丰富的情绪。

彤彤在幼儿园里曾经爱慕的高天宇后来也和彤彤一起升入了同一所小学、同一个班。可是再也没有听彤彤说起喜欢过他的话。有时我故意问起高天宇的情况，她很平淡地说，学习还可以，丝毫没有曾经爱慕过他的感觉。

彤彤上中学以后，我和她爸爸对于她的每一个心理动向都暗地里十分的关注。这个年龄段的孩子正处于青春期，早恋现象比比皆是，可不像小时候那么单纯了，我们真怕她不小心误撞进去。

好在我们天天坚持早晨聊一会天再起床，小的时候总是她跑过来，现在是我到她的房间去聊。我总是有意无意地提起关于早恋的话题，她

三、避免忙中出错的秘诀
让理智教育成为习惯

说你怎么对这个话题很来劲啊,同学间交往是很正常的。我不再说话了,她想了一会儿,趴到我耳边说:"你是不是不放心你女儿呀?"我赶紧表明没那个意思,就是好奇嘛。

过了几天,彤彤回家后有些神秘地对我说,她想请她的同学王晓璇到家里住几天。这是常有的事情,我想都没想就答应了。然后我随口问:"她爸爸妈妈都出差了?"彤彤说才不是呢。"那为什么要住到咱们家呢?"她才悄声告诉我说王晓璇被一个男生追求了好长时间,被她妈妈知道了,所以就攥她出来了。

王晓璇来的时候,彤彤要求我保密,她不想让爸爸知道,所以彤彤爸爸还像以前那样招呼她们,一起聊天。

晚饭后,我们聚集在彤彤的房间,聊起了关于早恋的话题。经过王晓璇的述说,我弄明白了,所谓的早恋其实只不过是好感而已,是她的爸爸妈妈小题大做了。

彤彤爸爸在客厅里觉得我们神神秘秘的,就叩门要求参加进来。我们一商量,反正也没什么可隐瞒的,干脆移师客厅,大家一起来讨论一下,也让我们的两位小女生从男生的角度有一个了解。

彤彤爸爸听说是关于早恋的,显得有些紧张了,忙问是不是她们开始早恋了,我说什么早不早恋的,她们只是好奇,想知道男生是怎么想的。听我这样一说,他放心了,说:"那就拿我做例子吧,我上中学那会儿,我们班班长是个女孩儿,特别厉害,可是也奇怪,她偏偏对我挺好,别的男同学看着来气,就悄悄说她喜欢我。别人说得太多了,我也觉得似乎真有这么回事儿,从那以后,就越看她越觉得好看,觉得说话声音都好听。可我那时也不是一般人呢!好几个女同学都对我有好感,上学放学的总是想和我一路。"

"后来怎么样了,后来……"两个孩子迫不及待地问。彤彤更是起劲地问:"那个班长是不是我妈呀?"

她爸爸笑了,说:"她可没有你妈有福气,我们现在还是同学关系。"然后接着说:"这事儿都被你大姑看出来了。那时她已经开始参加工作了，对我特别关心，我也愿意把心里话讲给她。你大姑就对我说，大家为什么都喜欢你，愿意和你接触呀？还不是因为你学习好，又能帮助别人吗？一个人有优点，自然就让别人喜欢。你一定也有喜欢的同学，那也是因为人家有优点的缘故。我想了想，还真是这么回事，要是那女班长平时学习特别不好，还有特别多不好的习惯，别人再怎么说，我也不一定能觉得她好看。"

这时，我就接过她爸爸的话说："其实人都有这么个过程，我记得我上中学的时候，班里有个语文科代表，学习特别好，性格也特别开朗，简直就是全体女同学的白马王子，他要是帮哪个女同学拎一回书包，其他女同学都得羡慕好几天。"

两个孩子的好奇心又被吊了起来，欣喜地盯着我看。我接着说："当时也说不出什么，就是觉得他挺好的，没有想同他怎么样。"

彤彤说："我老妈也有这种感觉啊。"

我问："怎么，你没有吗？"

彤彤倒大方地说："有啊，好几个呢。"见我们有些惊讶的表情，解释道"仅是好感而已哦。"

她爸爸说："对异性有好感也是正常的，青春期的孩子都会是这样的，随着时间的推移，学习的紧张，这些都会淡出的。因为学生时期的主要任务就是学习，恋爱是更大些的时候的事情。"

她们不住地点头。

后来，我和王晓璇的妈妈见了一面，当她知道我是彤彤的妈妈时，才笑着说："我以为是那个臭小子的妈妈呢。"

我把孩子的苦恼说给她听，她也觉得把孩子撑出去是不对的。我同她讲，进入青春期的孩子有了对异性的情感，但是没有经验，大多时候还是局限于好感。这个时候，父母要想办法诱导孩子跟自己谈一些关于情感成长的事。可以把自己的经验告诉孩子，谈话一定是朋友式的建议，而不能是权威式的强压，以免孩子反感。要让孩子知道：十几岁时对异性的好感会随着年龄增长漫漫淡化，那些其实都不是真正的爱，只是青

三、避免忙中出错的秘诀
让理智教育成为习惯

春期生理逐渐成熟造成的心理萌动，一点喜欢而已。喜欢他很好，但是不代表未来，将来会有很多变数。喜欢，只代表一种认同，跟他有惺惺相惜之感。你可以把他当做自己的朋友。

王晓璇的妈妈听后直点头，有些为难地说："哎呀，我已经把孩子伤了，怕不好沟通了。"

我说："我已经替你做了思想工作，孩子在我家住了几天变化很大，她会摒弃前嫌的，保证不会记仇。"

现在想起这些事情，仿佛还历历在目。如今的家长同样还会面临这样的问题。因为现在资讯发达了，思想更开放了，孩子的视野也会更开阔。作为过来人，我建议父母们一定要民主，即使发现"苗头"时，也不要简单粗暴地训斥孩子，要平等沟通，要理解这个年龄阶段青少年的心理，青春期男女生有爱慕之情，是正常生理心理发育的表现。家长要尊重他们的感情、理解他们的感受，不要粗暴干涉，用自己的思维方式来要求孩子，这只会适得其反。

为了防止孩子早恋，在日常生活中要跟孩子搞好亲子关系，多跟他们聊聊学校的事，聊聊他们的困惑，鼓励他们多跟不同的异性交往，尽量发展正常的同学友谊。如果孩子已经与某个异性有"交往过密"的倾向，要对孩子的这种现象给一个合理的评价，坦然地同孩子谈交往中需要注意的事项，管好他们自己的行为，预防交往可能带来的伤害。可以说，"初恋"时每个人都不懂得爱情，所以家长们要注意告诉孩子这种情感生成的正常性，给孩子正常的情感成长空间。如果家长们一味地用成年人的眼光去看待孩子们发育中的稚嫩情感，会让孩子永远都不能懂得如何判断与对待真正的爱情。

忙妈妈金句

孩子在这个时期对于婚姻会有一种朦胧的向往，这些对婚姻的向往其实是转瞬即逝的，我们大可不必对其过于紧张，甚至指

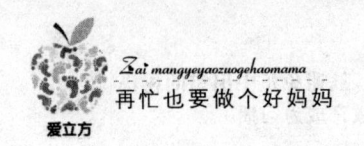

责、取笑孩子。

我们应该为孩子婚姻敏感期的到来而高兴，因为我们可以在这个过程中，帮助孩子建立更好的婚姻观念，为孩子建立更好的爱的观念和丰富的情绪。

家长要尊重他们的感情、理解他们的感受，不要粗暴干涉，用自己的思维方式来要求孩子，这只会适得其反。

要注意告诉孩子这种情感生成的正常性，给孩子正常的情感成长空间。如果家长们一味地用成年人的眼光去看待孩子们发育中的稚嫩情感，会让孩子永远都不能懂得如何判断与对待真正的爱情。

四、不能让健康等时间
身体是革命的本钱

孩子的身体总在妈妈的忙碌中被忽视,来不及做饭吃,就随便买一点将就,要么去吃快餐,甚至干脆就是方便面,孩子的营养怎么能充足呢?一不小心生了病,妈妈才知道着急,慌手慌脚不知如何是好。这才是真正对不起孩子了。身体是革命的本钱,保证孩子的身体,就要想办法保证营养的供给,还得学会应急的医疗常识。

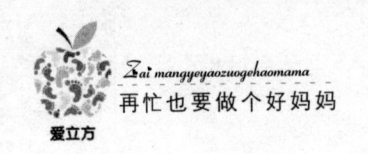

饿两顿就不用追了

孩子不爱吃饭，着实让家长犯了难。在别的父母到处追着孩子吃饭时，你加不加入进去？这是每一个做父母的都深感头疼的问题。为什么自己精心准备的饭菜不被孩子喜欢呢？怎么才能让孩子主动吃饭？解决起来异常的简单，只有一招好办法：饿上两顿，他就会乖乖地就范，胃口大开。

俗话说"人是铁，饭是钢，一顿不吃饿得慌。"吃饭是每天都要进行的，孩子正处于生长发育时期，饮食对他们来说更是生活中的大事，每一位做父母的都极为重视。

可是孩子们却不管这些，他们常常为了玩耍或没有食欲而不愿意吃饭。于是在生活中，我们常常会看到许多家长为了让孩子把饭吃下，端着饭碗，边追边喂的场景。直到把一碗热饭吃到冰冰凉，然后，再去热一下，继续操练追兵式的喂饭游戏。这种边喂边玩的方式，不仅不易于孩子的消化吸收，而且对孩子良好饮食习惯和独立能力的培养也十分不利。

记得有一次我去看望一个生病的员工，当时已经是下午两三点钟了，她孩子还没有吃完午饭。孩子拿着一辆玩具小汽车跑来跑去玩得正起劲，生病的妈妈顾不得休息，手里端着一碗面条，奶奶端了一碗汤跟在孩子身后撵着喂饭。她们见我的到来，暂时停下喂饭工作。

聊起孩子吃饭的问题，她们都显得很无奈，说近四五年来，这孩子就没有好好安生地坐在那里吃过一餐饭，总是得大人一口一口地喂。说

四、不能让健康等时间
身体是革命的本钱

着指着碗里满满一碗的面条告诉我,刚开始只是半碗,这面条越吃越多。唉,为孩子吃一顿饭简直比打仗还紧张。

当我与她们告别时,奶奶又端起饭碗在央求孩子快吃一口。

我是一个忙妈妈,可没有这么多时间跟孩子"磨"。记得彤彤小时候,也有不愿吃饭的经历。

有一次过星期天,也许是胃口不太好吧,我给她做好了虾肉小包子和粳米枣粥,她却摇摇头说我不吃这个,我要吃冰淇淋。我很耐心地告诉她,咱们家早晨只有包子和粥,早晨不能吃冰淇淋的,你如果现在不吃饭,就要等到中午12点才能吃午饭,这中间只能喝水,没有食物的。

彤彤还是坚持不吃!我说那好吧,我只好自己都吃光了。然后我当着她的面大吃特吃起来。

到了午饭时,她显然有些饿了,我只做了西红柿鸡蛋面,她也狼吞虎咽地吃得很香。

其实,吃饭是孩子自己的事情,家长最好不要"多管闲事"。否则,就会把他惯出毛病来。他不想吃饭,就不要强迫喂他,饿了自然会好好吃饭。饿上两顿也饿不坏,反而会胃口大开。

当肚子饿时人便会自然而然地寻找食物充饥,这是人类的本能。因此,妈妈们没有必要为孩子不爱吃东西而感到担心,也不要强制性地喂孩子吃。每个人都会根据自己的活动量摄取与之相应的能量,身体需要多少能量人就会本能地吃多少东西。

在咱们中国传统育儿中,喂孩子吃饭似乎是天经地义的。而有些孩子天生是犟种,就是不肯张开尊口给大人一个面子,一碗饭往往成了大人孩子的拉锯战。我们家彤彤从未享受过这样的待遇,就是在她刚学会吃饭,她姥姥帮助看护她时,我也交代给她姥姥,一定要让孩子自己吃饭,不能给她养成喂饭的习惯。她姥姥不愧是做教师的出身,还真不惯着彤彤,和我达成统一战线,不吃就收起家什。

前些年电视上有一个论坛,请的嘉宾都是妈妈,特别讨论过孩子喂饭难的问题。有的妈妈说,她家的孩子从未正经吃过一顿饭,总是边跑

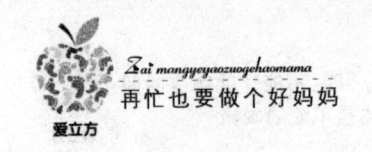

着玩，边被撵上的大人喂上一口，那个难啊。还有一个妈妈讲的更有意思，说她们家的孩子，每次吃饭时，爸爸必须在她家门前的小树上爬个来回。如果爸爸不爬树，她就会"拒吃"。节目结束时，漂亮的主持人感叹地说，真不知道这吃饭是谁的事。我身旁的彤彤十分清晰地接了一句："吃饭是吃饭那个人的事呗。"

是啊，其实就这么简单！吃饭是吃饭那个人的事，连当时只有四五岁的彤彤都能想明白，不知道为什么竟然有那么多的家长仍然陷入迷惑中，还跑到论坛上去诉苦，寻求让孩子吃饭的招数。还是彤彤姥姥说得对：小孩子不吃饭是饿得轻，饿上两顿就不用追了，吃起来保险比你还快。孩子不吃饭，不是孩子的问题，纯粹是大人惯出来的毛病。记得这话是彤彤姥姥对我们邻居老汪说的，他们家的小孙子就是一个小典型。后来老汪对我说，嘿，你妈这招数还真管用，还没饿上两顿呢，就乖乖地自己吃饭了。

吃是人的天性，这是人从生下来开始便具备的功能，为什么如今反倒成了一件令人头疼的大事呢？仔细一想，关键在于家长们过于大包大揽了，以至于把这件本应属于吃饭那个人自己的事强行变成了其他人的事。

按道理来说，在物质生活水平不断提高的今天，丰盛的饮食，可口的饭菜不应该出现孩子厌食的情况，可是孩子们却大范围地开始厌食了。究其原因，是有了大把时间和金钱的家长们对下一代过于重视了，重视到了企图包办孩子的一切本能。不管孩子胃口如何，心情如何，就知道孩子得吃饭了，你不吃我就喂。结果，孩子畏惧吃饭，没有了胃口，大人心急如焚，恐怕孩子饿着，营养上不去。

对待不爱吃饭的孩子，必要的时候不妨狠狠心，对于长期因为非疾病原因而不认真吃饭的孩子，甚至是不爱吃饭的孩子，要想将吃饭的权利还给他，并且让他主动地开始使用自己的吃饭权利，把所有的食物都收起来，让孩子饿上一饿。放心，小孩子没有宁可饿死也不张口吃饭的意志力，饿了就会乖乖坐到餐桌前的。

四、不能让健康等时间
身体是革命的本钱

孩子没有食欲还在于父母平时给孩子吃了许多零食。现在物质条件好，市场上又有许多孩子爱吃的零食，父母觉得孩子爱吃，就大量给孩子买，让孩子随便吃。殊不知这些零食大多偏甜，会大大削弱孩子的食欲。结果孩子的胃口大减，等到大人们认为应该吃饭的时候，就不顾孩子的食欲情况，硬塞给孩子吃，其结果可想而知。

另外，我们做的饭菜是不是合孩子的口味？营养搭配是重要的，但色、香、味同样要讲究。如果我们能把每一种饭菜都做得适合孩子口味，通过厨艺赢得孩子的胃口也不是没有可能的。所以，现在我们就要少给孩子吃零食，特别是糖果、饮料之类的偏甜食物。增强厨艺水平，注意营养搭配，把饭菜做得可口美味。还有一点最为关键，那就是我们要坚持住，不给孩子提供可乘之机，等孩子饿时再给他吃。

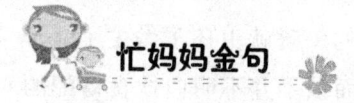

忙妈妈金句

吃饭是孩子自己的事情，家长最好不要"多管闲事"。否则，就会把他惯出毛病来。他不想吃饭，就不要强迫喂他，饿了自然会好好吃饭。饿上两顿也饿不坏，反而会胃口好些。

吃是人的天性，这是人从生下来开始便具备的功能，为什么如今反倒成了一件令人头疼的大事呢？仔细一想，关键在于家长们过于大包大揽了，以至于把这件本应属于吃饭那个人自己的事强行变成了其他人的事。

对待不爱吃饭的孩子，必要的时候不妨狠狠心，对于长期因为非疾病原因而不认真吃饭的孩子，甚至是不爱吃饭的孩子，要想将吃饭的权利还给他，并且让他主动地开始使用自己的吃饭权利。

小孩子没有宁可饿死也不张口吃饭的意志力，饿了就会乖乖坐到餐桌前的。

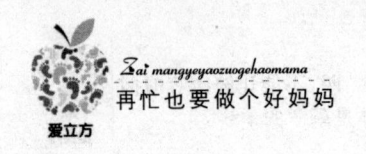

我的午餐盒里有彩虹

忙妈妈最大的遗憾莫过于不能与孩子一起吃午饭，而午饭又是一天中最重要的一顿，起着承上启下提供营养的作用，可以说是黄金餐。那么，如何为孩子安排一顿既营养全面又美味诱人的午餐呢？

现在的许多职场妈妈，贪图省事，孩子的午餐就由孩子做主了。于是干脆给孩子钱，让他们到外面自行解决。而孩子并不明白饮食搭配的重要性，只知道什么方便来什么，什么爱吃就吃什么，经常是各类快餐轮流打发。至于营养是否均衡，是否够用全然不去考虑。还有一些家长把孩子送到"小饭桌"去吃大锅饭，既解决了孩子的午饭，又有专人接送孩子。

如今的妈妈着实想得开，彤彤小的时候，我却从来没有让她中午去对付着吃午餐。因为孩子正在长身体，需要的营养很多，太单调的饭菜，特别是一些快餐营养达不到，热量却奇高，把孩子都吃成了小胖墩，营养愣是没跟上。由于高脂肪高糖量的摄入，导致下午上课无精打采，影响了学习效果。

我用五彩斑斓的便当盒保证了孩子身体的充足营养，而这做起来并不复杂。自己配制的午餐营养均衡，利于吸收。

彤彤之所以爱吃我做的饭菜，除了厨艺外，她的参与也是一个重要的因素。彤彤长大后能做一手拿得出的菜，与当年的这种参与有很大的关系。

四、不能让健康等时间
身体是革命的本钱

有人说，上班族妈妈哪有时间给孩子做丰富的午餐，这在时间上都是一个矛盾。这个问题其实很好解决。我那时是这样安排的，头一天晚上下班回来的路上，到菜市场采购新鲜的蔬菜、水果、肉类及豆制品，做晚饭时将第二天需要的材料准备好，如将蔬菜择洗干净，将肉类洗净、切好。第二天做早饭时，就把这些一并做好了，孩子上学前装到便当盒里带到学校，中午到食堂一热，就可以吃了。

你也许认为每天给孩子这么做饭，多麻烦呀！可是，这保证了孩子的营养需要，比起那些由于营养不良而导致孩子肥胖、瘦弱，或其他疾病的例子来说，这样的麻烦可以说实在是个小 case。

千万不要认为孩子午餐对付一下，晚餐补充好就行了。孩子的午餐是十分重要的，经过一个上午的学习和活动，孩子大都会感到肚子饿了，午餐是补充孩子一个上午活动所消耗、生长所消耗、代谢所消耗的能量，是不能简单对付的。否则营养跟不上对孩子身心发育都有很大影响。还由于午间孩子的胃口一般处于最佳时间段，出奇的好，午餐就更需要从质量上和数量上都要有一定的保证。

我在制作午餐便当时，总是力求色香味一应俱全。因为对于小孩子来说，美丽的色彩和图案可能会更吸引他们的眼球和胃口。

记得一九九七年香港回归倒计时时，我特意给她做了一个带有紫荆花图案的便当。底下是一层白米饭，米饭上面是一层红红的西红柿泥，用紫甘蓝制作的花朵安放在中间，在每一个花瓣上按上炒过的鸡丝肉，便当盒边又来一圈由苹果组成的黄边。其实就是米饭、炒鸡丝和炒西红柿、凉拌紫甘蓝配上苹果。如果图省事，随便往便当盒里一装就完事，那么午饭对于孩子来说，可能仅仅是按部就班地吃。但是，只要多费三分钟的工夫，精心装点一番，效果就大不一样，变成了艺术品。这样的午餐，在孩子看来，填饱肚子的同时，更是在享受美味。

果然，彤彤的紫荆花便当受到了大家的喜爱。同学们像欣赏艺术品似的，赞叹不已，最后大家分吃了彤彤便当盒里的"艺术品"，彤彤自然也吃了百家饭。

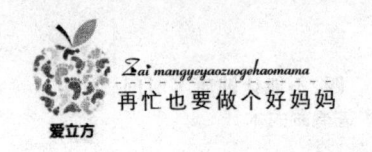

从那以后,彤彤比我还热心,头一天就用彩笔画出图案,然后根据图案去配制各种材料。一次偶然的创意,竟有了出其不意的作用,从那以后我们把做饭当成了一种乐趣、试验田,并乐此不疲。

想想看啊,那些各种寻常的蔬菜、水果、副食品、粮食,经过简单的"艺术"加工,不但变得好看起来,吃起来也是别有一番滋味,营养还丰富均衡,别说是孩子喜欢,就是大人也很喜欢。许多偏食和挑食的孩子,由于受到美丽图案的诱惑,还能改掉偏食和挑食的毛病!

有一次天刚下过雨,美丽的彩虹就横跨在湛蓝的天空,在更上方一些是金灿灿的太阳,我和彤彤不约而同地想到,要把美丽的彩虹做到便当盒里。于是,我们用蛋黄做太阳,用七彩的蔬菜拼摆了一道美丽的彩虹。结果彤彤把饭带到学校里,引起了轰动,连老师都惊叹不已,许多学生都不想去吃快餐了,纷纷要求妈妈们给他们做好看又好吃的便当。为此,彤彤还写了一篇《我的午餐盒里有彩虹》的作文,该作品参加了全学年的作文评比,获得了一等奖。

给孩子制作午餐便当,最关键的是食物品种要齐全,能够供给孩子所需的各类营养素,荤素要搭配好。所选用的蔬菜和水果最好是时令鲜蔬果,也就是说,什么大量上市了就吃什么,反季蔬菜水果最好不要用。谷类食物是不可少的,隔三差五的适当配点粗粮会使营养更丰富和均衡。俗话说"米面配豆,赛过吃肉",所以午餐中的主食可经常用杂豆饭代替普通的白米饭。你最好每周给孩子制订一个菜谱,综合考虑孩子的营养需要。

当然,除了从营养的角度来考虑外,厨艺也是一个不可缺少的因素。为了吸引孩子眼球,颜色必须要鲜艳。形状是决定图案的主要要素,除了传统的切丝、切片、切丁,还可以试试五角星、圆锥体、三角形或心型、圆环之类的形状。如把鸡蛋煎成桃心、小熊、太阳状。摆放有趣更是加分之举,把饭菜摆放成动画片里的人物、花草、动物的模样,远比随便把各种食材乱放在一起好得多。另外,做好后往便当盒里盛菜的时候,最好不要把过多的汤汁带入便当中。这些汤汁含佐料多,热量高,

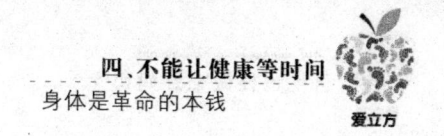

营养价值却偏低,而且还会影响便当的整洁美观,使你精心设计的图案变形变色。

午餐是黄金餐,要想让孩子有一个好身体,妈妈们不妨在午餐便当盒里多下下工夫吧。在保证孩子营养的同时,说不定你还能练就成大厨兼美食营养家呢。

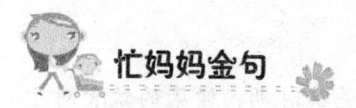

忙妈妈金句

孩子正在长身体,需要的营养很多,太单调的饭菜,特别是一些快餐营养达不到,热量却奇高,把孩子都吃成了小胖墩,营养愣是没跟上。由于高脂肪高糖量的摄入,导致下午上课无精打采,影响了学习效果。

我在制作午餐便当时,总是力求色香味一应俱全。因为对于小孩子来说,美丽的色彩和图案可能会更吸引他们的眼球和胃口。

如果图省事,随便往便当盒里一装就完事,那么午饭对于孩子来说,可能仅仅是按部就班地吃。但是,只要多费三分钟的工夫,精心装点一番,效果就大不一样,变成了艺术品。这样的午餐,在孩子看来,填饱肚子的同时,更是在享受美味。

午餐是黄金餐,要想让孩子有一个好身体,妈妈们不妨在午餐便当盒里多下下工夫吧。

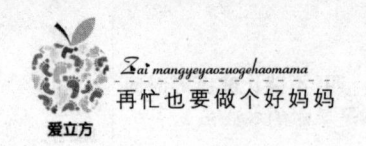

圆肚子不像垃圾筒

孩子正处于身体成长发育的关键时期，健康的饮食对于孩子尤为重要。在令你眼花缭乱的各种食品面前，妈妈要擦亮眼睛，孩子的肚子可不能像个垃圾筒，可以任由将垃圾食品随意丢入其中。

近来从报纸上看到有关食品安全的报道，许多外表好看，内在质量极差的垃圾食品被大量曝光。不要说那些什么便利零食了，就是猪肉都有害人的瘦肉精，奶粉里含有三聚氰胺。真的了不得了，能入口的东西真的不多了。可是，作为非专业的平民百姓，怎么能有孙悟空的火眼金睛，一眼就能看出哪些食品不能入口。精美的包装，虚假的广告，促销人员的热情推介，真叫人难以分辨。如果孩子再一哭闹，来吧，那些垃圾食品就被大包小包带到了家中，孩子变成了"垃圾桶"，快乐地吃下一肚子垃圾。

小孩子一般都喜欢吃零食，尤其是一些高热量、高脂肪、多糖的食品，这些食品有的还添加了色素、防腐剂等添加剂，对身体百害无一利。

彤彤小的时候看别的孩子吃这些垃圾食品时，也流露想要吃的欲望。我们的原则是，可以品尝性地吃一吃，但不能经常吃或当饭吃。一般情况下，周末的时候一家人出去郊游，选上几样零食带在身边，游玩累了，坐在一起，边休息边吃些零食，让彤彤各样都尝一尝，然后品评一下，我们就零食的生产、质量、营养等方面进行一番评论，当孩子知道一些"三无"产品的生产过程时，也觉得这些口感好的零食不卫生了。然后再从营养的角度探讨，这些通过多道工序加工的食品营养流失有多大，而新鲜的食材做出的食品营养有多大。通过这些对比，彤彤对这些美丽的零食也就没有那么向往了。

女孩子一般都爱美，彤彤八九岁时，就知道臭美了，主要表现在穿衣服上。我就告诉她，衣服和身材有很大的关系，如小胖墩，穿什么衣服也不如苗条些的孩子好看。她也这么认为的，为此我又把话题扯到饮食习惯上，给她讲高热、高糖、高脂肪食品的危害，是催肥小胖墩的主要推手。她对那些垃圾食品就更敬而远之了，什么薯条、炸鸡腿、牛排很少要求去吃。有一段时间受我的健康观影响，她也成了小营养师，还给同学们讲垃圾食品的危害，劝他们少吃。对一些爱吃肯德基、麦当劳或甜食的小男生的不屑和奚落，她还哭过鼻子。嘴里狠狠地说，等你们成了小胖墩就知道了。

当然，我们这里所说的零食不包含水果、乳制品以及花生、葵花子、核桃等干果这样的健康食品，而是指那些添加了许多化学添加剂的高热、高糖、高脂肪的垃圾食品。在孩子的成长过程中，一点零食不吃也不现实，毕竟零食有娱乐功能，有调剂口味的作用。只要孩子不养成贪恋零食的习惯，偶尔品尝一下也大可不必危言耸听。但如果孩子养成经常或大量吃零食的习惯就要注意了，如含高糖分、色素、香料的甜食、巧克力、糖果、汽水、可乐等，孩子吃多了血糖会很快上升，影响食欲及正餐的摄取。久而久之，孩子会变得瘦弱、脸色苍白、胃肠不好，对健康的影响很大。孩子一旦吃了零食又吃正餐，则很容易发胖。将对孩子以后的智力、体能发展，有很重大的影响。

垃圾食品对人体的危害太大了。如油炸食品中含有致癌物质并很容易造成肥胖；可乐汽水类饮料含糖量大得惊人；以方便面带头的方便食品，含盐量大，热量高，且没有一点营养。如果这些食品成为餐桌主流，身体还能健康吗？

为了不让孩子的肚子成为"垃圾筒"，我们还是要回归到传统的饮食习惯上来，要多吃些新鲜的蔬菜、水果、豆类、奶类等健康的卫生的

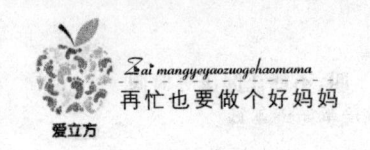

食品，保证饮食多样化，只要均衡调配饮食，就可以减轻或避免垃圾食品对身体的危害。

孩子健康聪明，是所有父母的终极目标。要想孩子长得高、长得快，聪明伶俐，我们不妨从给予孩子健康食品着手，在饮食上注意食物的性味平衡，营养全面均衡，使各种营养既不能缺乏，也不可摄入过量。

为孩子打造均衡饮食应从以下几个方面来考虑：

1. 常以五谷杂粮为主食

主食是碳水化合物的主要来源，应占每日食物总量的55%左右，所以主食是不可缺少的。碳水化合物是孩子生长发育能量的主要来源，应给孩子吃些全麦面包、糙米饭，还有以玉米、小米、豆类为主的主食也含有丰富的碳水化合物。这些食物含有丰富的维生素B族，对促进孩子的生长发育大有裨益。

2. 新鲜蔬菜必不可少

蔬菜是人体必需维生素和矿物质的重要来源，如丰富的胡萝卜素、叶酸、维生素B族、烟酸、膳食纤维、钙、铁等营养素。中医强调"五菜为充"，蔬菜是孩子生长发育必不可少的，每天都要吃的。

3. 水果和坚果是孩子最好的零食

水果对于孩子身体健康是有帮助作用的，水果中维生素A、B_1、C含量较高，有助于身体的发育。以核桃、榛子、杏仁、腰果、花生、芝麻等坚果和种子为主的坚果是益智食品，对大脑发育作用很大。

4. 营养全面的禽蛋类和乳制品

蛋和乳制品是全营养品，它们含有丰富的蛋白质、氨基酸、钙、磷、维生素A、D等，对儿童增高极为有利。

5. 美味海产品帮助孩子成长

海产品富含蛋白质、钙、磷、碘、钾等微量元素，鱼类的蛋白质含有人体所需的九种必需氨基酸，这些蛋白质约有87%~98%皆可被人体所利用，有助于孩子身体和大脑的发育。如沙丁鱼、鱿鱼、金枪鱼、三文鱼等比较适合食用。钙、碘、钾、硒、镁主要在虾皮、海带、紫菜中。

6. 食用菌提升孩子免疫力

香菇、蘑菇、木耳等菌类，含有丰富的蛋白质、脂肪、糖类、钙、磷等营养成分，滋味鲜美，有较高的食用价值。其味道与海鲜相似，荤素兼宜，堪称素中有荤的山珍。经常食用可加强孩子肌体免疫、增强机体抵抗能力。

以上这些均是健康食材，是每天都应该为孩子考虑到的。通过妈妈的妙手，为孩子烹制出美味可口的营养餐，使孩子的营养达到均衡，从而保证孩子健康茁壮成长。

对于那些爱吃垃圾食品的孩子，妈妈一定要通过各种方法来巧妙地改变这一习惯。让孩子远离垃圾食品，才能使孩子走近健康。

忙妈妈金句

在孩子的成长过程中，一点零食不吃也不现实，毕竟，零食有娱乐功能，有调剂口味的作用。只要孩子不养成贪恋零食的习惯，偶尔品尝一下也大可不必危言耸听。

为了不让孩子的肚子成为"垃圾筒"，我们还是要回归到传统的饮食习惯上来，要多吃些新鲜的蔬菜、水果、豆类、奶类等健康的卫生的食品，保证饮食多样化，只要均衡调配饮食，就可以减轻或避免垃圾食品对身体的危害。

孩子健康聪明，是所有父母的终极目标。要想孩子长得高、长得快，聪明伶俐，我们不妨从给予孩子健康食品着手，在饮食上注意食物的性味平衡，营养全面均衡，使各种营养既不能缺乏，也不可摄入过量。

让孩子远离垃圾食品，才能使孩子走近健康。

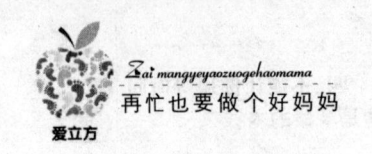

有享不了的福没有受不了的苦

> 如今的孩子都生活在蜜罐里，都不知道什么是福了。不妨让孩子吃点苦头，给他们的甜腻腻的"胃"清清火，泄泄毒，使之重新恢复正常的运转功能。

现在生活条件好了，许多父母总怕亏了孩子，好东西由着孩子吃，好穿的尽量往孩子身上招呼。什么生猛海鲜，大鱼大肉天天不断。在穿戴上，总怕孩子冷了，即便孩子都捂得满身是汗了，也要让孩子穿的里三层外三层的。结果事与愿违，孩子的身体并没有想象的那么健康，甚至是越补越差，越捂孩子越怕冷，由此引发一系列的健康问题。

俗话说"有享不了的福没有受不了的苦"，对小孩子没必要那么娇惯，温室的花草是经受不住风霜雨雪的考验的。前几天一个很富有的朋友家的孩子住院了，起因是吃多了海鲜，胃肠消受不了，闹起了怠工。我赶到家里去看望，朋友拉着我的手叫苦，说这孩子从小就爱闹毛病，你说我家这条件，要什么有什么，从没有亏过孩子什么，怎么这身体就这么弱呢？

我老实不客气地说："这都是钱闹的！"

她不解地睁着大眼睛看着我。

我说："就拿孩子的胃肠来说吧，你天天给孩子供着生猛海鲜，大鱼大肉，还有什么高级补品，孩子又不知道节制，小小的胃怎么能招架的了？"

她有些困惑地说："这不都是有营养的东西吗？"

四、不能让健康等时间
身体是革命的本钱

我说:"远没有萝卜白菜营养价值高,你的那些高级的东西起码一点都不是新鲜的东西,其营养肯定就打折了吧?这还不算,生猛海鲜,大鱼大肉都是高热量,高脂肪的,这些东西吃多了,明显对身体有害。还有那些高价买来的营养补品,里面含有多少有营养价值的成分?"

对我的这些看法她虽然没有反驳,但看得出她保留自己的看法。我也不想强求她放弃自己的生活观念。

我对她说:"咱们小的时候,吃的是粗茶淡饭,萝卜白菜,零食想都没有想过,可是我们哪个身体素质差?反而是几个干部子弟,整天吃好的喝好的,身体不如咱们。"

她想想后点点头。

我继续说:"为什么现在人群里富贵病多了起来,还不是那些好吃好喝闹的。你家孩子总是闹病,与你的生活观和生活习惯有很大的关系。其实,高质量的生活并不意味着大鱼大肉,而是营养均衡。再好吃的东西吃多了,对身体也是有害的。"

从朋友家里出来已经很晚了,在大街上走过,街道两旁的酒店依然灯火辉煌,高朋满座。大街上的大排档也异常火爆。可我一点也不愿意去凑这个热闹,不如回家吃清淡饮食来得实在、舒服、健康。

物质条件好了,生活水准提高了,这是好事情。但是,条件好了,更应该考虑健康的问题。在养育孩子方面,尤其不能掉以轻心。

在饮食上好东西不可多用,以免过犹不及,应粗细搭配、清淡饮食,还要注意保持孩子的食欲,不要让孩子将喜爱吃的食物一次吃得过多,以防暴食后的伤食伤胃。我的原则是粗茶淡饭加清水,能养出健康好孩子。为什么这样说呢?首先,美味大餐多以肉类构成。热量高,却缺少各种维生素和微量元素,不利于孩子发育。而粗茶淡饭等清淡饮食虽然口味上不那么厚重,可是人体所需要的营养全面均衡。只要在厨艺上多下些工夫,孩子同样喜欢吃。大鱼大肉可以作为一种调剂,适当进食。

有些孩子把零食当饭吃,把饮料当水喝,结果身体瘦弱不堪。其实,不给孩子过多的零食,少给孩子喝饮料并不等于不给孩子好的饮食。白水养人粗粮健康，这些东西也可以做成美味，也可以让孩子爱吃。在彤彤小时候，我经常将玉米、大豆、小米作为主料，做成杂粮饭、小米枣糕，既有营养，口感也很好。还有用冰糖、莲子、百合、银耳、山楂、红枣、苹果、鸭梨等调制饮料，孩子也同样爱喝。

中医学强调：若要小儿安，常带三分饥和寒。对于孩子的饮食，要综合安排，不要让孩子暴饮暴食，饿着点没关系，吃七八分饱更利于健康。忙于职场的妈妈不要总觉得孩子跟着自己受了委屈，就一味地满足孩子的所有要求。其实，吃好不等于吃出健康，孩子健康比吃得痛快更重要。

说完了吃，我们再说穿。在穿戴上有些父母总担心孩子穿得太少，冬天自不必说，把孩子裹得像个粽子似地，就是炎热的季节也要关照孩子多穿些衣服。古人的"三分寒"是有一定科学道理的。

孩子本身是纯阳之体，再加上活泼好动，若给他们穿得太暖，不仅易滋生内热，还容易出汗受凉，反而使孩子更容易感冒。其实，孩子的四肢并不怕凉，如若要"捂"的话，适当注意腹背保暖就可以了。

有一次我去表弟家，大夏天的，四五个月的小表侄穿得整整齐齐。我进门时，孩子正躺在床上哇哇大哭，哭得满头是汗，汗和眼泪掺和在一起，弄得孩子都成了小花脸。孩子水也不要，奶也不要，伸出小手把玩具打到一边去。他俩以为孩子身体哪里不舒服，检查了半天还是没发现什么。正在不知所措时，见我来了，想请我看看孩子是不是生病了。我抱过大哭的孩子，感觉从孩子身上有一股热气扑来，摸摸小家伙的头，并没有发烧。我三下五除二就把孩子扒个精光，拿过一件小背心给孩子穿上。小家伙立即止住哭声，高兴地玩了起来。

弟媳担心孩子着凉，我告诉她，人体有自我调节温度的功能，给孩子捂这么热，容易捂出肺炎来。孩子感觉冷了，自然会用哭声通知你。看你们把孩子热的，他不大哭怎么办，自己又不会用语言来表达。要想知道孩子冷热，一是看天气，二是常用手摸摸孩子的后脖子。因为脖子后面可以比较准确地反映出孩子的温度。孩子浑身都是汗了，你们还继

四、不能让健康等时间
身体是革命的本钱

续捂着他,孩子当然抗议了。

照顾孩子也是一门大学问,吃的、穿的、住的、用的,方方面面都要为孩子考虑周全,以免不恰当的养育方式危害了孩子的身体健康。

就拿空调来说吧,现在生活条件好了,几乎家家都安装了空调,所以在夏天,孩子们的户外活动越来越少。有的家长怕孩子热着,整天把孩子关在空调房间里,结果孩子抵抗力越来越差,还常常出现感冒、发烧甚至呕吐等现象。这是因为空调房间多为相对封闭的环境,在这种环境中,灰尘、烟雾、病菌、及人体呼出的废气不断增加,氧气含量不断降低,于是空气质量越来越差。病菌增多后,人体会出现供氧不足,免疫力下降,这时各种细菌病毒很容易乘虚而入。所以,空调虽然带来了感官享受,却是要以孩子健康为代价的。

随着私家车的增多和普及,加上交通便利,许多孩子出门常以车代步,进门就看电视、玩电脑,很少活动。身体得不到适当的活动,导致孩子肥胖率的上升和体质水平的下降。缺乏运动的孩子还将会导致智力下降。因为运动不仅对人体心脏血液循环系统有重要作用,还密切关系到人们的智力水平。长期缺乏运动的孩子容易造成运动性损伤,肌肉也会慢慢松弛,体力下降,精神不振,器官功能减退,抗病能力减弱,甚至引发多种疾病。

孩子固然是家里的宝贝,呵护孩子也要讲科学,条件好了,不代表能照顾好孩子。过多的呵护与娇宠不仅无益,反而不利于孩子的身心健康。不妨让孩子"吃点苦",多让孩子经经风雨,这样的孩子才能更强壮、更健康。

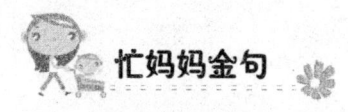

忙妈妈金句

高质量的生活并不意味着大鱼大肉,而是营养均衡。再好吃的东西吃多了,对身体也是有害的。

忙于职场的妈妈不要总觉得孩子跟着自己受了委屈,就一味

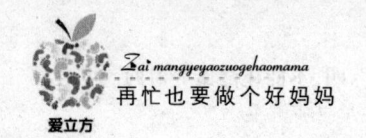

地满足孩子的所有要求。其实，吃好不等于吃出健康，孩子健康比吃得痛快更重要。

孩子固然是家里的宝贝，呵护孩子也要讲科学，条件好了，不代表能照顾好孩子。过多的呵护与娇宠不仅无益，反而不利于孩子的身心健康。不妨让孩子"吃点苦"，多让孩子经经风雨，这样的孩子才能更强壮、更健康。

走,让我们打球去

> 运动是促进身体健康的重要途径,动起来的身体才更健康,运动不仅给孩子带来无穷的活力,促进孩子的身体成长,还能使孩子的智力得到超长的发展。并且省却父母很多不必要的烦恼。

当今都是一个孩子,每一位父母都非常重视孩子的健康问题。一提到增加孩子的免疫力,父母们首先想到的是饮食调理,甚至是把各种营养补品和保健品列在第一位。而对强身健体最为有效的运动却往往忽略了。其实,对于处在成长阶段的孩子来说,合理的运动即是最好的"补药"。运动不仅为孩子的健康增加了重重的砝码,还对增强孩子智力发展和心理健康有很大的帮助。

小星是我的邻居,可以说他成长的每一天我基本都在看着,每天都有爷爷奶奶和爸爸妈妈的呵护,在同城居住的姥爷姥姥也时常过来陪孩子,他简直就是一个"小皇帝"。按理来说,如此好的家庭条件,孩子的身体该是很棒的。可事实是这个孩子三天两头地闹毛病,是名副其实的"小病号"。

有一天小星又住院了,他妈妈很晚才从医院回来,看见我和彤彤在小区广场的灯光下打羽毛球,羡慕地说,你家孩子身体真棒。我停下来和她聊天,听完她的一大堆苦恼后,我建议她多让孩子运动一下。她说孩子身体本来就弱,再去做运动,孩子不是更累着了?

我看着彤彤用球拍在不停地颠着羽毛球说:"其实,孩子适当运动一下更利于茁壮成长。体育运动不仅能增强孩子的体质，促进机体健康发育，而且能较大限度地开发孩子的潜能。因为运动能使孩子骨骼强健，肌肉发达，促进身体健康发育。运动还能加速血液循环，促进新陈代谢，为大脑提供高质量的营养，使头脑更灵活，从而促进智力的发展。孩子加强体能锻炼后，可以让身体得到'释放'，使孩子更加充满活力。"

看她一副若有所思的样子，我委婉地问："你家小星从出生到现在，很少有自己活动的时候吧？"

她点点头。

我说："其实，孩子也想自己去疯上一阵子。"

她说："孩子还小，才七岁，总是担心他的安全。"

我说："我家彤彤你是看到的，五岁的时候我们就在这里打羽毛球了。"

她笑着说："可不，那时她只能发一次球或接一下，动作可滑稽了，我怀着孩子时经常看你们在'表演'，真逗！"她笑了一会儿，"现在彤彤却不同了，我看球技超过了你。"

我告诉她，彤彤现在是学校羽毛球队的种子选手，游泳也获得过冠军。

彤彤的皮实劲儿令她好羡慕。

彤彤身体状况一直很好，并非是我们幸运，而是适当让她锻炼的结果。早在她还在襁褓里时，我就每天通过抚触帮助她运动，等她能爬时，我只是关注她的安全问题，任由她爬来爬去。到会走路后，我就很少长时间抱她了，尽管走得很慢，也让她自己去走。从来没有为少些麻烦而限制孩子活动的想法。三岁的时候诸如抓球、拍球啊，踢球啊是她的经常项目，在玩耍中无形地锻炼了身体。再大一些时，只要有时间我就陪她散步、跑步、游泳。我们还从她爷爷家把她爸爸小时候玩的铁环拿来，带她在小区广场上玩滚铁环的游戏，这在当时成了一道风景。

彤彤第一次打羽毛球是在四五岁的时候，那时她手劲小，只能双手握拍，我发球她接球，后来锻炼得能单手挥拍，用另一只手发球。尽管

四、不能让健康等时间

身体是革命的本钱

动作笨拙,甚至有些滑稽,但我们始终很投入。这项运动成了她的最爱,使她成为了学校的羽毛球种子选手。

当年我之所以选择羽毛球作为重要的运动项目,主要是考虑到成本低,不太受场地限制,又是两个人对玩,可以密切亲子关系。后来看到一篇心理学家的一篇文章才知道,打羽毛球是迄今为止最好的"亲子互动"之一。

羽毛球运动带给孩子身体发育的好处还真不少。在打球时,回高球的动作相当于芭蕾的向后引臂,令颈椎与脊椎处于放松状态,这对长期伏案写字的孩子来说,不仅可以预防脊椎压力过大造成的抑制长高后果,对颈椎病的防范也有莫大的好处。为了能准确回球,人的大脑需快速做出反应,所以还可以使孩子头脑反应灵活。同时,在连续不断的击球回球中,眼球中的关键部分如睫状肌、晶状体和悬韧带都能得到锻炼,这对锻炼孩子的眼睛也十分有益。从那以后,我只要有闲暇时间,就爱和她去打羽毛球。"走,打球去",成了我们运动的号角。有时,只要我们想出去运动,都习惯说这句话,成了口头禅。尽管可能是散步、游泳或是其他什么运动。

彤彤从小到大,长得结实,应该与这些运动有很大的关系。许多孩子从小学读到大学,多数眼睛都成了"问题",而彤彤读完大学,参加工作体检时,眼睛都达到了1.0以上。身体素质超好,不胖不瘦,脸上永远是健康的光泽。

现在的孩子,由于缺乏足够的体育锻炼,大多数体质比较弱,抵抗疾病的能力也特别差。在家里,孩子基本上就是小公主、小皇帝,衣来伸手饭来张口,对于最简单的家务活甚至从来没做过。当完成学习任务后,他们一般就是坐在电脑前上网、打游戏,或者是看看动画片、看看书,很少有活动的时间。慢慢地,在运动方面,孩子也有了一定的惰性,身体素质也下降了。

运动可以为孩子提供大量的"生长维生素"。爱孩子,就应该让他多运动,动起来的孩子才更健康,更可爱。我们不妨让孩子用丰富多彩

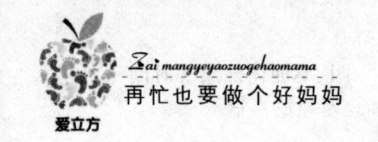

的运动代替各种营养补品，同时给予孩子技术上的指导和心灵上的支持。如陪孩子一起运动，一起观看体育比赛，用竞赛、合作、奖励等方法来激发孩子的兴趣，支持孩子的运动，鼓励孩子的信心。定期带孩子一起去进行打球、游泳、溜冰、爬山、长距离散步等户外体育运动。

当你准备让孩子开始动起来时，可以根据孩子的不同情况为孩子选择不同的运动方式，让孩子"有的放矢"做运动。既要结合孩子的兴趣，还要结合孩子的性格特征。这样能使孩子在身体、心理素质上获得"双丰收"。如对于好动合群的孩子来说，慢跑、骑自行车、射击是更加适合的运动，因为它们可以培养孩子的耐心和意志力。而对于比较内向好静的孩子来说，球类、接力赛等则可以锻炼孩子团队合作以及沟通交流的能力。对于不够自信的孩子来说，跳绳、俯卧撑等简单的项目则可以帮助孩子较快地感受到成功和满足感。

当然，要求孩子养成运动的习惯只是简单地布置任务是不行的，家长要积极配合，再忙也要挤出时间和孩子一起坚持锻炼，以使孩子逐渐养成运动的好习惯。

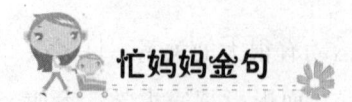

忙妈妈金句

对于处在成长阶段的孩子来说，合理的运动即是最好的"补药"。运动不仅为孩子的健康增加了重重的砝码，还对增强孩子智力发展和心理健康有很大的帮助。

在生活中，孩子的运动真的不可缺少，我们应该像重视孩子学习一样去关注孩子的体育锻炼。

从小培养孩子的运动兴趣和习惯，会让孩子受益终身。爱运动的孩子，不仅体质强壮，而且常常也是判断事物的能力和解决问题能力都比较强的孩子。

运动可以为孩子提供大量的"生长维生素"。爱孩子，就应该让他多运动，动起来的孩子才更健康，更可爱。

四、不能让健康等时间
身体是革命的本钱

我家有个赤脚郎中

孩子总是喜欢光着小脚丫在地上跑来跑去，并乐此不疲。这让妈妈几多烦恼几多愁。殊不知，这是孩子的天性，它使孩子感到无拘无束，对孩子的好处还真不少呢！

我家楼上住着一对年轻的小夫妻，他们的孩子也就是三四岁的样子，总喜欢光着脚丫在屋子里跑来跑去。我经常听到小家伙咚咚地跑动的声音，他的妈妈却很苦恼，有时在院子里碰到，她赶紧向我表示歉意："孩子跑来跑去弄出的响声太大，影响你们休息了。"

我说："你别说，我就喜欢听孩子跑动的声音，孩子不跑动时，我还挺想的呢。"

她听后笑了，说起孩子光脚丫的事，苦恼得不行，说："这孩子，就喜欢光着脚丫跑来跑去，每天给他无遍数地洗脚丫，把袜子给他套上，就赌气脱掉。鞋子就更不喜欢穿了。都说凉气从脚上起，真怕他着凉生病。"

我劝慰她说："小孩子都这样，我家彤彤小的时候也喜欢光脚丫到处乱跑。孩子生命力旺盛，得不下病的。"

她听我这样说，担心少了点。

我告诉她："对小孩子来说，只要地上没伤人的东西，打赤脚其实更好，可以帮助肌肉发育，帮助皮肤呼吸。特别是一些脚爱出汗的孩子，脚丫一天到晚闷在鞋里，鞋内又潮湿又闷，感觉很不舒服的。"

她担忧孩子光脚丫会生病。

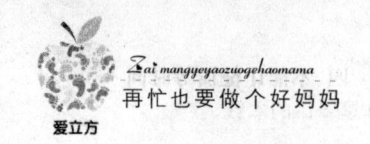

我告诉她："我们彤彤小时候喜欢光脚丫，我也有这样的担心，后来看书才知道，孩子经常赤足行走，可以调节机体内的许多功能，让孩子感到轻松愉快，同时还可以预防感冒、神经及心血管系统疾病呢。"

她感兴趣地催促我继续说下去，我也乐得将自己脑子里的这点儿"学问"抖搂给她，"在人体的脚上，汇集了6条经脉的66个穴位，并且有许多与内脏器官连接的神经反应点。孩子经常赤脚活动，能为脚部带来适当刺激，有利于促进全身血液循环和新陈代谢，并有调节植物神经和内分泌的功能，可大大提高机体对外界变化的适应能力。同时，赤脚运动对脚趾、脚掌心等部位也是一种良好的穴位按摩，能帮助孩子消化，强壮骨骼，使孩子耳聪目明，还可以治疗尿床、腹泻、便秘、积食等好多疾病。"

她说："没想到这里面还有这么多学问，这不等于家里有个赤脚郎中嘛，孩子自己能预防疾病。"

我说："还不止这些呢，孩子经常赤脚活动，可以刺激并兴奋密布于脚底的神经末梢感受器，通过中枢神经的反馈作用，发挥调节包括大脑在内的器官功能，能提高大脑思维的灵敏度和记忆力。孩子赤脚的最大贡献在于能健脑益智，提升孩子的智力水平。"

这时，孩子的爸爸把孩子领了出来，她妈妈赶紧把孩子拉过来，正好我们院里有人家做装修，有一堆沙子堆放在那里。她把孩子的鞋了、袜子都脱掉，将孩子往沙堆上一放，说："宝贝儿，尽情地玩去吧。"

孩子高兴得乱喊乱叫，玩得不亦乐乎。

看到他们的孩子如此高兴，我又想起了当年我和彤彤玩赤脚大仙的游戏，草坪、沙滩、操场、地板、床铺都是我们赤脚活动的好场所，玩法也很多。下面这些小游戏都是我和彤彤当年玩过的，有趣不算，还能起到锻炼健身的作用，你也不妨和孩子经常玩玩。

（1）我和彤彤将各色塑料环套在一个小棍上，我拿在手中，转动小棍将圆环甩出去，彤彤便赤脚追赶在地上滚动的圆环，一个一个捡回来后，再套在小棍上，新一轮的游戏又开始了。这种游戏可以选在较宽阔平整的场地上进行，事先要将场地打扫干净，避免地上的小石头和玻璃碴弄伤孩子的小脚丫。在和孩子一起玩游戏时，大人也要光着脚丫，彻底同孩子打成一片。

（2）捡花片的游戏也很好玩，将彩色皱纸折成一个个花朵，大人手握花朵向高空扬起，来个"仙女散花"，让孩子赤脚跳起去接落下来的花朵，然后再去捡落在地上的花朵，放到篮子中，可重复数遍，直到孩子尽兴为止。

（3）买一个较大的吹起的气球，让孩子赤脚边踢边跟着向前走，可锻炼眼和脚的协调能力，锻炼孩子的大脑。因为孩子在踢球时，眼睛既要看到气球，还要注意路面情况，大脑需作出正确的落点判断，脚丫才能踢到气球。

（4）如果是在室内，可以挑几颗红豆、黄豆、绿豆，大人一颗一颗地抛向空中，让孩子赤脚在地板上跑动着接豆和捡豆。

爱玩是孩子的天性，他们喜欢无拘无束地玩耍，可是有些妈妈从安全的角度出发，很少让孩子玩跑跳的游戏，赤脚就更是大忌了。我经常看到一些孩子与妈妈进行拉锯战，妈妈把袜子和鞋子给孩子穿好，孩子再执拗地蹬掉鞋子，扒下袜子，闹得大人叫孩子哭。

有一次我和彤彤光着脚丫在一大堆沙子上玩得十分高兴，旁边有一个孩子用羡慕的眼神看着我们，他的奶奶牢牢地牵着孩子的小手，将孩子强行拉走了，孩子那一步三回头的情景到现在还历历在目。我想，那个孩子肯定没有享受过赤脚游戏，他那自由的天性也一定遭受到了束缚。他的童年快乐吗？

在彤彤上小学二年级时，她的一个同学看到我们在家里玩赤脚的游戏，羡慕地说："阿姨你真好，我妈妈从来没有让我光过脚丫，她怕我弄脏了脚，还说会着凉感冒什么的。"

我问她："你想玩赤脚的游戏吗？"

她使劲地点点头。

我说："那你就加入进来吧。"

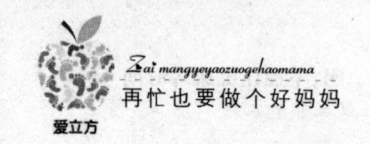

她高兴地脱光脚丫，和彤彤一起又蹦又跳。等她们玩累了，坐下来休息时，我问她脚丫着凉了没有，她摸摸自己的脚丫，摇摇头，说："还出汗呢。"

停了一会她要求："阿姨，以后你们再玩游戏时，也叫上我吧？"

从那以后，她以到同学家写作业为名，每周都来我家一次，和彤彤痛痛快快地玩上一阵子。后来她妈从她的日记里偶然发现了这个秘密，还来找过我。她说孩子日记里写着，自从玩了赤脚游戏，心情超好，身体超棒，连感冒都不得了。我以为她是来兴师问罪的，原来是向我讨经验来了，当她听说赤脚有那么多的好处时，回家后也和孩子一起玩起赤脚游戏来。

忙妈妈金句

对小孩子来说，只要地上没伤人的东西，打赤脚其实更好，可以帮助肌肉发育，帮助皮肤呼吸。特别是一些脚爱出汗的孩子，脚丫一天到晚闷在鞋里，鞋内又潮湿又闷，感觉很不舒服的。

孩子经常赤足行走，可以调节机体内的许多功能，让孩子感到轻松愉快，同时还可以预防感冒、神经及心血管系统疾病呢。

孩子赤脚的最大贡献在于能健脑益智，提升孩子的智力水平。

如果你还没有尝到赤脚游戏的乐趣，不妨带孩子试一试。

妈妈把药扔掉了

药能治病,但也能致命。是药三分毒,无论是中药,还是西药,都要慎用。当孩子有个头疼脑热时,最急的要算是妈妈了,赶紧把孩子送到医院,于是吃药、打针、输液,这样一来,孩子就真变成了小病号。

我的原则是:不要孩子一有病,就立即给他吃药、打针,甚至输液,结果只能使孩子免疫力越来越差。只要不是大病,有些小病大可不必吃药,仅凭科学的护理或适当的自然疗法也能消除这些小疾病,如食疗、按摩、捏脊、刮痧等同样可使孩子恢复健康。

许多人得病是吃药吃出来的,小病吃药,甚至没病也吃药。前一段时间曾有报道说,有一个女孩特别怕生病,经常到药店买抗生素服用,希望用抗生素来预防疾病,结果一年以后抗生素却要了她的命。抗生素对人体危害是很大的,在国外,抗生素同毒品管理一样严格,医生是不能随便给患者用的。可是在我国,抗生素成了万能药,感冒要用、头痛要用、有炎症也要用,小吊瓶一挂,很快一瓶就输进去了。可能小病好了,大病却等在后边,免疫力下降了,抵抗力弱了,自然就挡不住病了。

事实上,人体自身是有强大自愈能力的,在没有外力帮助的情况下,也能让很多疾病低下头来。这种自愈力是一种生命的本能,所以许多动物不是不生病,它们对抗疾病就是靠自身的免疫功能的自愈力。洪昭光教授说:"从某种意义上来说,医生治病,只是激发和扶持人类机体的自愈力而已,最终治好疾病的,不是药,而是人们自己。"德国的研究人员

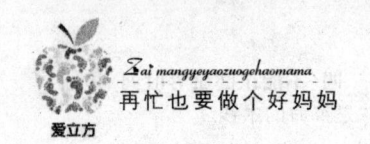

发现：只要注意调养和改善生活习惯，60%～70%的疾病都能够自愈。这是因为，人体内其实蕴涵着各种各样的激素，这些激素就是很好的药材。

尽管我是一个绝不滥用药品的人，但家里也给孩子准备了一个小药箱，里边储备一些常用的药品以防万一。虽然备有药物，但也不轻易用药，主要靠精心的护理，或采取一些食疗、按摩、捏脊、刮痧等手段来帮助孩子恢复健康。我相信人体自愈系统完全可以将一些小病及时打发掉。这套系统就是免疫力、排异能力、修复能力、代偿能力、内分泌调节能力、应激能力等。当人有不适或生病时，这套系统会马上调整人体的各种功能，并及时调动各种激素进行治疗。正是我们乱用药品，使人体的这种能力遭到彻底破坏，各种病症才会上身。

我的这种观点在当年是受到许多人质疑的，当听到这些"宏论"时，不是大吃一惊，就是嗤之以鼻。他们认为，有病不用药的人更是"有病"。

记得彤彤三岁的时候，我带她到乡下爷爷奶奶家去住，去的时候就有些咳嗽，奶奶见了受惊不轻，吩咐爷爷去叫村里的医生。我说没事，彤彤受了点风寒才咳嗽的。奶奶赶紧去找咳嗽药，从一大堆药物里找出几种成人吃的咳嗽药。我耐心地对彤彤奶奶说，不用吃药的，再说这是成人用的，也不适合给孩子吃。老人家急得直跺脚，不知道怎么办好了，只是心疼地搂着彤彤，然后撵我们快走，回到市里的大医院去看看。

我说："妈，你不用急，彤彤的咳嗽不用吃药也会好的。"

彤彤奶奶说："不吃药那不更严重了？"

我说："我有偏方啊。"

彤彤奶奶长期生活在农村，对偏方还是比较相信的，就问："快说说，都用什么，我好赶紧去找。"

我说："这些东西咱家厨房都有。"

老人家抱着彤彤，引着我去厨房，对着一大堆坛坛罐罐要我随便用。

我挽起袖子，将生姜洗净，切末，把锅内倒上香油，来个香油姜末

四、不能让健康等时间
身体是革命的本钱

炒鸡蛋，几分钟就搞定了。老人家赶紧将彤彤放到桌前，看着彤彤吃下。每天吃一回，等我们走时，彤彤的咳嗽就好利索了。

老人家高兴了，说这吃也能治病。我告诉她这是食疗法，姜、鸡蛋、香油也是药材啊。老人家表示以后谁家孩子再闹风寒咳嗽，就劝他们不给孩子吃药了，就吃香油姜末炒鸡蛋。

孩子容易得些咳嗽、发烧、上吐下泻等小病，许多大人见状，第一个反应是赶紧送孩子去医院。其实，这些反应本身不是病，而是一种信号，是身体的一种本能，在向我们传递身体某个部位出了问题的信息，这是身体在进行自我补救。

彤彤小时候，低于38℃的发烧，我从来不给她吃退烧药，更不去医院。只要多休息、多喝水就可以缓解，并不需要吃退烧药。对于上吐下泻，很多时候也是一种自我防御。当我们吃了有毒食物或消化不良后，往往会上吐下泻，这样毒物和没有消化的腐败物质才能及早地从体内排出。此时，只要不吃东西，让肠胃充分休息，适时补充水分就可以了。不要急于用药，影响身体自我治疗功能的正常发挥。

中医认为儿童是"纯阳"之体，对于孩子的一些小疾病尽量采取"只推拿，不服药"的方式，来增强自身抗病能力。

一个朋友的孩子三岁开始感冒、发热、咳嗽。从那以后只要一发现孩子有一点点症状就赶快去医院打点滴，因为抗生素打进去马上就见效。开始的时候每个月感冒一次，后来每个月两到三次，而且慢慢地打点滴也不灵验了，一年以后发展到哮喘。愁得她直哭，我让她等孩子再发作的时候不要去医院打针，给孩子多喝水，喝蔬菜、水果汁，然后按摩风池、印堂、足三里和尺泽穴及其以下的肺经穴位，还有长期推拿手指和上臂，并为她做了示范。她按我推荐的方法坚持给孩子进行按摩，结果不到一年，孩子身体棒棒的，很少再生病了。

孩子有病最好还是不要忙着给孩子用药，我们毕竟不是专业的医生，掌握不好药量。有的妈妈看到孩子生病了，心里又急又痛，巴不得病痛快快过去，给孩子服药时把握不准用药量，甚至认为，药吃多一点，病

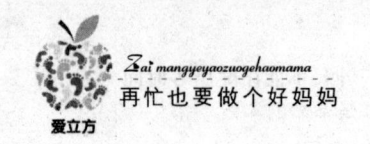

就好得快一些。结果麻烦就来了，孩子的身体正处于生长发育阶段，肝肾功能、中枢神经系统、内分泌系统尚未发育成熟，对许多药物极为敏感。如果用药量过大，孩子多个器官容易受损，反而引起更大的疾病。

再忙的妈妈，在孩子生病时也要稳住神，即使对孩子用药，也需多了解一些孩子用药的原则，要正确用药。如孩子轻微的感冒，通过喝大量的水，吃一些维生素就能见好的情况下，就没必要再去吃药。在孩子感冒发热时，应让他多休息、多饮水，以利降温和排泄体内有害物质。

细心的妈妈应从生活的方方面面来照顾孩子，预防一些疾病的发生。不滥用药物是第一位的，千万不要一看到"炎症"就想到消炎药、抗生素。让孩子有个好心情，是最好的"药"，开开心心的孩子很少得病。孩子的睡眠很重要，研究表明，睡眠不佳可导致免疫系统功能降低，所以让孩子睡好，就可以减少疾病的侵袭。

要想把家中的药都扔掉，最好的方法是多做一些防患于未然的预防措施。孩子不生病，药也就自然就没有了用武之地。彤彤从小到大，除了打预防针外，没有打过针，更没输过液，身体状况一直很好。尽管我也是很忙的妈妈，但并未因此疏于照顾孩子。

彤彤小时候也不是没有头疼脑热、胃肠不舒服的时候。孩子比较单纯，一般不会出现心理、情绪方面的致病因素，健康的孩子一旦生病，首先应该想到的是孩子的饮食可能出了问题或孩子受凉等原因。

通过对彤彤的多年监护我发现，如果在早上起床后总是出现流鼻涕、打喷嚏、胃口不好，或饭后易吐、肚子痛、流鼻血、咳嗽，多半是晚上睡觉时受凉了或室内干燥造成的。只要注意给孩子调节冷暖，在饮食上增加营养，孩子的这些不适会慢慢减轻直至消失的。

如果孩子白天或晚上感到胃不舒服，最大的可能是吃了寒凉或不易消化的食物。这时，只要父母注意孩子生活的作息和饮食，孩子基本上不会患什么大病。可以说，孩子80%的病是照顾不周造成的。

生活中细心的妈妈和讲究科学养育的妈妈，孩子也会少得病，身体健壮，家中所储备的药物基本用不上。

四、不能让健康等时间
身体是革命的本钱

忙妈妈金句

只要不是大病，有些小病大可不必吃药，仅凭科学的护理或适当的自然疗法也能消除这些小疾病，如食疗、按摩、捏脊、刮痧等同样可使孩子恢复健康。

可能小病好了，大病却等在后边，免疫力下降了，抵抗力弱了，自然就挡不住病了。

我相信人体自愈系统完全可以将一些小疾病及时打发掉。

再忙的妈妈，在孩子生病时也要稳住神，即使对孩子用药，也需多了解一些孩子用药的原则，要正确用药。

要想把家中的药都扔掉，最好的方法是多做一些防患于未然的预防措施。孩子不生病，药也就自然没有了用武之地。

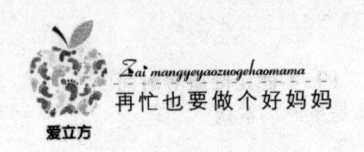

我爱生病

尽管妈妈无微不至地加以呵护，孩子却总处于小病不断的境地。难道是孩子天生体质差？其实，是妈妈的养育方式出了偏差。

李华是从下面分公司转上来的员工，工作认真负责，是一个干净利落的人。她的办公用品总是整整齐齐地摆放在那里，电脑每天上班都要擦拭一遍，在案头放着一块一尘不染的洁白的抹布，只要起身离开座椅一会儿，回来也要擦一下才坐下，她的办公区内永远都是那么干净。

她有一个七岁的男孩，刚上小学，一提起孩子来，她那种幸福感溢于言表。从言谈里得知，她的孩子简直就是一个透明的玻璃人，同妈妈一样将东西收拾得干干净净，认为卫生问题与生命同等重要，是公认的洁癖人。如此地讲卫生，爱干净，身体却不是很好。她说亏得孩子自己讲卫生，否则身体情况会更糟。

李华的孩子很爱生病，周一早上刚一上班，就见她眼睛哭得肿肿的，一脸的疲倦。我关切地问她怎么了？她说孩子从前天开始就上吐下泻，还发高烧，简直是吓死人了。等她情绪稳定后我问她前因后果时，才知道孩子平时特别爱吃烤肉，她怕外边的不卫生从来不让孩子出去吃。周五孩子的爸爸来了几个朋友，晚上带孩子去大排档，可劲儿让他大快朵颐一回。结果，把孩子闹得遭了大罪。看她难受的样子，我对她说："孩子还躺在家里，放你一天假，回去好好照顾孩子，工作上的事情我替你来做。"她感激地站起来，说："谢谢领导关心，耽误的工作我一定加倍补回来。"然后就忙不迭地走了。

下班后，我顺便拐到她家，去看看她们母子。她没有想到我会来，和孩子奶奶一起把我带到孩子的房间。

病中的小家伙显得很虚弱，脸色苍白，见我进来，还是挣扎着坐起来说阿姨好。我抚摸着孩子瘦瘦的小手，询问了些情况。他奶奶说："这孩子小时候就三天两头儿地闹小毛病，不是感冒，就是拉肚子，每年都要住几回院。"说完，爱怜地搂着她的宝贝孙子，一下一下地抚摸着孩子的后背。

为了不打扰孩子休息，我和李华坐在客厅里聊起了孩子。

李华说："为了照顾好孩子，我做了整整三年的全职妈妈，照顾得可谓无微不至，可这孩子却总是三天两头儿地患病，天生体质就差。"

通过聊天我发现，并非孩子天生身体素质差，而是她照顾得过头了。她总是让孩子别碰脏东西，别吃生东西，别喝没开的水，别用没消毒的用品。搞得孩子简直成了无菌人，结果免疫力系统下降，孩子可不就经受不住风和雨的考验了。

我思量了半天，说："咱们都知道，人体内有一个生物免疫系统，专门对付各种病毒的，他们好比是我们身体里的卫士，对入侵的病毒疾恶如仇，不共戴天，只要一发现病毒的入侵就会毫不客气地发起攻击。可是，如果没有病毒攻击，它们待懒了，变得识别能力很差，反应能力减慢。一旦有了病毒攻击，显得措手不及，甚至不敌活跃的有害病菌，正义反被邪恶击败了。"

她说："难道不是越卫生越好吗？"

我说："讲卫生肯定是没错的，但是过于讲卫生就有些不妥当了。其实，适当让孩子接触一些所谓的'不干净'的东西，也是提高孩子抵抗病菌侵入的好方法。比如可以时常让孩子玩一玩沙土，偶尔拿小桶铲子和和泥，在布满灰尘的地上爬几圈。所有这些，都是让孩子通过自身的防控系统调整，建立属于自己的天然防护墙。"

我们正在聊天，她的先生从外边回来了，寒暄几句之后，听我们在

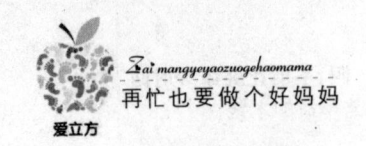

聊什么细菌呀，免疫力呀，就接过话头说："有一则报道很有意思，说是在南美的一个国家，那里的卫生条件差，容易传染一些流行疾病。有十几个国家的旅游团在那里玩了几天都没什么毛病，唯独日本旅行团全体团员都患了感冒。专家不得其解，最后才发现，由于日本人特别讲卫生，都快到了洁癖的程度，结果是免疫力反而下降了，经不起外界病毒的侵袭。报道最后说，日本人是'最爱干净'的民族，他们本国医学研究机构的一项研究显示：日本人的免疫力正在下降。因为国民过多使用'抗菌'产品，使得生活太'干净'，反而担不起病来，他们比亚洲其他国家的人更容易生病和受到传染。"

李华倒不好意思起来，自我解嘲地说："看来，我是做得有些过头了。"

她先生说："改了就是好同志。"看来他是受害不浅，看他的穿戴就知道平时李华对他要求有多严格了。

李华催促道："行了，你快去洗洗吧。"

她先生笑了，对我说："看，这不又来了。"说完，走进洗漱间。

李华大声地嘱咐道："多用点肥皂，最少洗三遍。"

看来，要想让她改变洁癖的习惯，是需要些时日的。

回到家后，彤彤和她爸爸正在玩顶球的游戏，两个人光着脚丫子，在地板上腾挪跳跃，拼抢着上方的皮球，有时球落点很低，需要坐下来或躺倒在地上才能接起，保证球不落地，他们谁也没有犹豫，把注意力都放在皮球上了。这种快乐，在李华家肯定从未有过。

很多妈妈都喜欢把自己的小宝贝弄得干干净净的，小家伙稍有摸土玩泥的欲望就立即神经紧张起来，将孩子拖拽走了，仿佛遇到了大老虎，怕一口把孩子吞掉。其实，孩子接触一些看上去不太洁净的东西，是增强抵抗力的一种方式，并不需要惊声尖叫来阻止。别指望孩子永远不接触任何有细菌的东西，那样你需要把孩子放在无菌舱里养活。人离开妈妈的子宫，就必须要面对好坏并存的大千世界，只有增强抵抗力，才是最佳的健康成长之道。

四、不能让健康等时间
身体是革命的本钱

上班族妈妈在这方面算是一个优势,给孩子自由空间大,他们在玩耍时不能随时监控,反而使孩子获得更多的快乐,也无形中锻炼了孩子的小体魄。

爱生病的孩子,与妈妈有着直接的关系。妈妈讲究卫生过头了,等于把孩子养在了无菌病房里,没有必要的环境刺激,人体免疫系统便经常处于休眠状态,环境一旦起了变化,身体就抗不住,于是生病了。

许多妈妈都谨记着"病从口入"的训诫,在吃上特别注意。生的、冷的、辣的一大堆禁忌,搞得孩子没有大人的许可不敢乱吃东西。结果把胃肠弄娇惯了,不好好工作了。我们家没有什么禁忌,渴了自来水也喝。

有一次我们回到乡下,彤彤爷爷到小菜园里的黄瓜架上随手摘下一根水灵灵的黄瓜,递给彤彤吃。彤彤把黄瓜拿在手里半天不吃,爷爷问她怎么不吃,彤彤说没有洗过,爷爷笑了说不干不净吃了没病,伸手摘下一根,放在嘴里就咬。

我站在另一边,也摘下一根顶花带刺的黄瓜,毫不犹豫地吃了起来。彤彤见我也吃了黄瓜,大胆地咬了一口。我之所以敢吃,是因为昨夜的露水把黄瓜洗过了,再说没有喷洒农药,农村的空气又清新洁净,自然不会脏到哪里去。彤彤的爷爷奶奶一辈子都是这么过来的,身体棒棒的,没患过什么毛病。

在我们呼吸的空气里,漂浮着无数细菌,有好的,也有不好的,可是我们还是得呼吸呀。最简便的方法是站在窗子前,看被阳光照射的地方,阳光里那些浮游物都显现出来了。所以,你再有洁癖,也还是阻挡不住细菌包围你的。

适当的卫生一定要搞,洁癖最好就不要了吧。要想孩子不生病,最好的方法就是让孩子置身于大自然,让孩子过正常人的生活,锻炼孩子的抵抗力胜过吃药。等到形成良性循环,孩子就会健壮起来。

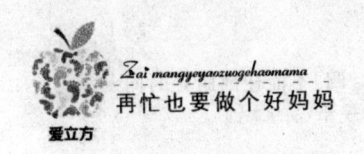

忙妈妈金句

讲卫生肯定是没错的,但是过于讲卫生就有些不妥当了。其实,适当让孩子接触一些所谓的"不干净"的东西,也是提高孩子抵抗病菌侵入的好方法。

别指望孩子永远不接触任何有细菌的东西,那样你需要把孩子放在无菌舱里养活。人离开妈妈的子宫,就必须要面对好坏并存的大千世界,只有增强抵抗力,才是最佳的健康成长之道。

你再有洁癖,也还是阻挡不住细菌包围你的。

适当的卫生一定要搞,洁癖最好就不要了吧。要想孩子不生病,最好的方法就是让孩子置身于大自然,让孩子过正常人的生活,锻炼孩子的抵抗力胜过吃药。

摘掉小眼镜

　　生活中越来越多的"小眼镜",着实让妈妈们苦恼。孩子视力差,不仅影响到日后的升学和就业,更主要的是,还会使生活质量大打折扣。

　　周末,楼下有几个孩子叽叽喳喳地跳皮筋,五个孩子就有两个"小眼镜"。在跳皮筋时,小眼镜却影响了玩的质量,总要分神操心鼻梁上的眼镜,那份受罪样实在惨不忍睹。站在一旁看她们玩,也为她们担心,总怕小眼镜掉在地上。这种担心刚刚萌生,就出现了所担心的一幕,在完成跳高动作时,其中一个孩子的眼镜就"啪"地掉到了地上,一场快乐的游戏戛然停止,大家围在一起看着地上严重受伤的眼镜。没有眼镜戴的孩子哭了,一是怕大人骂,二是没了眼镜戴。

　　孩子的哭声吸引了许多家长,摔坏眼镜的孩子的妈妈也来了,她一边安慰孩子,一边检查眼镜的破损程度,答应尽快给孩子配眼镜,孩子这才不哭了。围在一起的家长大都认识,话题自然转到了视力问题上来。

　　另一个"小眼镜"的妈妈说:"现在的老师可真是的,一点也不负责任,我家孩子佩戴的眼镜是100度的,连医生都说了,属于假性近视,不配眼镜也可以,只要平时注意保养是可以恢复的。可老师竟要求必须给孩子配眼镜,还说什么孩子因视力问题影响成绩要家长负责,没办法,只好给孩子配眼镜。"

　　摔坏眼镜的孩子的妈妈也是一脸无奈,她也是在老师的威逼下才给孩子佩戴眼镜的,说孩子个子长高了,需要往后调整座位,视力弱会影

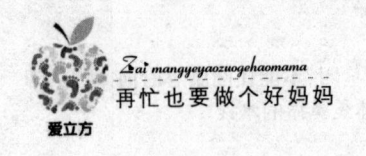

响学习的。

我插话问："老师会这样说?"

她们立即七嘴八舌地说："老师可不就这样说呗。"

我说："学校不是有眼保健操吗？老师不是会监督孩子们的坐姿吗？这些都是预防近视的好措施啊。"

她们说现在学校哪还管这些，可不像你们彤彤那时候老师管得严。现在的老师在家长会上就公开对家长说，家长不要指望把孩子推给学校就不管了，我们照顾不过来，我们的时间也是有限的，七八十个学生，一个学生十分钟，那要耗去多少时间。

看来，是我不了解情况，孩子已经参加工作，多少年也不开家长会了，不知道现在学校是一个什么样的风气。我想她们也不会瞎说的，从朋友那里、从同事间的议论中，都听到过类似的话语。

提到彤彤，她们都围过来向我讨教，说彤彤的视力一直很好，是不是有什么诀窍。她们这些妈妈都比我小得多，彤彤上小学的时候，她们大多刚结婚。那时候她们都喜欢小孩子，看到彤彤总爱抱抱啊，摸摸她的小脸蛋呀。现在他们的孩子也都上了小学、初中了。

我想了想，说："彤彤小时候曾有一段时间吵吵眼睛不太好，甚至也想配一副眼镜戴戴，看到戴眼镜的小朋友还会送去羡慕的眼神呢。"

她们更想听我说了，问我当时都采取了哪些措施。

我告诉她们，眼保健操是预防近视的一种极为简便又有效的措施。那时候学校每到上午第二节课下课后就会要求孩子做一遍。彤彤放学回家，在她写作业之前和完成作业后，我也要求她各做一遍。

彤彤小时候，写作业时也是写着写着眼睛就要与作业本亲密接触了，难以保证标准坐姿。后来，我想了一个办法，拿一条二尺半左右的布条，对折一下，将两头缝在一起，在其中一端大约向上七、八分的位置，把两个布条缝住，然后把彤彤的大拇指套进去，另一端则套在她的脖子上。当彤彤写作业时，只要这个布条是抻直的，就表示眼睛距离书本约一尺。这样一来，孩子就会根据布条是否打弯来判断眼睛与书本的距离是否适

四、不能让健康等时间
身体是革命的本钱

当,便于孩子进行自查。

加上我和他爸爸轮流监督,所以彤彤的坐姿一直很标准。由于养成了习惯,到了学校也是保持着标准坐姿,为此经常受到老师的表扬,成为班级坐姿的样板。彤彤的视力在高考体检时,左眼一点二,右眼一点零,连医生都很吃惊,说像这么好的视力现在的孩子已不多见。

几个妈妈高兴地表示,这是一个好办法,回去一定试试。然后又陷入了现在的孩子为什么会有这么多近视眼的疑惑中,她们都说家里没有人近视,遗传是不可能的。

我说:"导致近视的原因有很多,但大多是由于不注意用眼卫生而造成的,老师和家长只注重学习成绩,而疏忽了对眼睛的保护。再加上现在的孩子由于学业负担加重,电脑、电视的辐射,这些都是导致近视眼越来越多的因素。"

看到年轻妈妈们焦虑的神情,我给她们推荐了一些从生活习惯和饮食调理方面预防和校正孩子近视的方法。现在写出来,可供大家参考。

饮食是我们天天不能间断的,多给孩子吃些养眼的食物,从内部予以加强营养。像富含钙、磷、维生素A、维生素B_2、维生素B_1、维生素C的食物要多吃,坚持经常吃。如胡萝卜、南瓜、西红柿、豆芽、橘子、葡萄、红枣等蔬菜和水果对预防近视十分有益。还有像海鱼、家禽肉、蛋黄、动物肝脏、核桃、花生、蘑菇、香菇、银耳、黑木耳等也都是养眼的好食品。

另外一点非常重要,就是改善生活条件,比方说台灯的选择,给孩子提供适合身高的桌椅,提醒孩子注意写字、看书的姿势。在生活习惯上,要求孩子不躺在床上看书,看电视要保持一定的距离,时间上也要严格控制。最好多到户外活动,时常让孩子向远处眺望,放松眼睛。眼保健操是必不可少的,要坚持天天做。在洗脸时,注意用清水洗眼睛,保持眼部清洁。

总之,只要在生活中注意保护眼睛,养成良好的用眼习惯,在饮食上予以调理,孩子大多是可以预防近视、摘掉眼镜的,这样也就没有眼镜掉在地上之虞了。

忙妈妈金句

眼保健操是预防近视的一种极为简便和有效的措施。那时候学校每到上午第二节课下课后就会要求孩子做一遍。彤彤放学回家,在她写作业之前和完成作业后,我也要求她各做一遍。

饮食是我们天天不能间断的,多给孩子吃些养眼的食物,从内部予以加强营养。

只要在生活中注意保护眼睛,养成良好的用眼习惯,在饮食上予以调理,孩子大多是可以预防近视、摘掉眼镜的,这样也就没有眼镜掉在地上之虞了。

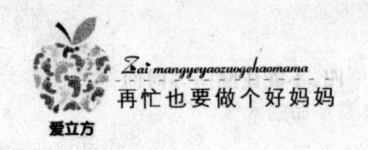

五、学习不是额外负担

忙妈妈的孩子怎样学习好

学习是孩子成长过程中的一件大事,它关系着孩子未来的发展,妈妈丝毫不能松懈。但管要怎么管呢?一个忙碌得像陀螺一样的妈妈,该怎样关注孩子的学习呢?

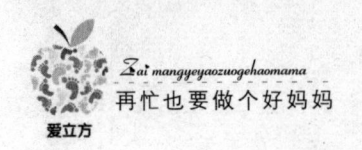

诸葛亮为什么能稳坐中军帐

学习是孩子自己的事情，许多家长为了不使孩子"输在起跑线上"，对孩子的学习十分上心，甚至全程参与到孩子的学习当中，变身为"陪读达人"，搞得家长苦不堪言，孩子也没有多大的进步。

在如今的中国家庭，有一种生活方式正在快速传播。这种生活方式叫"陪读"。每当看到或听到一些家长为陪孩子读书而含辛茹苦时，我不免感慨一番。家长陪读，既苦了自己，更害了孩子，为什么要做这样吃力不讨好的事情呢？

我不主张陪读。我觉得要教给孩子学习的方法，让他们主动自觉地学习，以学习为乐，才是正途。而不是天天对孩子指手画脚，坐在孩子的身边监督，把孩子搞得无所适从，把学习当成了负担。当别的家长为孩子的学习而整日监管；为不知要如何辅导孩子的学习而一筹莫展；为孩子听不懂老师的讲课而忧心忡忡，日日夜夜陪在孩子身边做书童时，我则像诸葛亮一般稳坐于中军帐内，优哉游哉地做我的逍遥家长。

杨振宁就不赞成有人说他是"刻苦"学习的，因为他在学习中从没感到"苦"，相反，体会到的是无穷的乐趣。我很认同他的观点，孩子天生是愿意学习的，他们会积极主动地去学习他们没有学过的东西。小的时候孩子为什么爱问为什么？是他们的兴趣使然，是他们对未知的东西感兴趣。那为什么当孩子进入学校后，有了专门的学习时间却认为学习是一件苦差事，一点也不好玩了呢？

五、学习不是额外负担

忙妈妈的孩子怎样学习好

我想,与我们的家长"陪读"不无关系。我所以这样说,是因为自己有着切身的体会,是从实践中得来的经验。

我从彤彤上学开始,就坚决不肯做她的拐杖。即使在小学低年级,老师要求家长检查作业、签字时,我也只管签字认可,决不检查作业。我告诉彤彤,妈妈有自己的事情,而你的任务就是学好功课。作业的目的就是复习所学的知识,有了错误不要紧,那就是发现了自己的漏洞呀。只要把不会的、不懂的及时向老师请教就可以了。这样一来,孩子把学习当做自己的事情,不会像有的孩子那样,自己做错题却埋怨妈妈不认真检查。

最初的时候,彤彤对有些作业题把握不准,我告诉她自己多琢磨一会儿,实在不行就闭上眼睛回想一下老师在课堂上讲的例题,它们之间是有联系的。她自己坐在那里研究了半天,终于弄通了,高兴地跳了起来。我说这就对了,自己弄懂的问题,记得扎实,一辈子都忘不了。

在刚开始学写作文时,作文也曾是她的拦路虎。我还是那个态度,靠自己去琢磨。不过我也给她创设一些条件,一是多读书,家里的藏书随便去读;二是带她到生活中去体验历练。有时候我也对她进行一些启发,比方说起春天的景色,我会问她天是什么颜色的,她说天空是蓝色的,然后我让她对比秋天的天空时,她发现春天的蓝天是淡蓝的,感觉天空离我们很近,风是柔柔的,吹在脸上暖暖的。而秋天的天空是湛蓝的,好像离我们特别的高远,风是凉爽的。然后我再启发她观察花朵,她又发现春天的花生气勃勃,有许多蝴蝶和蜜蜂在忙碌着,而秋天的花多是憔悴的,好像生了病一样,蝴蝶和蜜蜂也不见了。以此类推,她还对比出,春天小燕子来了,秋天小燕子飞走了等现象。她自己还发现,春天农民伯伯在种地,秋天他们却在收割。

有了生活,学会了观察和思考,她自己就知道该怎么写作文了。彤彤的作文一直很好,获过许多奖项,都是她自己写的。许多家长曾向我取经,我告诉他们,授人以鱼,不如授人以渔,教给孩子掌握学习方法是很重要的。

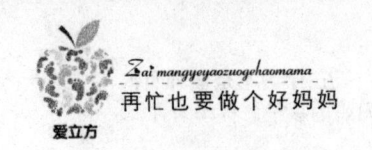

许多家长觉得孩子小，陪读可以帮助孩子解决一些学习上的困难。家长会上老师不也说了嘛，家长不能把孩子推给学校就万事大吉，还是不能忽略家庭教育，父母也是孩子的老师。我说你们领会错了老师的意图，注重家庭教育并不是让你全程去陪读。这样做不但不利于孩子的成长，而且还会产生许多负面影响，真是费时费力又无益。

首先陪读不利于培养孩子坚强的意志，因为学习本身就属于不断克服困难的过程，因此也是意志锻炼的过程。如果学习时父母陪读的话，孩子往往稍有困难就求助于父母。而父母为减轻孩子负担、缩短他们写作业的时间，也会把答案和盘托出。孩子缺乏磨炼，一味依赖父母，自然难以培养出坚强的意志。

那些被父母盯得紧的孩子，在学习上虽然表现得很刻苦，但学习成绩并不见得上得去。而学习环境相对宽松的孩子，表现得很轻松，成绩却往往并不差。陪读很严重的孩子都存在作业拖拉的坏毛病，在陪读中，有些家长往往喜欢打断孩子，例如说你这道题写错了，这个字比画不对，孩子的思维过程被强行打断，学习情绪受到影响，这样肯定是不行的。有些孩子在完成繁重的作业后，家长层层加码，目的是提高孩子的学习成绩，结果孩子得不到休息，没有时间去享受玩的乐趣，便会萌生厌学心理。

在我们家里不存在被动学习的情况，每当孩子学习时，我们也会经常看书、学习，使孩子觉得学习也是一种享受，更不去搞疲劳战术，让孩子做额外的作业。

有许多家长说他们的孩子学习不踏实、坐不住，一会儿喝水、一会儿上厕所，反正总是有事，根本原因就是没有培养出浓厚的学习兴趣和良好的学习习惯。法国启蒙思想家、教育家卢梭曾说："要启发儿童的学习兴趣，当这种学习兴趣成熟的时候，再教给他以学习的方法。"只有让孩子对学习产生兴趣，孩子才能主动去学，愿意去学，就不会出现磨蹭的现象。

其实让孩子快乐学习也不是一件难事，家长只要善于引导、有耐心，

五、学习不是额外负担
忙妈妈的孩子怎样学习好

是可以做到的。如学习时间不能过长，告诉他写完作业后可以干他喜欢干的事，这样慢慢地就可以提高学习的速度和效率。应该坚持这样一个原则：就是宁可要一分钟有效率的学习，也不要一小时无效率的学习，在孩子不够专心时干脆先让孩子玩。

英国哲学家培根说过："习惯真是一种顽强而巨大的力量，它可以主宰人的一生，因此，人从幼年起就应该通过教育培养一种良好的习惯。"当孩子把学习当做自己的事，养成了良好的学习习惯，步入健康成长的人生轨道，做家长的又何愁不轻松地稳坐中军帐呢？

忙妈妈金句

我不主张陪读。我觉得要教给孩子学习的方法，让他们主动自觉地学习，以学习为乐，才是正途。而不是天天对孩子指手画脚，坐在孩子的身边监督。把孩子搞得无所适从，把学习当成了负担。

我从彤彤上学开始，就坚决不肯做她的拐杖。即使在小学低年级，老师要求家长检查作业、签字时，我也只管签字认可，决不检查作业。

注重家庭教育并不是让你全程去陪读。这样做不但不利于孩子的成长，而且还会产生许多负面影响，真是费时费力又无益。

在我们家里不存在被动学习的情况，每当孩子学习时，我们也会经常看书、学习，使孩子觉得学习也是一种享受，更不去搞疲劳战术，让孩子做额外的作业。

193

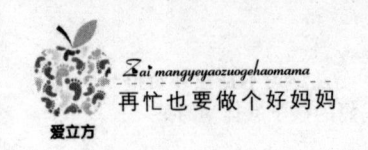

背诗不必释义

人们大多认为，教孩子背古诗的同时，需要给孩子解释其意，否则因古诗词的字面含义较为复杂，孩子背诵时只能鹦鹉学舌，不能理解其含义，失去了教孩子学古诗的意义。我却不这么认为。

在彤彤还不会说话时，我就开始对她进行语言启蒙，先是给她读朗朗上口的儿歌和童话故事，培养她的听力和语言感受能力。到两岁的时候，试着给她读古诗词，为她营造背景声音的氛围。在这种背景声音中，彤彤逐渐对古诗词产生了兴趣，有时候也能跟着背上几句，到三岁时便开始正式教她读古诗、背诗词了。

教孩子读背诗词时，为了让孩子感受诗词的意境，我多半会选择一些特定的场所。如在背李白的《静夜思》时，我就选择月光如水的满月之夜，站在窗前，边背边让她感受此情此景。当她背"床前明月光"时，小手还指着洒在床上的月光，背到"疑是地上霜"时，小脚往地上使劲地跺着。当"举头望明月"时，她就会夸张地伸长脖子，踮起脚尖做努力举头状。这就足够了，没有必要给孩子去做诗词解释了。她已经身处此情此景，知道"其一"了，至于更多的意境和词义，等她长大了，自然就理解了。

后来彤彤上高中时，我们曾经讨论过这个问题，她说当时只觉得好玩，体验那种明月和明月光的感觉是十分快乐的事情，现在对其意境、诗意及背景自然就理解了。一首好的古诗词，就是一幅画卷，让你闭上

五、学习不是额外负担
忙妈妈的孩子怎样学习好

眼睛就能想象到那优美的意境，如同身临其境一般。她对古诗词是很偏爱的，特别喜欢宋词，自己也试着填词，还创造一种所谓的新古词体，即不严格按照平仄要求去做，自己随意安排句子排列。我当然是她的第一个读者。

许多妈妈在教孩子读背古诗词时，总是不厌其烦地给孩子讲解诗意，而孩子多半不知其所以然，自然就不往心里去。在公园里，我就看到这样一位教孩子背古诗的年轻妈妈，小家伙看上去也就是两三岁的样子，有些字音还咬不清。当时他们坐在河边柳树下的长椅上，背诵《咏柳》这首诗。当妈妈指着下垂的柳枝说"万条垂下绿丝绦"时，孩子便会从长椅下来，将手臂高举，伸直食指，全身自上而下画弧线，直到手指点到地上，表示理解了"垂下"。当背至末句的"剪刀"时，小家伙立刻伸出两根手指，做咔嚓咔嚓的剪刀状，乐此不疲，极其可爱。

妈妈却对孩子的表现还不满意，觉得他太贪玩，不好好听妈妈解释。把好动的孩子拉到怀里，把手中的彩色古诗词解析举到孩子眼前，让孩子从画面上的图案与现实生活中的场景作对比。孩子虽然不乱动了，但也绝没有专心听妈妈的解析，只是想挣脱妈妈的怀抱，到地上去跑一跑。那位妈妈很有耐心，依旧不厌其烦地给孩子做解释，忙得头上都出了汗。

我走过去，坐在他们身边，那位妈妈对我友好地笑笑，说："这孩子真不听话！"

我说："小孩子嘛，都喜欢东跑西跑的。"

孩子见有人过来搭话，趁妈妈分神的时候，又溜到地上对着几只蚂蚁出起神来。

妈妈把手中的书放下，无奈地摇着头，说："真拿他没办法，就是不肯安下心来学习。"

我对她说："我看这小家伙挺聪明的，他能够理解其中的一些意境了，你说'万条垂下绿丝绦'时，孩子便会做垂下的动作，你说'二月春风似剪刀'时，小家伙立刻做出剪刀状，这不是理解了吗？"

她看看地上的儿子，有些自豪地笑了，说："他倒是不笨。"说完，

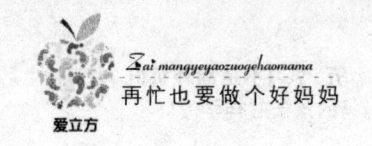

拿起书来拍拍说,"要是再把诗意理解透了就好了,要不学不扎实。"

我说:"其实,艺术首先需要的是感知,没有感知就不会产生兴趣,产生不了兴趣,就难以学进去。我认为幼儿学古诗并不重在理解,古诗词平仄押韵,韵律感非常好,良好的感知自然会使孩子慢慢形成'理解'。现在你家的小家伙不是已经有了'一知半解'了吗?他能相应做出配合的动作,说明他已经理解诗句的意思了。"

那位妈妈说:"为了让他理解诗意,我特意买了带白话翻译的书,就是让他很好地感受古诗。"

我接过书来翻了几页,说:"事实上学古诗是要防止'过度解释'的。一是基于对儿童领悟力的信任;二是诗文中的意境美与文字美重在体会,它们原本就是无须解释的,这就是平时我们所说的'只可意会,不可言传',一解释反而是对其想象力的束缚,对语言美的破坏。"

那位妈妈若有所思地点点头,认为我说的也有道理。

我又接着说下去:"著名学者钱理群先生说得很对,他说'我们传统的启蒙教育,发蒙时,老师不作任何解释,就让学生大声朗读经文,在抑扬顿挫之中,就自然领悟了经文中某些无法(或无须)言说的神韵,然后再一遍一遍地背诵,把传统文化中的一些基本观念,像钉子一样地楔入学童几乎空白的脑子里,实际上就已经潜移默化地融入了读书人的心灵深处,然后老师再稍作解释,要言不烦地点拨,就自然懂了。即使暂时不懂,也已经牢记在心,随着年龄的增长,有了一定阅历,是会不解自通的'。我觉得这是很有道理的,我也是这样在我家孩子身上实践的。"

那位妈妈赶紧问:"一定很管用吧?"

我说:"没错儿。"

她向我讨教地问:"那只让孩子背诵?"

我说:"儿童时期是记忆的黄金时期,这个时候阅读和背诵的东西会真正刻进脑子里,内化为自己的智慧财富。特别是以唐宋诗词为主的古典诗词都是艺术瑰宝,孩子可以受用一生的。"

五、学习不是额外负担
忙妈妈的孩子怎样学习好

提到孩子学古诗的问题，许多家长都存在误区，有的认为因为无法对孩子详细地解释诗义，孩子读了其实也是白读，浪费时间。还有的家长认为自己的能力有限，干脆把孩子送到专门学习古典诗词文赋的学习班，让孩子接受更加专业的培养。但是这种班往往是另一种"课外补习班"，给孩子们"讲诗"，逼着孩子大量地背诗，容易使孩子对诗歌产生厌倦感，失去学习的意义。

我认为，对古诗词的理解不必要求孩子一步到位，只要从总体上把握就可以了。让孩子读古诗词应该是毫无负担地诵读，不要有目的性，不要让孩子当众表演，不要规定孩子多长时间背会一首，不要让孩子必须把多少首诗词背会，更不要对孩子强调读古诗词的种种好处。最好任由孩子在诵读中自由展开想象力，自由地体会诗中的意境，除非孩子有疑问，否则不要自以为是地为孩子做过多冗长的讲解。

背诗不必释义，可以使孩子感觉到学习上的轻松，乐于接受这个"任务"。等他们到了一定的年龄段，自然就会主动去释义。我们的目的是把孩子领进门，给他一个启蒙就算完成了任务。

忙妈妈金句

艺术首先需要的是感知，没有感知就不会产生兴趣，产生不了兴趣，就难以学进去。我认为幼儿学古诗并不重在理解，古诗词平仄押韵，韵律感非常好，良好的感知自然会使孩子慢慢形成"理解"。

儿童时期是记忆的黄金时期，这个时候阅读和背诵的东西会真正刻进脑子里，内化为自己的智慧财富。特别是以唐宋诗词为主的古典诗词都是艺术瑰宝，孩子可以受用一生的。

背诗不必释义，可以使孩子感觉到学习上的轻松，乐于接受这个"任务"。等他们到了一定的年龄段，自然就会主动去释义。我们的目的是把孩子领进门，给他一个启蒙就算完成了任务。

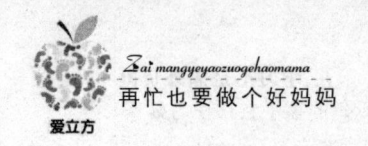

读书破万卷，下笔如有神

课外阅读是促使孩子学习飞跃的"魔杖"，它有一种魔力，不显山不露水地赋予孩子不同的能量。一旦孩子进入了课外阅读这条轻轨，迷人的好风景就一路扑面而来。使孩子变得"睿智博学""文采奕奕"，一手轻松好文章怎能不令人刮目相看呢？

在一次家长会结束后，校园里有几个同学家长把我围在中间，他们向我询问彤彤在哪儿上的作文补习班，他们也要给孩子报名。原因是彤彤又受到了老师的表扬，她的一篇关于环保题材的作文获征文二等奖，这是她第四次获奖了。他们认为彤彤肯定受到了名师指导。我告诉他们，彤彤除了上了一个书法班，没有再上其他课外学习班。

有一位家长说："那一定是你和孩子她爸爸辅导的了？"

我说："也没有，都是她自己写的，我们从来没有对她有过指导。"

另一位家长不无羡慕地说："看来，这孩子是天才。"接下来开始批评自己的孩子，"我家那臭小子，一听说写作文就喊头疼。"

他的话马上有人接过去，说："可不，孩子哪样都行，就是发愁写作文，坐在桌子前怎么也憋不出来。"

有的家长觉得彤彤一定是找到了什么诀窍。

我说："诀窍是没有的，不过习惯倒是有的。"

他们的眼睛都亮了起来。

我说："我家彤彤之所以能写较流畅的作文，应该与她酷爱读书有直接关系。古语说得好嘛,'读书破万卷,下笔如有神',说的就是这个道理。事实上也的确如此,看的书多了,知识量就大,懂得道理就多,写起东西来自然不太费神。"

他们"喔"的一声,各自陷入了沉思中。

有一位爸爸说:"唉,我们家可以说什么都不缺,就是缺书。我们不爱看书,孩子学习也顾不上看别的书。"

我对这位爸爸说:"这就不对了,大人没有养成爱看书的习惯,孩子到哪里去找读书的氛围?没有读书氛围,很难对读书感兴趣,这是相辅相成的。"

此后,我经常遇到抱怨孩子不看书、不爱书的父母。我便追问:"你们看吗?你们爱吗?"

他们说:"哪有这时间、精力、条件,甚至必要呢?"

我说:"这就不该埋怨孩子不看书、不爱书了,因为他们的父母最不爱书了,孩子自然会受到影响。"

在我们家里,最让我感到自豪的是我和她爸爸都是嗜书如命的人,家中最值得骄傲的财富就是那两千多册书籍。从彤彤出生起,我和她爸爸就一直轮流给她"读"书,这个习惯一直坚持到她上小学能独立读书,成了小嗜书分子才停止,家中的书任她随便取读。

每逢假日,我们最常带孩子去的地方除了公园就是书店和图书馆。彤彤在这样的环境里长大,书就顺理成章地成了她的最爱。她已经养成了习惯,作业一做完,就坐在那里读她的课外书,我和他爸爸读我们自己喜欢的书。电视在我家利用率较低,每天不超过两个小时。其余的时间不是读书,就是户外活动,到社会上,到大自然中去"阅读"。

彤彤之所以作文好,提笔成章,与她如醉如痴的阅读是分不开的。俗话说:"熟读唐诗三百首,不会作诗也会吟"。书读到位了,写作文自然不吃力。

其实,爱书孩子的作文甚至语文成绩好只是书的功效的一个方面。一个孩子从小就爱书,那他就不会常常感到无聊,无所事事。我国著名

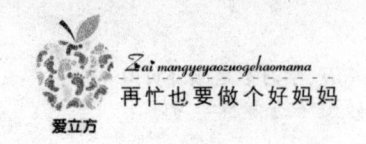

教育家朱永新教授曾说:"一个人的精神发育史实质上就是一个人的阅读史,而一个民族的精神境界,在很大程度上取决于全民族的阅读水平。"看看,让孩子从小就爱上书是多么重要的一件事啊!

让孩子爱上书,只能算是成功的第一步,最关键的是还要引导孩子爱上好书。

彤彤小的时候,还不能当小读者,我就给她读书,似乎是和读诗同步进行的。我很少给她选图画书,那只能叫读图,而不是读书,所选择的多是著名的童话和寓言,还有具有我国特色的成语典故故事。最早是做"背景声音",我读她听,氛围也比较宽松,并不强求她必须坐下来听,想玩儿就玩儿,边玩边听,边走边听都是可以的。我尽管出声地读,开始的时候我以为她不一定注意听,但偶尔读错的时候,即使她正在玩,也会停下来大声地说不对。后来她渐渐地就喜欢坐在我身边,和我一起看着书上的字,听我读。就这样,她在我读的过程中,记住了小红帽、丑小鸭、大灰狼、狡猾的狐狸。每天晚上睡前故事更是不能少的,否则她就睡不踏实。

后来她上了学,识字量也多起来,她就开始自己看书了。除了家里的书外,她还喜欢和我们去逛书店,进图书馆。她很少去选择那些滑稽搞笑的漫画书,对郑渊洁的系列图书最感兴趣。我问她,这些书好吗,是校园里的真实生活吗?她说有些影子,但不完全是,挺开心的,从中还能学到很多做人的道理。我家的十万个为什么是她的最爱之一,还有一本专门介绍科学小实验的图书曾在一段时间里让她爱不释手,边读边按照上面的方法去进行试验,每天忙得不亦乐乎,甚至忘记了吃饭。

人们都说"读写不分家",这是经验之谈。确实,读书万卷,才能积累足够的知识。我们常说的肚子里有墨水,就是从掌握的知识量大小来说的。读和写是我国传统的读书方法,我国古代读书人毕生所做的就是两件事:一个是读,再一个就是写。这方面的榜样实在是太多了,那些有所成就的人,都是从这条路上奋斗出来的。

许多家长不读书不算,还禁止孩子去自发读书。他们认为,除了课本，其他的书都是不能读的。看闲书能把孩子的心看野了，该不好好学习了。他们完全错了，课外阅读有一种魔力，那就是不显山不露水地赋予孩子不同的能量。凡从小有大量课外阅读的孩子，他的智力状态和学习能力就会更好；凡缺少阅读的孩子，学习能力一般都表现出平淡，哪怕是写作业速度，也比那些阅读多的同学要慢得多。

我们不要把课外阅读视为洪水猛兽，实际上这是甘霖，可滋润孩子的心田，可让孩子拓展视野，锻炼思维。

著名教育家苏霍姆林斯基对青少年阅读有很多研究，他对阅读与学习能力的关系阐述得很多也很清晰。他说："30年的经验使我深信，学生的智力发展取决于良好的阅读能力。"他从心理学的视角分析："缺乏阅读能力，将会阻碍和抑制脑的极其细微的连接性纤维的可塑性，使它们不能顺利地保证神经元之间的联系。谁不善阅读，他就不善于思考。"他指出缺乏阅读的坏处，"为什么有些学生在童年时期聪明伶俐、理解力强、勤奋好问，而到了少年时期，却变得智力下降，对知识的态度冷淡，头脑不灵活了呢？就是因为他们不会阅读！"可见读书的好处是显而易见的，读书也是在学习。

不能做阻止孩子读书的傻事情了，如果你的孩子有自主读书的欲望，应该大力扶持，而不是予以扼制。特别是要想让孩子的作文写得好，更应该给孩子创设读书的氛围和机会。巴金先生曾说过："现在有两百多篇文章储蓄在我的脑子里面了。虽然我对其中的任何一篇都没有好好地研究过，但是这么多具体的东西至少可以使我明白所谓'文章'究竟是怎么回事。"证明阅读是十分重要的。

我从来就不认为阅读会影响到孩子的学习，彤彤在校期间，在完成学业的情况下，抽出时间把家里的藏书都通读了一遍，包括一些专业书籍。还到书店去蹭书读、到图书馆借书读，像一头嗜书小兽，把读书当成自己生命中的一部分，比我们有过之而无不及。

我很自豪，我们是一个嗜书之家。

忙妈妈金句

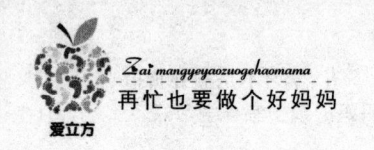

读和写是我国传统的读书方法，我国古代读书人毕生所做的就是两件事：一个是读，再一个就是写。

课外阅读有一种魔力，那就是不显山不露水地赋予孩子不同的能量。凡从小有大量课外阅读的孩子，他的智力状态和学习能力就会更好；凡缺少阅读的孩子，学习能力一般都表现出平淡，哪怕是写作业速度，也比那些阅读多的同学要慢得多。

我们不要把课外阅读视为洪水猛兽，实际上这是甘霖，可滋润孩子的心田，可让孩子拓展视野，锻炼思维。

不能做阻止孩子读书的傻事情了，如果你的孩子有自主读书的欲望，应该大力扶持，而不是予以扼制。特别是要想让孩子的作文写得好，更应该给孩子创设读书的氛围和机会。

学习没什么大不了的

当今的父母似乎都有点急功近利,对孩子的学习抓得紧紧的,如果孩子不保证考试达到什么样的成绩,就是低能,就是父母失职。

这种有失偏颇的观念应该改一改了,不要将孩子的学习当做唯一重要的教育方面。成绩不能成为衡量好孩子的唯一标准。因为一个人的全面型素质不仅包括专业素质,同样包括人际交往能力、创新能力、工作能力和生活能力等。孩子除了书本知识,还有许多方面是要同步学习和充实的。

谁把孩子圈在书本知识的套子里,谁就会最终收获自己种下的恶果。培养出来的孩子可能理论上有一套,但是生存能力、应变能力就会差一些,要么成为书呆子,要么什么也干不了。孩子天生是兴趣广泛的,如孩子大多喜欢玩耍,游戏能开发孩子的创造性思维与探索能力;孩子喜欢参与家务,做家务能培养孩子独立生活的能力;孩子喜欢交朋友,这能培养他的人际交往能力;家长经常培养孩子独立处理一些事物,能培养孩子的工作能力等,这些都不是坐在书桌前所能学到的。

我外地一个远房亲戚的孩子大学毕业后,分配到我们这座城市的一家设计院工作。他们打电话嘱托我照顾一下他,说这个孩子从小除了读书还是读书,没有脱离过大人的照顾,就是上大学,他的生活也由小时工型的保姆代劳,目的就是要保证他能读好书。

能在本市多个亲戚走动也是一件很好的事情,周末我打电话邀请他

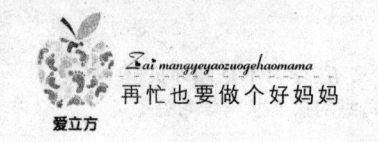

来家坐坐，小伙子是一个典型的书呆子，举手投足，言谈举止都比较稳重，一副中规中矩的样子。

那时彤彤还小，刚上小学，正是有点顽皮的时候。见到家里来一个大哥哥，也挺高兴，作业一写完就缠着大哥哥陪她玩。有一次，彤彤一不小心摔在了地上，嘴角流出了血。彤彤还像没事似的，他却吓得不知所措，脸色惨白，手忙脚乱地跑到厨房里去叫我。

我出来一看，彤彤已经自己用清水洗去了嘴角上的血，他却急得直搓手，一再问要不要紧，赶紧打120吧。

我给彤彤检查了一下，发现是牙龈碰出了血，放心地回厨房忙去了。彤彤又缠着大哥哥一起玩游戏，这回他不敢掉以轻心了，彤彤动一步他跟一步，怕彤彤再有什么闪失。

后来我把同事小朱介绍给他做女朋友，两个人处了一段时间后都比较满意，关系就确定下来了。有时我和小朱聊起他来，小朱笑着告诉我许多关于他的"趣事"。

有一次让他烧一壶开水，竟然不知道什么叫水开，在几分钟里跑来问三次，当时她正往脸上涂面膜，不能过去看，只好问壶里的水发出响声没有，他马上过去听，然后回来汇报说有一点点，是水开了吗？小朱说热气还没上来呢，不能算水开了。等一会儿上来热气了，他又立刻跑过来说这回水开了。小朱告诉他现在还不行，水还没有翻滚。第三次又跑来报告说水已经翻滚了，是不是可以断定是水烧好了？

唉，一个堂堂的大学生，竟然不知道水是否烧开了。

还有一次小朱去宿舍看他，他正在洗裤子。好家伙，不知道用了多少洗衣粉，满盆的泡沫，地上还流了许多，弄得胳膊上、脸上也有好多泡沫，最后还是小朱给她洗的。好在小朱不计较这些，愿意给他当保姆，我才不担心他找不到女朋友。后来他们结婚了，家务活儿基本都是小朱的事，我说你得让他锻炼做些家务啊，她说慢慢来吧，他的自理能力都不如你家彤彤，只能逐渐适应。

现在的孩子都被父母视为是掌上明珠，都想让自己的孩子成龙成凤。

五、学习不是额外负担

忙妈妈的孩子怎样学习好

大多数的家长对孩子的要求都是"只要你好好学习,别的什么都不用你做,什么都不用你管,你也什么都不要干,只要你把学习搞好就行了",好像学习成了孩子唯一应该做的事。在这种畸形的环境里,孩子成了学习机器,没有乐趣,没有自己的主见,唯学习而学习,不知道生活中还有许多其他事情需要学习。

我个人认为,学习并不是一件什么大不了的事情。让孩子多体验一下生活中的酸甜苦辣,也是一种学习。不能唯课本论、考试论。据我了解,那些令人羡慕的天才——少年大学生,鲜有真正成才的记录。很多知识掌握过硬的少年人才被大学劝退,原因在于他们的独立性与自理能力太差,不能适应正常的大学生活。如果连大学生活都不能适应,又怎么能适应学校以外更加复杂的社会生活呢?如果连社会生活都适应不了,更难以承担社会即将赋予他们的重任了。父母的心血白费了不说,更是毁了孩子的一生前程,这肯定不是父母的初衷吧?

彤彤也似生活在蜜罐里一样,但我们从来不娇惯她。我从来不会以"你去学习吧,别的不用你"为理由来拒绝彤彤的主动参与,甚至还会刻意地要求她和我们一起做家务。从她上三年级时起,彤彤自己的衣服就已经自己洗了。十岁左右的时候,家里洗碗洗锅的任务就由彤彤承包了。往往是吃完晚饭,厨房的卫生清理工作都交给了彤彤。她能把所有的用具归位,该擦洗的地方无一遗漏,至于择菜、洗菜、切菜都不在话下,就是炖豆腐、炒豆芽、炒青菜也可独自担当。这些我都没有特意教过她,都是她在给我当小助手时"偷偷"学去的。

许多人都认为只有学习成绩好的孩子,将来才一定会有出息。其实不然,学习成绩好的孩子,只能证明他的学习能力、记忆能力、理解能力和执行力比较强,不代表他的领导能力、管理能力、组织能力、创意能力、策划能力、交际能力等同样优秀。而这些能力往往是在书本上得不到的,需要在生活中不断历练。如果从孩子小的时候起,便把他用各种方式锁在书桌前,他的这部分能力就会面临缺失。因为培养一种习惯的最好方法就是利用好成长时期的各种敏感期,这是一个能够大量挖掘潜能的时期,如果错过了这个时期,想要再具备这种能力就要付出巨大的代价,甚至有可能一生都不容易再养成了。

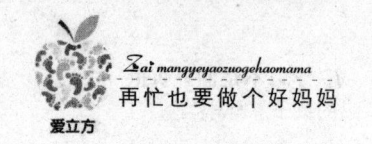

多年的家庭教育过程中,我参悟到了把自由还给孩子的好处,这种自由不仅包括身体上的,也包括心灵上的。彤彤之所以没有成为为读书而读书的书呆子,得益于我们给她的那些自由。其实,孩子成长的过程是一个漫长的历程,在这个过程中,他们将积累大量应对将来社会的本领,我们不要人为地去为他们规定重点,不要让孩子只为了学习。如果家长们能真正地认识到关注孩子的全面发展,每个孩子都有平等的机会去争取优秀。

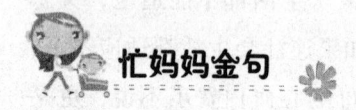

忙妈妈金句

谁把孩子圈在书本知识的套子里,谁就会最终收获自己种下的恶果。培养出来的孩子可能理论上有一套,但是生存能力,应变能力就会差一些,要么成为书呆子,要么什么也干不了。

学习并不是一件什么大不了的事情。让孩子多体验一下生活中的酸甜苦辣,也是一种学习。

如果连社会生活都适应不了,更难以承担社会即将赋予他们的重任了。父母的心血白费了不说,更是毁了孩子的一生前程。

培养一种习惯的最好方法就是利用好成长时期的各种敏感期,这是一个能够大量挖掘潜能的时期,如果错过了这个时期,想要再具备这种能力就要付出巨大的代价,甚至有可能一生都不容易再养成了。

孩子不是攀比的道具

当今，攀比之风越刮越甚，比房子、比车子、比票子、比地位、比吃穿，甚至是比孩子。攀比现象的最深层的原因是虚荣，而虚荣容易使人迷失方向、失去人生的准则，是一种畸形的价值观，是不足取的。

人们攀比的最直接目的就是为了面子，而面子果真那么重要吗？值得费尽心思，甚至采取撒谎、欺骗等不正当的手段去获得吗？在生活中，我经常听到家长对孩子这样的口头禅："你看看人家，这次考试又第一。你再看看你自己，简直没法提起。"大人一副恨铁不成钢的样子，孩子低垂着头，像一个小罪犯，只有挨批的份儿。

这就攀比上了，仿佛孩子是自己的面子工程，是逞强的工具。家长的这种攀比，对孩子伤害最深，此风绝对不可长。

我是不赞成这种畸形攀比的，彤彤从小到大，没有被妈妈拿出来与人攀比过。一就是一，二就是二，实事求是。孩子的考试成绩并不一定代表其真实的能力。有些家长不顾自己孩子的天分和精力，为了面子好看，或者为了拔苗助长，给孩子报很多课外班，奥数、英语、舞蹈、绘画、钢琴等，总想让孩子一步登天，为父母脸上贴金，却没有考虑到孩子是否承受得了。孩子总是在不同的课外班之间疲于奔命，连一点自己的自由时间都没有，他们能学进去多少？这样做不但危害孩子的身心健康，而且因为精力太分散，可能什么都学点、什么都学不好。结果是父母的大把钞票打了水漂，孩子变成了厌学者，一听到上课头就疼。

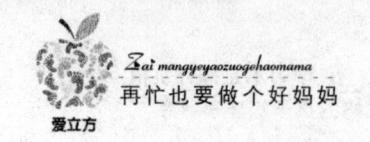

这不是耸人听闻，在我身边就有这样的例子。

杨天娇是一个十分可爱的小姑娘，与彤彤一个班，刚上小学时，小姑娘长得伶俐可爱，特别招人喜欢，性情开朗活跃，走路总是蹦蹦跳跳的，就像一只欢快轻盈的小鸟。学习成绩比较靠前，人缘也好，有许多好朋友。到了三年级时，情况有些变了，孩子变得沉静起来，没有以前那么活跃了。许多家长都说杨天娇懂事了，越来越有淑女范儿了。有一次我和彤彤聊起杨天娇来，彤彤跟我说："她才不是像你们大人说的那样呢，也想和我们大家一起玩，只是她妈妈给她报了好多的学习班，她越来越没有时间玩了。她总是和我说很累很累，还偷偷哭呢。"

在一次家长会上，我和杨天娇妈妈的刚好坐在一起，老师提起了彤彤，也说到了杨天娇。对杨天娇的点评是学习成绩下滑，不愿意参加集体活动，即使参加也是无精打采，敷衍了事，与从前简直是判若两人。本来挺活跃的孩子，现在有些孤僻迹象。杨天娇的妈妈脸一直红一阵白一阵的，觉得无地自容，她站起来表示回家一定从严管教，积极配合老师的工作。

我不知道她回家如何严加管教，孩子都快成了她的玩偶，被支使得团团转，几乎没有一点喘息的时间，孩子哪来的精力、哪来的心情给妈妈争气？

一些家长碰面就喜欢讨论孩子的成绩，有的家长当着孩子的面互相攀比。殊不知，这样可能会给孩子带来心理阴影，进而对其成长不利。家长忽视孩子的学习重点，偏激地强求分数，会让孩子在不断的喜悦与失落甚至是内疚中游来游去，真正的学习目标便被丢弃了。孩子天生就懂得自尊自爱，懂得争强好胜，考试成绩不好的时候，自己心里也会不好受，他们也渴望考好成绩，渴望有好的名次，所以绝对不会有孩子故意不用心考试。

其实，我们没有必要把孩子的成绩看得太重，要给孩子一个正确的指引，告诉孩子学习不是为了与人对比，而是为了自己学会。攀比之风要不得，不要经常拿自己孩子的不足之处与别的孩子的优点、长处相比，

五、学习不是额外负担

忙妈妈的孩子怎样学习好

越比越伤孩子的自尊与自信,并且家长越比越伤心、越比越生气。原本的目的是想激发孩子的上进心,结果方式、方法不当,往往伤了孩子的自尊心,破坏了孩子学习的积极性。

每次彤彤拿着试卷回家给我看,我都十分高兴地说:"不错。"

彤彤说:"你怎么总是这句话呀,就没点别的评语?"

我说:"不错是就很好啊,表示我很满意。"

彤彤说:"那要是我考得不好呢?"

我说:"下次努力呀,谁能保证自己不出点儿差错,考试的目的是检验你平时所掌握的知识点牢不牢,一次考得不好说明不了什么。"

彤彤收起试卷,轻松地靠在沙发上想了一会什么,突然坐直了身子说:"那他们可惨了!"

我问怎么回事?

彤彤说出一大堆同学的名字,说他们有的要挨打,有的要挨罚,有的肯定连家也不敢回,就因为他们没有达到爸爸妈妈规定的分数线。

等彤彤去写作业,我坐下来开始替那些即将挨打、挨罚的孩子担心起来。为了应付爸爸妈妈,他们肯定在想各自的招数,如撒谎、跑到能庇护他们的爷爷奶奶那里避难等。同时,我也为那些把面子看得过重的爸爸妈妈感到悲哀。至于嘛,为了体面的分数,去用暴力威逼孩子。

许多家长都有打听别人孩子学习成绩的习惯,见面就是你家孩子语文多少分,他家孩子数学多少分,我家孩子英语多少分。家长们普遍认为,讨论成绩,比比孩子的分数无可厚非。这样可以知道自己家的孩子处于什么样的一个水平上,通过横向比较,发现不足之处好予以及时修正和督促孩子。

虽然家长对谈成绩、比分数乐此不疲,但许多孩子却并不喜欢,一些孩子甚至十分反感父母拿学习成绩比来比去。那些成绩不理想的孩子大多感觉压力大,家长们询问、比成绩,他们的心理负担则会更重。

我觉得在孩子面前,家长尽量不要互相比成绩,以免对孩子的成长造成伤害。有的家长可能是出于激励孩子的目的相互比较成绩,但成绩

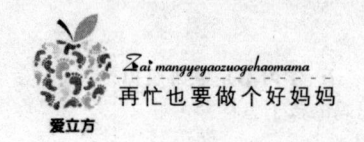

不理想的孩子最不喜欢的就是这种方式。我们不妨调整好心态，换一种方式鼓励孩子。如和孩子聊聊这个学期的收获和下个学期的打算，或者选择孩子感兴趣的话题多与他交流，适时地引导孩子端正学习态度等，这些都是不错的方式。

孩子不是家长逞强的道具，"不比孩子"已经成为许多国家教育理论的指导思想之一。我们不要拿自己的孩子跟别人的孩子比较，也不要拿孩子跟自己小时候比较。每一个生命都是独一无二、与众不同的，家长要有一颗平常心，要尊重差异，善待差异。要永远相信自己的孩子、善待自己的孩子、激励自己的孩子，让孩子扬起自信的风帆，做最好的自己。

忙妈妈金句

家长忽视孩子的学习重点，偏激地强求分数，会让孩子在不断的喜悦与失落甚至是内疚中游来游去，真正的学习目标便被丢弃了。

攀比之风要不得，不要经常拿自己孩子的不足之处与别的孩子的优点、长处相比，越比越伤孩子的自尊与自信，并且家长越比越伤心、越比越生气。原本的目的是想激发孩子的上进心，结果方式、方法不当，往往伤了孩子的自尊心，破坏了孩子学习的积极性。

我觉得在孩子面前，家长尽量不要互相比成绩，以免对孩子的成长造成伤害。

我们不要拿自己的孩子跟别人的孩子比较，也不要拿孩子跟自己小时候比较。每一个生命都是独一无二、与众不同的，家长要有一颗平常心，要尊重差异，善待差异。

谁说学生不准玩儿

玩耍耽误学习吗？我认为不耽误。孩子玩耍并非不务正业，也是在学习。如果家长当它是不务正业，它就是不务正业，家长当它是促进学习的手段，它就是促进学习的手段。动物没有学校，玩耍就是它们学习本领的必修课。

喜欢玩耍的孩子大都不笨，有的家长发愁地说，孩子太贪玩，都能玩出花来，怎么淘气怎么来，真拿他没办法。我对他们说，孩子爱玩、会玩是好事情啊，老话儿说得好："淘气的小子出好的，淘气的丫头出巧的。"

很多家长存在一种认识误区，认为学生就要一门心思放到学习上，玩耍是在浪费时间，会影响正常的学习生活。其实，玩耍不但是一种学习，而且也是门深奥的学问。因为孩子处于知识吸收能力很强的年龄，在玩耍的过程中，方向感、空间时间的掌握，沟通技巧，如何与他人相处，如何解决问题等知识，都在不知不觉中被孩子训练成自己的技能，这些技能对孩子而言受用终生。

在我们家里，玩耍是生活中的调味剂，大人孩子都喜欢玩耍，虽然不能天天玩耍，起码每周都要痛痛快快疯玩上一通。在彤彤小的时候，我们玩各种儿童游戏，上学以后玩一些智力游戏，等彤彤上高中了我们还通过体育锻炼的形式延续着玩性。

通过各种玩法，密切了家庭成员间的关系，也达到了减压的目的。我们工作有压力，孩子学习也有压力，一家人痛痛快快地玩上一阵子，

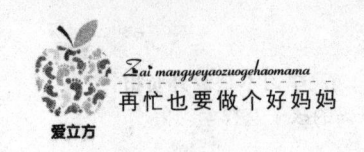

所有的烦恼都被抛到了九霄云外，静下来时身体和内心都得到了放松。精神清清爽爽的，再做什么都会感到十分轻松。彤彤从小到大一直是个爱玩的孩子，我们不但经常陪她一起玩儿，也没干涉过她爱玩的本性，更没强制她在书山题海之间埋头苦干，但她始终能轻松从容地应对学习。实践证明，玩耍并没有拖她学习的后腿。

玩耍是孩子的天性，他们不可能像大人那样克制住自己的欲望。孩子有着极强的"反抗压迫"意识，越是不让做的事就越想做，不让玩就会随时都想玩，总是被强迫着学习就要想方设法地逃避学习，哪怕是一分钟两分钟，少学一秒是一秒。许多孩子之所以把作业写到深夜也完不成，与家长禁玩有很大的关系。他们表面是在写作业，内心里却在琢磨着怎么玩。由对玩耍的"爱"而来的对学习的"恨"，家长恰恰是始作俑者，是被家长逼迫的。

司晓飞在我们的院子里是出名的"爬"作业大王，写起作业来慢得离谱。无论作业多少，都要磨蹭到夜里十一二点钟，他的爸爸妈妈也要陪伴到深夜。

有一次我和他妈妈一起聊天，我对她说："你不妨让孩子多玩一会儿。"

他妈妈说："那还了得，不让他玩还写不完作业呢，要是玩起来作业就更没指望了。"那样子是一千个不同意我的观点。

我问她："孩子的作业多吗？"

她皱着眉头想想说："好像也不是很多，就是这孩子爱磨蹭。"

我说："要不你把孩子送到我家，让他和彤彤一起写作业，我保证他在两个小时内写完。"

她听后很高兴，她知道彤彤写作业快，不磨蹭。觉得让彤彤带一带，两个孩子比着写，肯定不会再磨蹭了。

司晓飞和彤彤在一起写作业一个星期，每天都保证在八点钟写完了，高高兴兴地回家去。

他爸爸妈妈都感到很吃惊，觉得还是两个孩子在一起写作业好，小孩子都有不服输的心理，比起赛来可不就来了动力。我说你们错了，他们没有比赛写作业，倒是在一块儿玩得很开心。他们有些不相信。

我把他们和孩子一起请到我家，我们在客厅聊天，两个孩子在一边玩游戏，他们夫妻俩不时地看表，觉得孩子怎么还不写作业呢。玩了大概半小时后，我对孩子们说开始写作业吧。两个孩子收起玩具，坐在那里开始安静地写起作业来，结果在一个小时内就写完了。这回他们相信了，也改变了当初的看法。

看看，玩耍并非一件"祸国殃民"的恶行，对孩子的学习非但没有影响，还有促进的作用。玩耍是孩子的天性，孩子的很多行为习惯，包括学习与生活、社交等习惯，都能在游戏中得到非常好的培养。因为兴趣是最好的老师，孩子对于玩耍的兴趣最高，在玩耍中学到的东西吸收效果一定是最好的。如果孩子被过早地剥夺了这种玩耍的机会，也因此缺少掌握这些有用技能的机会，其实是剥夺了孩子的天性学习时间。

好多家长总是在教导孩子要抓紧时间学习，一旦孩子见缝插针地玩一会儿，对学习的注意力有所偏移，家长就要提出批评。这种做法不值得提倡，我觉得家长非但不批评，还要鼓励，如有时间还要陪孩子玩。家长可以利用这个最容易调动孩子兴趣的机会，引导孩子玩一些亲子益智游戏。让孩子从游戏中学些生活技能、做人道理等。

著名作家严文井说："所有小动物都没有学校，它们的本领怎么学来的呢？从玩中学来的。玩中有许多技能，技能关系到生存。如猴子爱跳着玩，从很高的一棵树跳到另一棵树上，跳过去就是生，跳不过去就是死。你说，这玩中的技能重不重要？这玩是不是一种不可缺少的学习呢？"

我们的孩子和小动物们比起来，聪明了许多，可是却没有小动物们幸福。因为他们玩的权利被剥夺了，他们学不到小动物们那样的好本领。当今许多孩子动脑有一套，动手能力却很差，甚至自立的能力都没有。就是因为没有玩的时间，他们怎么可能练出生存的本领呢？

研究数据显示，如果在儿童时代不能无拘无束地玩耍，孩子长大后

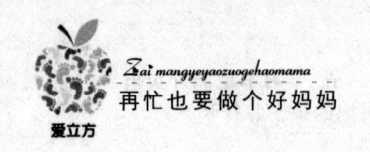

可能会不快乐,难以适应新环境。大多数心理学家都认为,即便成年后,人们仍会受益于幼年时的自由玩耍。如果不让孩子自由玩耍,可能导致他们不开心、过于焦虑、社会适应能力差。

大多数家长都有这样的一种心理:如果孩子玩得越起劲,父母越是担忧。这种想法是可以理解的,出发点是好的,但是父母也应该清楚地认识到,玩耍和学习之间的关系并非对立的,不是学习好就不可以玩耍,玩耍了就一定学不好。只要科学地安排学习与玩耍的时间,对孩子的学习和成长都是非常有利的。

在我看来,还是让孩子玩耍和学习两不误吧,只要合理安排时间,每一个孩子都要玩好,玩高兴。这是他们的本性,更是他们的权利。家长不能剥夺!

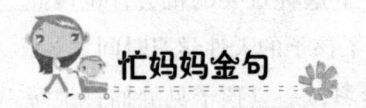

忙妈妈金句

彤彤从小到大一直是个爱玩的孩子,我们不但经常陪她一起玩,也没干涉过她爱玩的本性,更没强制她在书山题海之间埋头苦干,但她始终能轻松从容地应对学习。

许多孩子之所以把作业写到深夜也完不成,与家长禁玩有很大的关系。

他们表面是在写作业,内心里却在琢磨着怎么玩。由对玩耍的"爱"而来的对学习的"恨",家长恰恰是始作俑者,是被家长逼迫的。

玩耍是孩子的天性,孩子的很多行为习惯,包括学习与生活、社交等习惯,都能在游戏中得到非常好的培养。

我们的孩子和小动物们比起来,聪明了许多,可是却没有小动物们幸福。因为他们玩的权利被剥夺了,他们学不到小动物们那样的好本领。

如果不能好好做，就不要做家庭作业

很多家长为孩子不好好写作业烦恼，这时不妨给他发个最后通牒，你的作业你不做，如果不好好写作业，就禁止你做家庭作业。

在彤彤上三年级时，有一段时间迷恋上了小姨送她的生日礼物，一个非常可爱的电动小老鼠，只要放学回家，第一件事情准是大玩特玩电动小老鼠。有时候控制不好遥控，小老鼠就钻到床底下或立柜的下边，为此不知钻过几回床底去救她的"小老鼠"。至于写作业，多半安排在晚饭后，有时候写到十点以后。

我和她爸爸都很着急，我们不反对孩子玩，但是玩物丧志就不好了，什么都要有一个限度，我们也曾提醒过她几回，说她最近作业完成的质量不高，时间过长，影响了正常的作息时间。她听后表示明白，但一玩起来就有些控制不住自己了。

那天，彤彤又是玩到很晚才开始写作业，她忘记了老师留的作业量是平时的一倍，结果写到十点才完成一半，这回她有些着急了，动作明显加快。我过去一看，作业写得非常不认真，字写得歪歪扭扭，还有的地方涂涂抹抹的，十分潦草。可以说从来就没有这么乱七八糟地写过，我有些着急了，对她说："平时一再提醒你，先写作业然后再玩，这样乱的作业怎么拿得出手？"

也许是怪我批评了吧，她干脆放下笔不写了，说我干扰她写作业。

我也很生气，转身不再看她了，回到房间里睡我的觉去了。说是睡

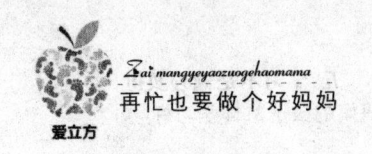

觉，只不过是一时的气话，孩子还在赌气呢，我怎么能睡得着呢？过了一会儿，我透过门缝看过去，她又开始写了起来，从动作上看，作业肯定还是很潦草的。

我又走过去平静地对彤彤说："你这样写确实不对，你看这字都写成什么样了，还不如不写呢。"

彤彤听我这样说，又放下笔，停止了写作业。我还是和颜悦色地对她说："如果你认为写作业是件不好的事，从今天开始，就不用再写作业了。与其潦草对付，还不如不写的好。"说完，我就把她的笔拿过来，并口气坚定地告诉她："现在取消你写作业的权利，以后不许你再写作业了！"

在我伸手去收她的作业本时，彤彤一下慌了神，两只小手紧紧捂住作业本。

我说："放开手吧，你不是不想写作业了吗？这多好啊，妈妈不让你写了，以后可以尽情地玩了。"

她抬起头来看着我，带着哭腔说："不写作业不行，老师要处罚我的。"

我说："那你不认真完成作业，老师就不闻不问了？老师就看不出来了？你把字写成那个样子，那么不认真，就该剥夺你写作业的资格，别说老师不满意，我这里就通不过。"

彤彤急得掉下了眼泪，说："我一定认真写。"

结果熬到十二点终于把作业写完了，看她困得眼睛都睁不开了，我边帮她铺床边说："熬夜的滋味好受吗？"

她无力地摇摇头，躺到了床上。

我没有再说什么，安顿好她，我就回房间去睡觉了。第二天放学后，我看她早早就开始了写作业，到了吃饭时已经写完了。从那以后，她总是先完成作业，再安排玩耍。

家庭作业是孩子每天必须要做的一件事情，老师给学生留作业的目的是为了温故知新，巩固学过的知识。如果孩子不认真完成作业，对学习肯定是有影响的。

说到家庭作业，家长们感慨颇多。有的家长可能会说，这种方法对你家彤彤管用，可对于我家孩子来说，你禁止他写作业，他正是求之不得呢！

生活中的确有这样的孩子，但这种行为已不代表儿童的天性，只是其天性被屡屡扭曲的一个后果。其实，孩子天生不反感写作业，他们中的一部分人之所以后来变得不爱写作业，是因为在上学的过程中，尤其是小学阶段，写作业的胃口被一些事情破坏了，被罚写作业，就是其中一项。有的老师把作业当成一种惩罚学生的手段，通过软暴力达到压服学生的目的，使学生把作业当成了一种负担，为了完成作业而完成作业，难以保证质量。彤彤也曾遭受过这种软暴力，她不是因为自己有什么过错，而是受到了"株连"。

一天，我下班后到学校门口去接彤彤，几个孩子一边等家长来接，一边发愁。原来，他们班的一个男同学因为没有完成作业，被老师罚写一百遍，而与这位被罚的同学纵向对应坐的同学，从前排第一人，到最后一排都要陪同写五十遍。

走在路上，我问彤彤："你不是完成作业了吗？"

彤彤发愁地说："那也得受到处罚。"

我说："是谁的错，就该谁承担，你们老师做得有些过分了，听我的，完成你今天的作业就行了。"

彤彤有些疑虑地说："不行吧，老师可厉害啦，要是不写还要加倍处罚的。"

回到家后，彤彤很快就完成了当天老师布置的作业。吃完饭后，本应该是娱乐时间，她也不玩了，坐到书桌前去很痛苦地写代人受过的作业去了。

五道作业题每道写五十遍，就是二百五十遍，彤彤的小手紧着慢着地写，熬到大半夜还差许多。看到孩子受罪的样子，心疼得我直跺脚。她爸爸要替她写最后那一部分，彤彤还挺认真，说这是作弊。我们只能

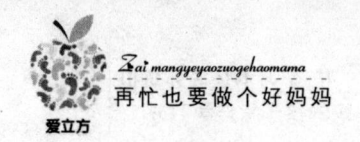

眼睁睁地看着孩子忙活到十二点多，弄得我们一家子都没休息好，第二天头脑混浆浆的，一天都没精神。

到公司后我把老师罚写作业的事情讲给同事们，大刘说："你们家孩子还算幸运的呢，才偶尔被罚一次，有的孩子三天两头地挨罚。孩子见到作业本就头疼，我们邻居家的孩子现在都住到了医院，医生也检查不出什么毛病，孩子在医院里待上几天，就没病了。好几次都是这样的，弄得大人不知道是他真的有病，还是再装病。"

孙荣说："现在的老师没有别的能耐，就会用处罚来对付学生。"

我说："看来我得找个时间与老师沟通一下。"

大家都劝阻我千万别做傻事，找老师探讨这些问题，无疑是给自己孩子找麻烦。老师表面可以听从你的建议，过后肯定会冷落了你的孩子。唉，看来还真不能随便去找老师沟通去，只有像孩子说的那样，老师要罚就罚吧。

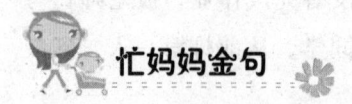

忙妈妈金句

家庭作业是孩子每天必须要做的一件事情，老师给学生留作业的目的是为了温故知新，巩固学过的知识。如果孩子不认真完成作业，对学习肯定是有影响的。

其实，孩子天生不反感写作业，他们中的一部分人之所以后来变得不爱写作业，是因为在上学的过程中，尤其是小学阶段，写作业的胃口被一些事情破坏了。

有的老师把作业当成一种惩罚学生的手段，通过软暴力达到压服学生的目的。使学生把作业当成了一种负担，为了完成作业而完成作业，难以保证质量。

五、学习不是额外负担

忙妈妈的孩子怎样学习好

家长会必须亲自参加

从学校角度来说,家长会是老师和父母直接沟通的良性平台。从家庭的角度出发,父母是孩子的第一监护人,应承担开家长会进而与老师共同培养孩子的责任。可是有些父母经常以工作忙为借口缺席家长会或委托别人代替参加家长会,除了显得没有诚意外,对孩子也有很大的影响。

记得彤彤一年级我去开家长会时,事前彤彤一再嘱咐我别忘了,到了学校,手拉手把我迎进教室,让我坐在她的座位上,显得特别激动。当时她的同桌的家长没有来参加,孩子就显得格外的沮丧。他一遍一遍地跑进教室问我,他妈妈来了吗?然后又跑到学校的大门口去迎接。他大概跑了四五趟吧,结果他的家长也没有来,铃声响过,那个孩子一脸的沮丧,失望地走出教室。

彤彤的家长会我一次都没有缺席,从幼儿园开始一直到高中毕业,始终有我的身影。彤彤在五年级时,单位组织去国外旅游,在这期间正赶上彤彤学校要召开家长会,我毫不犹豫地退掉了名额,旅游以后还会有机会,可是孩子的家长会是不能错过的。

每次去给彤彤开家长会时,总能见到一些熟悉的"老面孔",这些孩子的爷爷奶奶或姥爷姥姥参与的热情都很高,他们之所以愿意为孩子参加家长会,不仅因为他们有充足的时间和耐心,更是因为他们对孙辈的关爱。不过,受客观条件局限,老人不可避免地存在一些不利因素。比如爷爷奶奶大多对孩子溺爱和袒护,导致孩子形成以自我为中心的自

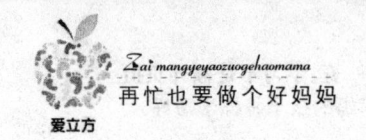

私性格。他们教育观念比较传统，对现代教育理念有些不理解、不认可。老人们虽然在家长会上表示拥护和接受老师的意见或建议，但回头仍然按老办法去办。有的虽然是带着"耳朵"来听的，可是回去转达时，要么断章取义，要么表达不清，孩子的爸爸妈妈只能残缺不全地做些领会。

　　家长会一定要亲自去开，对家长来说，家长会是了解孩子的唯一渠道。尤其对于职场父母来说，平日里工作繁忙，没有时间和精力管孩子的学习。孩子的学习进程和学习状况，更是让你摸不清楚。而你也有心无力，没空去管，眼睁睁地看着孩子的成绩越来越退步，揪心不已。

　　参加家长会的好处是让你能有机会和老师面对面交流，有机会了解孩子的真实情况。对于家长而言，家长会上的成绩报表、总分排名，最直观地让自己知道孩子的水平。而且老师的建议也能避免自己走许多弯路，按最妥当的方式去帮助孩子，使孩子得到提高。

　　即使工作再忙，我们也应亲自参加家长会，这是对孩子的关爱和重视，是对孩子负责任的表现。父母是孩子的第一任老师，是孩子成长的第一责任人。教育孩子，爷爷奶奶可以帮忙，但不可以成为主角，不能替代父母在家庭教育中的主导地位。因为父母对孩子的爱和爷爷奶奶对孩子的爱截然不同。父母的爱里隐含着教育，而爷爷奶奶的爱大多数情况下是完全包容和代替。这也是在爷爷奶奶面前批评孩子时，爷爷奶奶总爱袒护孩子的原因。

　　我还要提提在彤彤一年级我去开家长会时遇到的那个小男孩，那天他妈妈本来答应来参加家长会的，可是工作起来给忙乎忘了，让孩子白白盼了半天。会后孩子的情绪极其不好，他为了给妈妈占座，把书包都放了自己的书桌里，还曾叮嘱我这个座位是给他妈妈留的，谁来都别让坐。妈妈的缺席，无疑给孩子的热情浇了盆凉水。在回来取书包时，我看到他眼睛里明显有泪水，那应该是看到别的同学都在家长的陪同下，纷纷亲密地离开教室，而自己形影孤单感到委屈吧。后来，我见过几次他的家长，有时候是爸爸来，有时候是妈妈来，有的时候是别人来替参加家长会，缺席也是经常的事。

五、学习不是额外负担
忙妈妈的孩子怎样学习好

从爱孩子的角度出发，家长会也必须亲自参加。不要总拿工作忙当借口。千忙万忙，教育孩子的事不能忘。有的父母会说："我们图什么，还不就是想给孩子多挣点钱吗？家长会参不参加有什么关系。"其实，父母给孩子留下的财富中，钱不是最重要的，重要的是要把孩子变成财富。所以，父母工作再忙，事业再重，也不能忽视了教育孩子，我们做父母的要当好孩子成长的第一责任人。

一定要记住，家长会是老师和家长沟通的一个机会，要想了解孩子在学校表现的真实情况和存在哪些问题，找不到比家长会更好的平台了。众所周知，在孩子的教育问题上，老师的传道授业与家长的管教约束是缺一不可的。开家长会的目的，就是通过总结一段时期教学的情况，教师和家长进行交流，确立一个共同的教育目标——使孩子健康向上、全面发展。充分发挥家、校之间的桥梁、互助作用，共同做好教育工作。

所以，家长会父母最好不要缺席。

忙妈妈金句

有些父母经常以工作忙为借口缺席家长会或委托别人代替参加家长会，除了显得没有诚意外，对孩子也有很大的影响。

即使工作再忙，我们也应亲自参加家长会，这是对孩子的关爱和重视，是对孩子负责任的表现。

教育孩子，爷爷奶奶可以帮忙，但不可以成为主角，不能替代父母在家庭教育中的主导地位。因为父母对孩子的爱和爷爷奶奶对孩子的爱截然不同。父母的爱里隐含着教育，而爷爷奶奶的爱大多数情况下是完全包容和代替。

父母给孩子留下的财富中，钱不是最重要的，重要的是要把孩子变成财富。

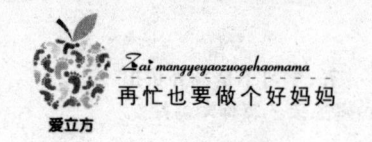

听孩子说说学校的事儿

学校是孩子成长的摇篮,孩子的一天大多时间是在学校度过的。通过和孩子聊学校的事情,可以了解到许多他成长中你不知道的信息,便于准确把握其发展动向,及时帮助孩子校正偏失的航向。

在我和彤彤的聊天中,多半是在聊学校的事情。如哪个同学被老师表扬了,哪个同学被老师惩罚了,哪个同学做了一件好事,哪个同学往别人书桌里放毛毛虫,可以说是趣事一箩筐,总有许多新鲜的话题。

彤彤讲得津津有味,有说有笑,我们听得认认真真,说到热闹处还要参与评论。我们之所以愿意听孩子说说学校的事,主要是能够创造更多与孩子交流的机会。因为这个过程是促进孩子心智、品德和人生观成长的重要过程。在这一互动过程中,父母可以察微知变,了解孩子内心深处的一些东西,及时予以正确的引导,从而防微杜渐。同时,这一过程也密切了亲子关系,增强了子女对父母的理解和爱戴,是一举多得的好事。

我和彤彤的交流很多时候都选择在院子里散步时进行,许多父母都很羡慕我们,说看你家的孩子多好,什么都跟爸爸妈妈说,再看看我家的孩子,问他点什么都不愿意说,跟大人隔心着呢。

这样的孩子确实不在少数,但是原因多半出在父母的身上。其实,孩子在学校里遇到的事情总想跟父母分享一下,可是父母并不给他们讲话的机会。如你正在厨房忙活着,孩子放学回来,迫不及待地想告诉你

五、学习不是额外负担
忙妈妈的孩子怎样学习好

一件学校发生的事情，你却朝孩子挥挥手说："去去去，我正忙着呢，赶快把作业写完是正事。"本来兴冲冲的孩子要与你分享一下他的快乐，结果吃了闭门羹，闷闷不乐起来，尽管坐在了书桌前，也没有心情安下心来写作业了。久而久之，孩子便不再愿意和你交流了，因为他知道你不喜欢倾听。以后受了什么委屈，有了什么心事，宁可憋在心里，也不愿意对你说了。

趁孩子愿意和你沟通，还是听听孩子的心声吧。再累再烦，也要和孩子聊聊天，加强和孩子的心灵沟通，在聊天的同时把自己的观点和意见传达给他，没有什么比这个更有效的教育途径了。也许有一天，他渐渐长大，已经不愿再和我们聊天，我们才会发现曾经失去了多么宝贵的东西。

彤彤之所以愿意和我聊些学校的事情，是因为我愿意倾听，愿意跟她分享。每天，她一放学回家，我们见面后第一件事就是聊学校里的话题，她还常常跟我讲一些做人做事的大道理。我很惊讶地问是谁告诉你这些的，她说是老师呀。

多跟孩子聊聊，才能知道学校有什么新鲜事，孩子遇到了什么困难和问题。

有一次彤彤回家后显得闷闷不乐，我赶紧问她发生了什么事情。她说最近班级里竞选班干部，每人只有一票的权利，可是有两个好朋友都希望得到她这一票。她很为难，不知道该投给谁。

我说你可以把他们的优点和缺点都回想一下，然后再分析一下他们的工作能力，选干部的目的是让他们做好班级服务工作，谁更能胜任就应该选谁。这与感情无关，只要你以一颗公正的心态去对待，问心无愧就可以了。经过两天的谨慎思考，她终于投出自己庄严的一票，心情也轻松多了。

和孩子谈论学校的事情，也得顾及时间和技巧，若以询问的姿态会让孩子感到厌烦，觉得你是在盘问他。当孩子特别热衷想同你说点什么时，你却显现出一副漫不经心的样子，会打消孩子的念头。所以，无论

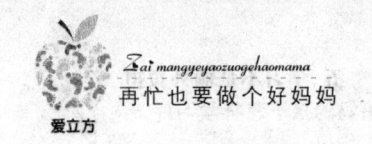

孩子想对你说什么，都要表现出认真倾听的样子，让孩子尽兴地说完。只有这样，孩子才愿意把什么事情都讲给你听，你才能了解到孩子真实的想法。

让我们做个耐心倾听孩子心声的父母吧！这是表示对他关怀的一种方式，可以使你和孩子之间的关系更密切，并建立起友谊。学会倾听也是了解孩子最有效的途径，通过听孩子说话，你可以了解他对事物的看法和感受，可以随时掌握他的心理动态。以便能及时地给孩子做出正确的教育和引导。只有善于倾听孩子的心声，才能让孩子感受到你对他的爱和关注，这样孩子对你的信任感也会越来越深，从而他才会向你袒露自己的内心世界。

忙妈妈金句

彤彤讲得津津有味，有说有笑，我们听得认认真真，说到热闹处还要参与评论。我们之所以愿意听孩子说说学校的事，主要是能够创造更多与孩子交流的机会。

在这一互动过程中，父母可以察微知变，了解孩子内心深处的一些东西，及时予以正确的引导，从而防微杜渐。

孩子和你聊些发生在他们身边的事情，也是一种情感诉求，是一种和爸爸妈妈交流的方式。让孩子拥有一个阳光健康的心态，远比考试卷上多得几分更重要。

只有善于倾听孩子的心声，才能让孩子感受到你对他的爱和关注，这样孩子对你的信任感也会越来越深，从而他才会向你袒露自己的内心世界。

接迎班能不去就不去

> 对于忙碌的职场父母来说,接迎班无疑是雪中送炭。但个中的隐患也是潜在的,不要因为贪图省事,招致来更大的麻烦,那就得不偿失了。

现在接迎班在各个城市已经十分普及,它诞生之初就是为了给工作繁忙的父母分忧的。除了接送孩子上学放学,中午还管一顿饭,另外,负责照看孩子写作业。应该说,接迎班也是为了迎合市场需求,是市场经济的产物。

接迎班的确方便了家长,但对孩子就未必有利。我对接迎班一直抱着不欢迎的态度。

在彤彤的学校门口,每天都有几个人散发小广告,鼓动我让孩子参加接迎班。这些分散在居民家中的"接迎班",经营者都是利用自家厨房给孩子们做饭,一般来讲他们并不办理卫生许可证,甚至连个人健康证也不办理,饮食卫生很不安全。

我家一楼就有一家"接迎班",有十三四个孩子。每天这些孩子就挤在一辆小面包车里被迎来送往,安全实在令人担忧。负责做饭的是一位四十多岁的妇女,手永远都洗不干净,每天去早市买最廉价的处理菜,菜只在水里洗上一遍,洗菜水还都是泥汤呢,就算洗过了。即便口味做得再好,卫生状况和饭菜质量也是大打折扣的。至于给孩子辅导作业,就更无从谈起,顶多是看着孩子写作业。中午吃过了饭,孩子们便到外面打打闹闹,根本就不存在让孩子午休,接迎班主人基本就不怎么看管

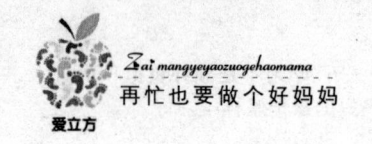

了，忙着在屋里收拾东西。孩子们在楼前打闹喊叫，影响其他住户的休息，经几次交涉，主人便把孩子们领到广场上，就像无人看管的"野孩子"，肆无忌惮地在广场"疯跑"，叽叽喳喳地又喊又叫。这样的安全状况，怎么能令人放心呢？

我也是一个很忙的妈妈，但我绝不把孩子送到那里去。我每天都给孩子带营养丰富的便当午餐，目的就是让孩子的营养跟上去。同时，还有卫生上的保证。

最近我家楼下的那家接迎班出了点事，一大早许多家长都聚在那里讨说法，他们愤怒地要把经营者告上法庭。

原来，昨天下午学校放学的时候，一场特大暴雨袭击了本市，天空电闪雷鸣，黑云滚滚，瓢泼似的大雨整整下了二十多分钟，许多放学回家的孩子都被淋在了路上。当大家都纷纷躲避暴雨时，接迎班的小面包车顶着狂风暴雨继续疾驰前进，由于天气较暗，加上暴雨下得正急，能见度很低，一棵倒在地上的树木横在前方的雨水里，结果车撞在了树上，翻在了路旁，十几个孩子顿时大哭大叫起来。好在没有出现重大伤亡，只有几个孩子出现了轻轻的划伤和擦伤。

这是一个不小的事件，惊动了几家媒体的记者来访。随着记者我也跟着进去参观了一番，房屋的布局和我家一模一样，熟悉得不能再熟悉了。中厅放着两张拼在一起的方桌，围一圈木凳。这里就算是孩子们吃饭和写作业的地方。另一间房屋的地上裸放着几个发旧的席梦思床垫，应该是孩子午休的地方了。还有一间稍大一点的屋子是主人的卧室，门半掩着，我猜平时孩子们是不能到这里来的吧。

厨房里餐具摆放无序，菜板上还把生肉和熟鸡肝摆在了一起，当记者问主人生熟食怎么会混在一起时，他说是自己家留着晚上吃的，不给学生准备熟食。许多并不怎么新鲜的蔬菜散扔在厨房的地上，带泥的土豆和看上去已经没有多少水分的胡萝卜堆在案板下边。正值盛夏，许多苍蝇并不怕有人来打搅，它们照样悠闲自在地在厨房里的各个角落起起落落。

五、学习不是额外负担

忙妈妈的孩子怎样学习好

工商部门和卫生部门也随后赶到，结果是这家接迎班罚款封门。随后，我在电视里和报纸上看到了这一事件的报道和讨论，许多人对接迎班感到担忧。特别是那些有孩子在接迎班里的家长更是如此。一位家长表示，家离学校太远，中午不能接送孩子，午休问题也没法解决，觉得把孩子托付给接迎班能好点，方便一些，但对卫生问题并不太放心，可是感到很无奈。一些家长不放心的是，这些"接迎班"都没有直接的管理部门，也没有注册，而家长和他们之间都是口头协议，没有什么合同，孩子一旦出现什么问题确实是个麻烦事。

孩子的安全和健康是大事，妈妈们还是自己经管更放心。诚然，忙是我们这些上班族都绕不过去的现实问题，但不是没有解决的办法。比如孩子都上小学了，他们一般都可以自行坐公交车上下学，这样也可以锻炼孩子的独立能力。早上给孩子带好营养丰富的便当，让孩子在学校里吃午餐，中午和同学们在一起，不用来回折腾了，可节省许多体力，安全上也有了一定的保证。

总之，接迎班能不去尽量不去，即便不得已而为之，也要做好考察工作，不能轻信他们的宣传。孩子的健康和安全永远是第一位的，大意不得。

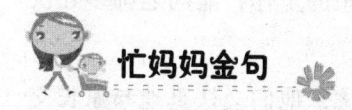

忙妈妈金句

我也是一个很忙的妈妈，但我绝不把孩子送到那里去。我每天都给孩子带营养丰富的便当午餐，目的就是让孩子的营养跟上去。同时，还有卫生上的保证。

孩子的安全和健康是大事，妈妈们还是自己经管更放心。

总之，接迎班能不去尽量不去，即便不得已而为之，也要做好考察工作，不能轻信他们的宣传。孩子的健康和安全永远是第一位的，大意不得。

用笔与老师保持沟通

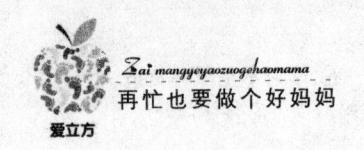

在手机普及的今天，用笔与老师保持沟通似乎原始了一些，但我还是倾向于用通信或便条的方式与老师沟通。

好多家长特别想多了解学校、多了解老师、多了解孩子在校的情况，却苦于找不到与老师沟通的机会。一来是家长忙，不能在工作期间跑去找老师；二是老师也不可能在上课期间接待家长。打电话吧，由于时间的关系说清不了什么，而且这里还有一个礼貌的问题，什么时间打合适，向老师提出问题，老师能否马上回答得很贴切。

而用笔同老师联系，交流一些教育孩子的看法就不存在这些顾虑了。我和彤彤的老师除了在家长会上见面外，基本每周都用笔交流一次。而彤彤就是免费的邮递员，她也乐于做这项快乐的工作，能同老师多几次单独相处的机会呢。

大多数老师都有着强烈责任心与职业道德，他们会认真地与家长交流孩子情况。老师总是希望能与学生的家长保持沟通，这也是一种正确的愿望。因为孩子上学后，家长不能把教育的责任完全交给老师，老师教学意义的真正实现，需要家长的全程配合才行。而采取通信的方式，在内容上，事无巨细，什么都可以写，而且在经过周密的考虑之后，可以完整地表达自己的想法。在时间上，老师可以选择自己方便的时间进行回复。

彤彤上学的时候，手机远没有现在普及。与老师沟通要么见面，要么写信，由于工作忙的关系，只能下班时间见老师，而老师也要下班的，

五、学习不是额外负担
忙妈妈的孩子怎样学习好

占用老师的时间肯定不合适,我就采取写便签的方式把要说的话写在上面,让彤彤带给老师。她的班主任老师很愿意和我进行这样的互动,孩子有了哪些不足的地方,都能及时给我写回信。

所以,彤彤无论在家中还是在学校有什么小问题,我和老师都能及时交流,如彤彤经常会在考试的时候抄错数学题目,老师会写上:孩子不存在知识掌握不牢固的问题,只是有些马虎大意。但考试的时候,不会以知识掌握是否牢固为准,而是要以答案是否准确为准,把题目都抄错了,显然一分都得不到的。于是,我就在家里注意提醒她不能马虎大意,想办法在不动声色的情况下,有针对性地对彤彤加以引导,把问题消灭在萌芽状态中,不给她养成马虎的坏习惯的机会。

有一次,彤彤在朗读课文时,把咄咄逼人念成楚楚逼人,我给她纠正说"咄"的发音是"duō"而不是"chǔ"。彤彤坚持说老师就是这样教的,老师不能有错。我说是不是你自己当时听错了,她表示绝没有可能。我没有同她再理论下去,于是提笔给老师写下这样几句话:彤彤把"咄咄逼人"念成"楚楚逼人",我觉得是她听错了,给她纠正了好几次就是不改。她特别听老师的话,希望老师帮助她纠正过来。谢谢!晚上我下班回来,虽然没有见老师回给的小纸条,但彤彤在读课文时,果然纠正了发音。

老师没给回小纸条说明情况,孩子却及时纠正了发音,证明老师收到了我写给她的话,她也及时给孩子更正了。当时我也在心里嘀咕了一阵子,毕竟是老师出了错,给老师纠错确实对老师的面子有些不好看。好在是用写信这种方式,大家不见面、不通话,都有回旋的余地。而且我一再强调是孩子听错了,给老师留有一定的面子。后来我通过彤彤了解到,是班主任告诉她说妈妈的读法是正确的,而不是语文老师。我这才有些放心了,庆幸我把信写给了班主任老师,要是直接写给语文老师,过后大家见面都有些尴尬。

有的家长担心孩子是否能把"消息"及时传递到,没准儿担心老师或家长写了什么"告状"的话,孩子怕挨训,就私自扣下了。我觉得这

· 229 ·

不是孩子的问题,而是大人的问题。家长与老师交流的目的不是"告状",即使在写到孩子的一些缺点时,我也会比较注意措辞,让孩子觉得妈妈和老师是为自己好。

由于我对彤彤表现出了足够的信任,她从未私自扣过一封信。我在写信时,也让彤彤在一旁看着,内容都是关于探讨学习和教育上的事情,没有必要瞒着她,这也是让她加深印象的一次绝好的教育机会。老师的回信也由我们共同打开来看,她又多了一次受教育的机会。同时,也让她体会到妈妈对她的信任,也更愿意与我进行交流,有什么问题都能及时消除在萌芽之中。

等孩子上高中的时候,手机已经很普遍了,我还是习惯采取通信的方式。彤彤也没觉得继续担任"邮递员"有什么难为情,我们都习惯了这种方式。只是她换了许多老师,每到新老师上任时,我都会先到学校同他们接触一下,然后把写便签交流的事情同他们讲清楚,没有一个老师觉得这样做很麻烦,相反,他们都十分支持,认为大家都很方便。

家庭教育是学校教育的基础,又是学校教育的补充,家长及时与老师保持沟通,有利于孩子的成长,使教育没有死角,一切都处于阳光之中。前苏联教育家苏霍姆林斯基曾把学校和家庭比作两个"教育者",认为这两者"不仅要一致行动,要向儿童提出同样的要求,而且要志同道合,抱着一致的信念"。

我通过传递的书信做到了这一点,结果令我十分满意。建议那些奔波于职场的忙妈妈们不妨参照试一试,既不占用时间,又能做到有效的沟通交流。

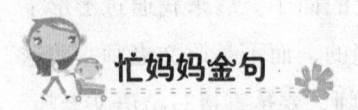

忙妈妈金句

我和彤彤老师除了在家长会上见面外,基本每周都用笔交流一次。而彤彤就是免费的邮递员,她也乐于做这项快乐的工作,能同老师多几次单独相处的机会呢。

采取通信的方式，在内容上，事无巨细，什么都可以写，而且在经过周密的考虑之后，可以完整地表达自己的想法。在时间上，老师可以选择自己方便的时间进行回复。

家长与老师交流的目的不是"告状"，即使在写到孩子的一些缺点时，我也会比较注意措辞，让孩子觉得妈妈和老师是为自己好。

家庭教育是学校教育的基础，又是学校教育的补充，家长及时与老师保持沟通，有利于孩子的成长，使教育没有死角，一切都处于阳光之中。

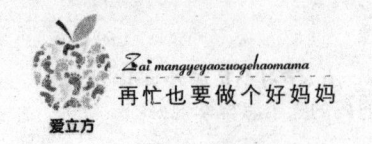

妈妈不是万能胶

在孩子的学习上，妈妈该放手时一定要大胆放手，让孩子养成自主学习的习惯。妈妈不是万能胶，不能随时随地为孩子补漏。

夏天的夜晚大家都在外边乘凉，有的在路灯下下棋、打扑克，有的几个人一起喝着茶水天南地北地聊着天。自从彤彤上大学走后，我心里也空落落的，她爸爸又经常出差，闲暇时便也爱下楼来和邻居们聊聊天或坐在长椅上看会儿书。

住在对面楼的小遥遥穿着小背心裤衩，趴在路灯下的小石桌上写作业，妈妈坐在一旁陪着。

大家各干各的，互相间倒也不打扰什么。

遥遥是一个肉嘟嘟的胖小子，上小学三年级。小家伙特别能支使人，一会儿，妈妈我要橡皮，妈妈赶紧递给他橡皮；一会儿又说口渴了，妈妈赶紧给他打开水瓶盖。等孩子写完作业，舒舒服服躺在凉席上休息时，我和他妈妈聊起了孩子。

她向我抱怨说自己简直是儿子的"万能胶"，已经三年级的孩子了，什么事情家长还得亲历亲为：早晨上学要负责叫醒他；书包得帮着整理；写作业时必须在一旁作陪；有不会的问题从不自己思考，让妈妈给予解答，哪怕是一个单词或一个生字不认识，他也会让你去帮着查字典；作业忘了，想不起来，也要让妈妈帮忙去问别人；在学校里与同学发生矛盾，让妈妈帮忙解决……总之，离开了妈妈就是玩不转。

五、学习不是额外负担
忙妈妈的孩子怎样学习好

我说是啊，如今的家长为了孩子的学习成绩，都恨不得自己是个"万能胶"，什么事情都能派上用场。可是，你想过没有，虽然父母能事无巨细地为孩子包办代替，但能代替孩子的成长吗？将来走向社会，父母还能跟在他身边吗？

她也发愁得不行，早就不想这样了，可是孩子都依赖惯了，想改都难。

我说彤彤小时候有一个时期也曾有过这样的事情，特别容易放弃，遇到什么困难都会跑过来找我，而且有些事情其实只要自己努力一下就会做到的，可就是不愿意那么做。

有一次，彤彤在写作业时有一个字不认识，跑来问我。我说你可以自己查字典啊，工具书就是让你用的。她说查字典太麻烦，不如妈妈告诉来得省力气。我说你都会查字典了，却不去查，一定是想偷懒。结果她自己拿着字典，对着书上的字，仔细地查找着，找到后终于松了口气。我告诉她知道了字音，顺便看看字义解释和组词，无形中可以多学不少东西。

我这样做的目的就是要告诉她，妈妈不是万能胶，能自己做的事情最好自己去做。并不是妈妈不爱你，而是给你一个锻炼自己的机会。

遥遥妈妈看看自己懒散的儿子，觉得要想让小家伙改变是很难的。

我说难也要尝试着改变他，趁孩子小，还来得及。等养成习惯，想改都难了。

遥遥妈妈向我讨教经验，我说授人以鱼，不如授人以渔。陪着孩子学习，不如教会孩子学习。要解决孩子思维的依赖性必须从现在开始。首先要让孩子坚信"我能行"，让孩子自己去完成自己的事情，这个时候家长要给孩子足够的时间，哪怕是时间稍长也是值得的，毕竟是孩子自己动脑筋思考了。还有，如果需要家长进行辅导，也只能做"宏观"方向的引导，而不能直接参与，或者没有耐心马上帮孩子去完成，这样不就助长了孩子思考的惰性了吗？

遥遥妈妈说，以前也想锻炼他养成独立的习惯。他喜欢赖床，不叫

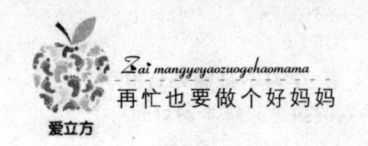

就不起床。每天早晨，都要叫他好几次，他总是不情愿地说："再等会儿。"结果当然也就经常迟到，还不停地抱怨是妈妈没把他喊醒，害他被老师责备。

我说这好办呀，他不是怕老师批评吗，干脆就不再叫他起床了，而是给他上好小闹钟，到时候起不来，就怨不着别人了，这样有个几回教训，保准能别过劲儿来。你就跟他说：上学是你自己的事情。从明天开始，自己起床。如果闹钟响了你还赖床，没有人会叫你，一切自己负责！

遥遥妈妈表示，从明天开始试上一回。

孩子之所以养成依赖大人的毛病，与大人的溺爱有直接的关系。但是，我们要明白，学习是孩子自己的事情，大人不能做他的拐杖。他得自己学会独立思考，独立探究学习方法。每一个家长都希望自己的孩子有出息，甚至手把手地教孩子、辅导孩子，这在一开始就是错误的。

我认为：孩子刚入学这段时间是关键时期。家长必须费心，从头就让孩子明白：听课、回家写作业、复习、预习、考试、遵守纪律都是你自己的事，都得靠自己。家长不能跟你上课堂，你别想指望家长，让他养成独立学习的好习惯。但这不等于家长什么都不管，当孩子有些知识不懂的时候，你不能直接告诉他答案，让他想一想老师怎么讲的，查一查字典，作业忘了，想不起来，自己问一问别人，他一看真指望不上你，就会自己努力了。如果一问你就告诉他，他不用动脑筋，不费劲就能得到答案，那他自己还会努力吗？

父母要想使自己的孩子聪慧、勤勉、坚强，就应该对孩子藏起一半爱，让孩子自己历练。爱孩子是父母的天性，但要把握一个"度"。有些父母对孩子的爱缺乏理智，对孩子提出的要求，无论是否合理，一律应允，无原则地迁就，甚至把孩子的缺点也当成优点来爱，这就是一种不恰当的爱。一切以孩子为中心，事事不让孩子动手，这样看似疼爱孩子，实则是害了孩子。

孩子独立学习能力的培养很重要。当然，我们不能指望孩子一下子就学会独立自主学习。在孩子学习的整个过程中，要给孩子独立的时间

五、学习不是额外负担
忙妈妈的孩子怎样学习好

和空间，不要监管学习过程，要看结果。我们家长要做的是帮助孩子找到学习途径和方法，总结失败，吸取教训，鼓励其上进，做孩子学习的指路人、帮助者、鼓励者，而不是孩子学习上的监视者、批评者和管教者。

生活是孩子成长的摇篮，孩子本应该在生活的磨砺中成长，可父母过多的照顾让孩子失去自我锻炼的机会。在父母的保护下，孩子总是无法挣脱开不良习惯，渐渐地就阻碍了孩子的正常发展。

我们不要抱怨孩子总是喜欢依赖大人，只要你不做孩子的万能胶，他们就会逐渐想办法去解决一些问题。如果父母什么都替孩子做好了、想好了，他们当然不肯开动脑筋，只能伸出双手了。

忙妈妈金句

首先要让孩子坚信"我能行"，让孩子自己去完成自己的事情，这个时候家长要给孩子足够的时间，哪怕是时间稍长也是值得的，毕竟是孩子自己动脑筋思考了。

如果需要家长进行辅导，也只能做"宏观"方向的引导，而不能直接参与，或者没有耐心马上帮孩子去完成，这样不就助长了孩子思考的惰性了吗？

每一个家长都希望自己的孩子有出息，甚至手把手地教孩子、辅导孩子，这在一开始就是错误的。

孩子刚入学这段时间是关键时期。家长必须费心，从头就让孩子明白：听课、回家写作业、复习、预习、考试、遵守纪律都是你自己的事，都得靠自己。

我们不要抱怨孩子总是喜欢依赖大人，只要你不做孩子的万能胶，他们就会逐渐想办法去解决一些问题。如果父母什么都替孩子做好了、想好了，他们当然不肯开动脑筋，只能伸出双手了。

六、善待长辈伸出的援手

要感恩更要理智

家有一老,如有一宝。老年人时间上比较宽松,大多也乐于为儿女效力,帮助照顾孙辈,让儿女有更多的时间去忙事业。但作为妈妈,不能把老人的帮助当做理所当然,也不能把孩子完全托付给老人。不要当有一天孩子对你的教育不屑一顾时,再去对老人心生抱怨。要始终知道,自己才是孩子的妈妈。

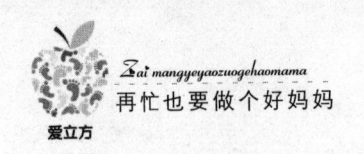

选谁帮忙，你一定要想好

生了孩子，才知道养育孩子的艰辛。纵然你生出三头六臂，也会让那个躺在襁褓中的"小不点"折腾得像筒车打水——团团转。尤其是上班族妈妈产假告竭，面对孩子无人看管的困境，这时选谁帮忙，你一定要想好。

彤彤出生那天是一个朝霞满天的早晨，朝霞透过玻璃窗照在我们母女俩的身上时，困倦的身体有着说不出的舒服，因为我的小天使，被我盼望了整整二百八十天的小宝贝，现在就躺在我的身边，终于和我面对面了，终于可以长相厮守了。做妈妈的那种幸福感在我的身体里荡漾着，我真的不感觉累。

在医院的三天里，一大家子人都围着我们母女俩转，爷爷奶奶、姥爷姥姥，还有彤彤她爸爸，大家走马灯似的不是你来，就是他走。孩子也很争气，吃饱了就睡，很少有哭闹的时候。

同事们来看我，做过妈妈的说起带孩子的话题来，都喟叹当妈妈的不易，特别是职场妈妈，忙得天昏地暗的，还要带好孩子。她们都很羡慕我，说你真幸福，孩子爷爷奶奶、姥爷姥姥，加上她爸爸，一大帮子人，你可得省多少力气啊。

送她们走后，我陷入了沉思之中，是啊，一个人带这么小的孩子确实不容易，特别是五个半月的假期一过，这还真成了问题。既然不想做全职妈妈，就需要有人帮忙临时带孩子，起码在去上班这段时间里，孩子不能离开大人的照应。虽然帮忙带孩子的人选有很多，但是也很难做

六、善待长辈伸出的援手
要感恩更要理智

选择。在中国传统观念中，奶奶应该是第一人选，其次是姥姥。除了爸爸妈妈之外，最多最尽心尽力照顾小孩子的也就是爷爷奶奶、姥爷姥姥了。为这个问题，在将近半年的时间里，我是考虑再三，衡量无数次。这期间也曾想到找个保姆，请个素质不高的农村保姆，确实有些不能让人放心，更何况近几年关于保姆的负面新闻实在是太多了。

从医院回到家里，奶奶和姥姥也跟着住了下来，他们大多数的时间就是做做饭，洗洗尿布，其他方面我都亲自动手，奶奶和姥姥只是做顾问，因为我知道孩子是不能离开妈妈的，不能图清净，就什么都让奶奶和姥姥代劳。这一辈子就生这一回孩子，不能错过任何的体验机会。

孩子满月后，我就劝她奶奶回乡下去了，一是乡下农活忙，家里还有鸡鸭猪狗，靠爷爷一个人忙不过来。二是我已经能下地做家务了，能照顾好孩子。姥姥坚持要陪我到底，理由是都在一个城市里住着，她又没别的事情。但我还是坚持能自己带孩子尽量自己带，姥姥白天可以在这里，到晚上就必须回去住。这样做的目的是想锻炼孩子养成妈妈晚上就回来陪她的习惯。在白天时，我和姥姥一起照顾彤彤，也是为了让姥姥混个脸熟。为今后上班白天不在家打基础，免得到时候孩子不习惯，找妈妈。

我之所以考虑留姥姥帮忙，是因为姥姥才五十多岁，身体状况好，有精力照顾孩子。还有就是姥姥文化程度高，是老师范生，当了一辈子小学教师，对孩子了解得更多，会和孩子互动。

后来实践证明，我的选择是对的，姥姥和彤彤果然互动得很好，顺利地度过了婴幼儿时期。到了两岁时我就送她去幼儿园上了小班，老师反映彤彤很快适应了新的生活。

对于职场的忙妈妈来说，在选择谁来帮忙带孩子上很重要。选不对帮忙的对象，对孩子的影响也是很大的。一次我和我的一位同学聊起谁带孩子的问题时，她深有感触。

她的孩子出生时，姥爷姥姥还没退休，没有时间给她帮忙，而孩子奶奶又长期在乡下居住，且性格内向，不爱说话。可是事业还不能丢，

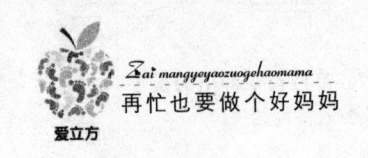

最初她决定找一个保姆来带孩子。可是孩子的爸爸死活不同意，说孩子由奶奶照顾不比保姆强？奶奶还能不和孙子亲？当时她想想也是这么个理儿，就同意把孩子交给奶奶带。

奶奶的到来，他们确实减轻了负担，对孩子照顾得很好。孩子爸爸总是自豪地说，奶奶就是奶奶。在孩子会说话时，问题来了，奶奶说一口家乡话，孩子的发音也带有浓浓的乡音，如蜡烛的"蜡"的发音，奶奶说"乐"，孩子也这么说，给他纠正了好多回才改正过来。

还有一次，孩子在我同学怀抱里要去厨房，嘴里发出的是"火晃"的声音，把她弄懵了，不知道"火晃"是什么东西。在孩子伸出小手一路指过去，才明白过来，原来孩子是要去厨房，是奶奶的乡音"伙房"的变音。后来他们一家去公园游玩，奶奶抱着孩子照一张相，照片出来后，孩子的表情和奶奶的表情如出一辙，都是那么严肃，显得老气横秋。

这回孩子爸爸不再自豪了，开始转变了态度，借口孩子大了，送奶奶回老家去了。重新找一个年轻的小保姆带孩子，这回孩子也变得活跃起来，脸上的表情也不再那么严肃了。

究竟是让爷爷奶奶帮着带孩子，还是让姥爷姥姥帮着带孩子，对于一些新爸爸新妈妈来说，是一次不得不面临的痛苦"抉择"。作为过来人，把自己的经验之谈告诉给大家，说不定可以起到抛砖引玉的作用。

（1）身体健康，精力较好，心态年轻，乐于养育孙辈的老人是首选。如果老人身体素质差，很难胜任带孩子的重任。

（2）心理健康，情绪稳定，不能有精神障碍或偏差。情绪不稳定的老人，往往没有耐心，对孩子的哭叫特别反感，脾气上来后，要么不管孩子，任凭哭闹，要么斥责孩子，甚至打孩子小屁屁几下都是有可能的。

（3）家庭和个人卫生习惯良好，不吸烟、不酗酒。这一点也是十分重要的，烟酒的气味对孩子的健康是有影响的。孩子免疫力差，容易受到外界病菌的侵袭。所以，家庭和个人卫生习惯不好、嗜好吸烟或酗酒者是不可选择的，即使是亲爷爷奶奶，亲姥姥姥爷也不行。

（4）必须了解孩子的饮食营养和生活护理等常识，孩子吃喝拉撒不是小事，全靠护理者来帮助进行，不懂孩子的饮食营养和生活护理等常识的人，难以把孩子护理好。

（5）性格开朗，人际交往能力强，不固执偏见，能细心观察孩子的身心变化，及时与孩子的父母交流沟通。

（6）有一定的文化基础，能对孩子进行启蒙教育，并喜欢户外活动，能常带孩子出去认识周围世界。

（7）愿意并善于吸收新知识、新观念，能用现代家庭教育理念与方法教育孩子。待孩子慈爱宽容，但不纵容、不溺爱，善于引导教育。

选择谁来帮忙带孩子真的很重要，尽管老人对孩子都亲，但亲情只是一个方面，是远远不够的。因为孩子的成长不仅仅是身体的发育，还有太多的方面需要同时进行培养，如习惯、性格、能力等。所以，选谁帮忙，你一定要想好。

忙妈妈金句

因为我知道孩子是不能离开妈妈的，不能图清净，就什么都让奶奶和姥姥代劳。这一辈子就生这一回孩子，不能错过任何的体验机会。

我还是坚持能自己带孩子尽量自己带，姥姥白天可以在这里，到晚上就必须回去住。这样做的目的是想锻炼孩子养成妈妈晚上就回来陪她的习惯。

对于职场的忙妈妈来说，在选择谁来帮忙带孩子上很重要。选不对帮忙的对象，对孩子的影响也是很大的。

选择谁来帮忙带孩子真的很重要，尽管老人对孩子都亲，但亲情只是一个方面，是远远不够的。因为孩子的成长不仅仅是身体的发育，还有太多的方面需要同时进行培养。

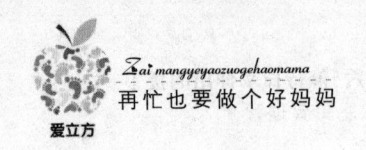

贪多少失多少

> 对于职场的忙妈妈来说，老人帮忙带孩子，自然可以使自己解除后顾之忧，安心工作。可是这其中的利弊优劣需要认真思考，只有权衡得失，找到其中的平衡点，才是对孩子最好的照顾之道。

孩子的教育是一个大问题，不要以为给孩子一个强壮的身体就万事大吉了。这是一项复杂的工程，不是谁都能完全胜任得了的。

我认识一位朋友，孩子出生后，把孩子抛给公婆照顾，就忙着进行紧张的考试，各种证件考了一大把，经过几年的打拼，事业有成，成为了一家大型公司的财务总监。孩子的爸爸也在某国企坐上了头几把交椅，成为了风光无限的副总经理。

等有了经济条件，安稳的事业，才想起把孩子接到自己的身边。由于孩子的整个童年都是在奶奶家度过的，爷爷奶奶的溺爱使孩子原本应该受到的家庭教育产生了严重的缺失，孩子成了小皇帝，不服从大人管教了。更主要的是，孩子和他们产生了隔阂，在他们对孩子进行严厉管教时，孩子却怀疑他们是不是亲爸爸、亲妈妈。

这时，他们才明白，这么多年来，得到的确实不少，金钱、地位。但失去的更多，那就是一个有着良好行为习惯的孩子和浓浓的亲情。

其实，孩子的教育等不得，也推不得，不亲自教育孩子，早就已经是严重的渎职——在开始的时候就错了。而这一错，遗憾终生。

作为一个合格的父母，应该明白，孩子才是你一生真正的财富。一

六、善待长辈伸出的援手
要感恩更要理智

个好孩子，不仅让你感受浓浓的亲情回报，还能给你创造更多的财富。更重要的是，他让你感到一生无怨无悔，感到无上的骄傲。

前一段时间，我看了一篇报道，说的是一位儿子被判了死刑的母亲，听到儿子即将行刑时，决定在同一时刻自杀。当被人劝阻时，她发出了撕肝裂胆的心声：儿子是我一生的痛，是我毁了儿子！原来这位妈妈也是一个要强的人，孩子刚出生时，就把孩子撂给了酗酒的老公和年迈的婆婆，远到广东去打工，每年只有过年时才同家人见上一面，仅仅是几日的团聚，就又忍着与孩子别离的痛，踏上打工的征途。整整十五年的付出，她获得了上千万的资产，成了名副其实的富婆。可是，儿子，她那日夜思念的儿子却变成了小混混。他爸爸把教育孩子的钱都用到了酗酒上，从来就没有管过孩子，是年迈的婆婆照顾他们的生活。仅仅是给孩子做做饭，谈不到教育孩子。她痛苦万分地说："钱有什么用？一个活生生的生命没了，儿子没了，希望也没了。这是我最大的失败，是永远洗刷不掉的耻辱。"

读完这篇报道，我的泪水禁不住流了下来，可怜天下父母心啊！

在教育孩子上，真的要慎重，从一开始就要慎重。权衡好利弊，孩子到底是自己带好，还是由老人带好。我的观点是，年轻父母既不要图省事，把孩子的教育抚养权完全交给老人。也不要怕老人惯坏了孩子，拒绝老人带孩子。隔代教育也不是一无是处，老人人生阅历丰富，对孩子往往也比年轻父母更具耐心，既有时间也有经验，有的老人童心未泯，跟孩子也能成为很好的玩伴。但是，也不要忘记了，在教育孩子的问题上，父母才是真正的主角。不管怎么忙，都要抽时间与孩子在一起。

在肯定隔代教育的积极方面的同时，也不能忽略它的消极方面，大多数老人基本上对孙儿们的教育采取溺爱的方式，这无疑会培养出一个自私自利、无理取闹的孩子。有时年轻爸妈在责骂犯错的孩子的时候，祖辈出于保护孩子的心理，常常会出来干预，而这无疑给孩子人为地制造了一个"避难所"，以后每次挨骂都会跑到爷爷奶奶那里参上爸爸妈妈一本，为自己的错误开脱。长此以往，祖辈和父辈不同的教育方式容

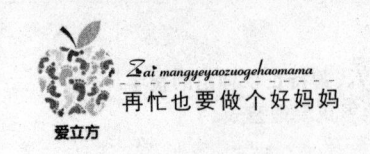

易让孩子变得"两面三刀"。还有就是祖辈毕竟年事已高,一些老年人的思维方式和生活习惯也会潜移默化给孩子,以至于让孩子养成"少年老成"的性格特征,间接剥夺了孩子玩乐的天性,越发的孤僻和冷漠。所以,隔代教育只能是补充,把孩子推给爷爷奶奶,只能解决一时的困难,不会是长久之计。

彤彤小的时候,姥姥也参与了带孩子,在彤彤两岁之前,姥姥一直带孩子。但是,我并没有把主角让给姥姥。姥姥的优点是有耐心,也有爱心,但是也有偏心,那就是在孩子做得不对时,有时采取妥协的办法,认为小孩子不懂事,长大了自然知道该怎么做了。为此,我就给她姥姥进行"培训",给她讲现代育儿理念,还把我买到的科学育儿书籍推荐给姥姥看,让她做些功课,有时候我还要考考她呢。姥姥是一个接受新鲜事物快的老人,和我配合得很合拍。所以,彤彤在两岁前,没有受到什么负面的影响。等孩子上了幼儿园,白天由老师带,晚上由我带,姥姥就彻底"退休"了。

我们家住在公园边上,没事的时候就去公园里遛弯儿,我经常看到一位老爷爷领着孙子到公园里玩。熟悉后,我问那孩子:"怎么一直没见你的爸爸妈妈呢?"孩子的爷爷说:"他们忙,没时间过来。"没想到孩子开口了,很愤怒地说:"他们都是借口,他们忙工作,忙钓鱼,忙上网,忙喝酒,就不来忙我。"说完,小家伙咚咚地跑开了。爷爷很尴尬地说:"这孩子,脾气可大了。"转身赶紧去撵孙子了。

这就是孩子的心声,他们是渴望同父母在一起的。

对于年轻的父母来说,可能会认为老人带孩子多好啊,我们有时间全拼工作了。这种观点不对,贪多少就会失去多少。现在我在这里算一笔"账",看后你就明白了。

咱们先说"贪",也就是说老人帮你带孩子的好处。

(1)奠定了"后方基础"。老人对孙辈所具有的亲情关爱,是任何育儿机构或保姆都无法比拟的,这有利于孩子获得心理上的支持和情感上的安定。为此,父母可以解除后顾之忧,安心工作。

（2）丰富的实践经验。隔代家长在抚养和教育孩子方面有着丰富的实践经验，能充分了解孩子各个年龄段的生理和心理变化。

（3）丰富的历史与文化传统。祖父母丰富的人生经历，是孩子们百听不厌的故事题材。试想一下，如果不是老人家的口口相传，我们怎么能知道插地藏香、吃粽子、做香袋的乐趣呢？

（4）正确道德观和处世智慧。透过与祖父母亲密的关系，孩子更能理解人类的脆弱，事物的始终和人的生死。

（5）使孩子获得关爱和安全感。祖辈有充裕的时间和精力，而且愿意花时间与孩子在一起生活。祖辈的关注品质持续度高，成为孩子被爱、舒适感和安全感的另一主要来源。

（6）从中学习技艺。孩子与有学问、有才能的老人在一起，自然在潜移默化中学到知识、技艺，刺激他的大脑思维，就能达到很好的启蒙教育效果。

然后，再说说失去多少。

（1）过分疼爱导致溺爱。老人往往格外疼爱孩子，再就是老人心理上会有些顾忌，若出差错，怕儿女怪罪。于是处处依着孩子，对孩子不合理的欲望常会无原则地满足。

（2）祖辈的教育不适合时代的发展。祖辈的一些思想观念相对比较陈旧，与现实标准有一定的差距，不太容易接受新事物，往往用经验代替科学。

（3）容易导致亲子关系疏远。父母对孩子的正当管教，祖辈往往横加袒护阻拦。孩子认为事事依着他就是对他好，而父母对他要求严就是对他不好，这种抵触心理导致孩子和父母之间关系疏远。

（4）封闭的小环境阻碍了孩子智能的发展。儿童时期需要合理的智力刺激和活动力量，而老年人腿脚不便，喜静懒动，总把孩子圈在一个小圈子里，阻碍了孩子智能的发展。

这是一笔简单明了的"账"，如果能够与老人优势互补，是最好不过的一种结局。如果你能亲自带孩子，做主角更是好上加好。切不可把

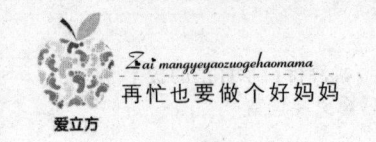

孩子推给老人后,再也不闻不问。在一本外国育儿亲子书中,我看到这样一个案例,我们共同分享一下。

有一位单独居住的美国妈妈,接到儿子打来的电话:"妈,我和玛莉吵架了,她走了,撇下刚出生不久的儿子。你过来帮我一下吧。"

这位母亲来了,看到孙子刚满月,她把奶粉、尿不湿、婴儿用品都准备好。第二天,桌上只留了一张纸条:儿子,这是你的儿子,不是我的儿子,他有妈妈,我不是他的妈妈,你得把玛莉找回来。如果我代替他的妈妈,这是罪过。

这就是美国老太太的觉悟,我们应该学习美国的老人,生了孩子自己带,让孩子和爸爸妈妈在一起是最好不过的了。

忙妈妈金句

其实,孩子的教育等不得,也推不得,不亲自教育孩子,早就已经是严重的渎职——在开始的时候就错了。而这一错,遗憾终生。

作为一个合格的父母,应该明白,孩子才是你一生真正的财富。一个好孩子,不仅让你感受浓浓的亲情回报,还能给你创造更多的财富。更重要的是,他让你一生感到无怨无悔,感到无上的骄傲。

年轻父母既不要图省事,把孩子的教育抚养权完全交给老人。也不要怕老人惯坏了孩子,拒绝老人带孩子。

在教育孩子的问题上,父母才是真正的主角。不管怎么忙,都要抽时间与孩子在一起。

如果能够与老人优势互补,是最好不过的一种结局。如果你能亲自带孩子,做主角更是好上加好。切不可把孩子推给老人后,再也不闻不问。

六、善待长辈伸出的援手
要感恩更要理智

因为亲情，不是因为责任

对待长辈伸出的援助之手，在感恩的同时，更要理智。亲情虽然可贵，但责任更重于泰山，孩子只有这一个，从小打不下好基础，将影响孩子的终生。

秦大姐刚刚退休，听说她心情一直不好，总觉得自己还能干，闲在家里闷得慌。老同志刚退下时都这样，以前我和她没少去做这些安慰老同志的工作。这回轮到她自己难受了，我得抽时间去看看昔日的老同事、老大姐。

周六一大早我就去敲秦大姐家的门，屋里传来熟悉的声音，大声地询问："谁呀？"当她从猫眼里看到我时，哗啦打开了房门，激动得声音都变了："哎呀，没想到啊，你怎么来了？"

我不客气地坐在她家的沙发上，说："想你了呗！"

秦大姐又是找茶叶，又是倒水，还把一大堆小食品端上来，欢天喜地地说："我说今天外边喜鹊叫得欢呢，有贵客上门啊。"

我说："老大姐，快坐吧，我是来陪你解闷的，你这一忙，我都不好意思啦。"

秦大姐拉着我的手，说："这一退下来呀，那滋味真不好受。过去劝人家时，总觉得退休了是好事，享清福了。事实还真不是这回事情，总想同事们啊。"

我想转移她的情绪，指着一堆小食品说："你还拿这些待客啊。"

秦大姐果然不再沉浸于过去的生活当中了，说："这都是给我那三岁

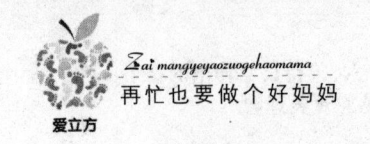

的小孙子准备的，我想好了，不是没事情干嘛，咱带孙子啊。"说完，用手指着小食品："孙子可喜欢吃啦！"

这时，又有人敲门，手劲儿还挺大，把门擂得咚咚响。秦大姐嘴里应着，赶紧打开房门。等不及的小孙子甜甜地叫声奶奶，见客厅里有生人，便有些不好意思起来。秦大姐拉着孙子的手要他对我喊奶奶，孩子大方地叫着奶奶。我伸手把他拉在怀里，摸摸他的小脸蛋，夸他是乖孩子。

随后进来的妈妈对我笑笑，对孩子说："又不懂礼貌啦。"

孩子离开我的怀抱，又有些羞涩了。秦大姐赶紧让孩子吃东西，小家伙早就想动手了，奶奶话音一落，拿起一块雪饼，剥开包装举在手里就吃。妈妈赶紧说："小手脏脏的，先洗洗再吃。"

秦大姐阻拦道："孩子手不脏，让孩子吃吧，没那么多规矩。"

孩子妈妈被说得不好意思了，只是笑笑，没再说什么，坐在一边同我们聊天。

秦大姐说今天中午一定要在她这里吃饭，她的脾气我了解，走是走不脱的，只好客随主便了。

秦大姐穿好外衣去市场买菜，把我们留在屋里聊天。

说到带孩子，我们的话题自然就多了起来。

孩子妈妈是"80后"，通过谈话能看得出来，她比较注重于科学教子。提到孩子，她说："孩子平时在家由保姆带，一般只在周末来奶奶家玩。在家的时候，他听话，一点也不任性。可到了奶奶家以后，你看吧，他就有些不听话了。"

我们正说着呢，小家伙从厨房里拖出一只扫地的笤帚，夹在胳膊里当冲锋枪使，嘴里还突突啪啪地模仿着枪的声音。

他妈妈赶紧去制止，说："宝贝儿，笤帚脏，不能玩的。"说完伸手去抢笤帚。

孩子死活不给，嘴里说着："奶奶就让我玩，从来不管我。"

看到他们母子僵持着，我过去拍拍小家伙的头，说："笤帚也能玩的。"

孩子冲我笑笑，却给了他妈妈一个鬼脸。

他妈妈一脸惊讶地看着我，放开了手。

孩子宝贝似地把笤帚搂在怀里，一脸的骄傲。

我说："但是，笤帚不是玩具，不能当枪使。乖，我教你这样玩。"说完我伸出手去，小家伙很听话，把笤帚给了我，想知道新的玩法。我把笤帚拿在手中，拉着孩子的小手，"走，咱们去找垃圾去，看谁找到的垃圾多。"小家伙马上发现了自己扔掉的小食品包装袋，我说，"咱们用笤帚把垃圾扫到厨房的垃圾筒里好不好呀？"小家伙起劲地一下一下地扫着，我跟在一旁鼓励他，说他真能干，是个好宝宝。经我这一夸奖，劲头更足了，很快就把垃圾扫到垃圾筐里了。然后我说，"现在你就是英雄的小扫雷兵，笤帚就是探雷器，垃圾就是地雷，现在就开始执行扫雷工作吧。"小家伙推着笤帚，到处寻找"地雷"去了。

我们又坐下来，继续聊着孩子的那些事。

孩子妈妈很羡慕地说："您真有亲和力，第一次见面，孩子就乖乖听您的。"

我说："别看孩子小，心机一点也不少，对孩子不能来硬的，有哄得转的孩子，没有打得转的，聪明的妈妈得会'忽悠'孩子。"

她觉得确实是这么个道理，提到她的孩子，也是苦恼一大堆，她说孩子奶奶要她把保姆辞掉，把孩子送到这里来。趁家里没人，她说："孩子由奶奶带，我是一百个放心，对孩子肯定是亲，就是老人太惯着孩子。"

我深表理解，说："隔代教育有利有弊，秦大姐这种开朗的性格有时太不计较小节。"

孩子妈妈说："可不呗，前一段时间孩子和他姑姑家的小表哥在这里住几天，跟小哥哥学会了吃东西前不洗手，穿着鞋在床上蹦等不良习惯。每当我纠正他的毛病时，一旁的奶奶总是跟我唱反调。我说别穿鞋上床，看把奶奶的被子都踩脏了，奶奶洗被子多累呀，奶奶却鼓励说没关系，

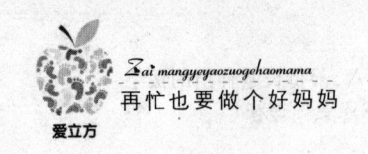

让孩子踩吧，踩脏了再洗，孩子高兴就行。"

我笑着说："秦大姐还就是这种性格。"

孩子妈妈说："再比如说吧，孩子吃水果时，我要给孩子围上个手绢，担心把衣服弄脏，果汁是很难洗掉的。孩子嫌碍事，奶奶赶紧阻拦，说不围就不围吧。"她皱着眉头说，"我担心把孩子放在这儿，会渐渐地丢弃了原有的好习惯，养成许多不良习惯。"

她这种担忧是不无道理的，人们习惯把祖孙之间的亲密关系称为"隔代亲"。一些老人把生活的重心放在孙辈身上，对孩子过于溺爱，为孩子"全方位服务"，不管孩子的要求是否合理都予以满足，容易使孩子习蛮任性、意志薄弱、缺乏独立性、以自我为中心，日后难以与人相处。

正聊得投入呢，秦大姐买菜回来了，说："你们俩聊得还挺起劲儿，我在楼道里都听到了。"秦大姐放下东西，对儿媳妇说，"你阿姨可是亲子专家呀，他们家的彤彤就是经她精心培育出来的，孩子可出息啦。你可得好好向她讨教讨教，争取咱们也调教出一个天才来。"

见天还早，我拉住准备去厨房的秦大姐，要她先坐下来一起聊。我说："正好也给你这位奶奶上上课，这带孙子也是很有学问的。"

秦大姐连连说："我相信，我相信。"

我接着说："隔代教育没有绝对的利弊之分，关键看教育效果。如果方法得当，就能收到良好的效果。现实生活中，祖辈对孩子会比较溺爱，这是缺点。"

秦大姐点点头，说："对，我就是典型。"

我继续分析说："老人带孩子是因为亲情，而不是责任。也就是说，他们给孩子的爱和自由是无限大的，这往往忽略了对孩子好的行为习惯和性格的培养，可以说是没有尽到培养孩子应尽的责任。"

秦大姐神情有些黯然了，她可能觉得我在说她不能带孩子吧。

我拉过秦大姐的手说："并不是说老人不能带孩子，只要与时俱进，掌握一些现代育儿亲子理念和方法，一样可以培养出富于现代感的好孩子。"

秦大姐笑了，说："这话我爱听，我有老经验，再加上新方法，保准能带好孩子。"

孩子妈妈也高兴了，说："那我可就省心了。"

我对她们说："父母的责任也是很重要的，对孩子的教育需要阶梯式教育。即幼儿同伴之间交往、合作、分享的体验式教育；父母、教师对孩子有意、专注的经验式教育；祖辈对子孙关爱、体贴的传承式教育，这是缺一不可的。"

她们点点头。

经过我的一番引导，婆媳俩都觉得耳目一新，我决定回头有时间把我用过的育儿亲子图书送给她们。秦大姐说："这还不行，你还要给我们当当顾问。"我爽快地答应了她们，有时间一定多交流，说句实话，身边没一个小孩子闹腾，生活还真像缺点啥似的。

忙妈妈金句

别看孩子小，心机一点也不少，对孩子不能来硬的，有哄得转的孩子，没有打得转的，聪明的妈妈得会"忽悠"孩子。

隔代教育没有绝对的利弊之分，关键看教育效果。如果方法得当，就能收到良好的效果。

老人带孩子是因为亲情，而不是责任。也就是说，他们给孩子的爱和自由是无限大的，这往往忽略了对孩子好的行为习惯和性格的培养，可以说是没有尽到培养孩子应尽的责任。

父母的责任也是很重要的，对孩子的教育需要阶梯式教育。即幼儿同伴之间交往、合作、分享的体验式教育；父母、教师对孩子有意、专注的经验式教育；祖辈对子孙关爱、体贴的传承式教育，这是缺一不可的。

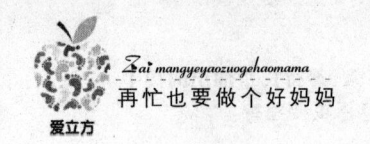

谁带孩子都不能代替妈妈

不管工作怎么忙,都要尽可能抽时间与孩子在一起,千万不要将其丢给长辈一走了之。要知道,在教育孩子的问题上,谁带孩子都不能代替你,自己才是真正的主角。

母爱是最无私最伟大的,母爱对孩子的"滋养"也是最大的,人世间任何一种爱都无法与母爱相比。在母爱浓郁的环境中生长起来的孩子,幸福感要远远高于缺失母爱的孩子。无论是在性格上,为人处世上,还是在工作上,在生活上都极具优势。所以,孩子最好还是自己来带,谁带孩子都不能代替你。当然,忙妈妈可以寻求别人的帮助,如长辈或保姆。但是,他们只能说是助手,做些辅助性的工作,父母还是要肩负起抚养和教育的重任。

现代心理学研究表明,孩子对父母的情感需求是其他任何感情所不能取代的。即使孩子的爷爷奶奶、外婆外公整天全身心地泡在孩子身上,将自己的全部感情投入到孩子身上,也是无法取代父母之爱的。孩子缺少血肉相连的父母之爱,极可能使孩子因情感缺乏而产生情感和人格上的偏差,导致产生诸如心理和行为障碍、对人对物缺乏爱心、易产生暴力倾向和行为等问题。这可是关乎孩子一生的大事,是马虎不得的。

在我身边就有这样一个活生生的例子。

石改霞和彤彤是同一年出生的,她们是同学年但不同班的同学,她就住在我家旁边那个单元。小的时候就和爷爷奶奶在一起住,她爸爸妈妈都在深圳发展,属于事业型的。每年只有在过年的时候回来住上几天,

六、善待长辈伸出的援手
要感恩更要理智

要不就把老人和孩子接到深圳住些日子。

同在一个院子里住着,年龄又相仿,她俩成了很好的玩伴。有时候她也来我家玩。这个孩子给人的印象是文静,不爱多说话,有些时候还爱发点小脾气。等她们上初中时,就读的是不同的中学,课程也紧张了,便很少聚到一起玩了。有时候在院子里还能看到她,个子长高了,有些不苟言笑,礼貌地打声招呼就过去了。前一段时间,我和她又在楼下相遇了,完全长成了大姑娘,她已经就业了,在一家化妆品公司就职。也许是大了的缘故,她和我坐在楼前的石凳上聊了起来。

她说:"阿姨,你不知道,小的时候我可羡慕你家彤彤了。"

我说:"她有什么好羡慕的。"

她说:"彤彤多幸福啊,天天能和爸爸妈妈在一起。"接下来她有些黯然神伤地低下头,"我就很少和爸爸妈妈在一起,就是在一起的几天,爸爸和妈妈问的多是学习上的情况,连抱抱我的时候都很少。"

她的爸爸妈妈我是见过几面的,都属于要强的人,言谈举止显得较精明,不拖泥带水,特别的爽快。她有这样的感觉也是正常的,她妈妈就不是一个柔情似水的女人。

沉默了半天,她说:"每次我看到你亲亲彤彤或是轻轻掐一掐她的小脸蛋,我恨不得也想让你亲亲我。"她的眼睛似乎闪现出泪水来,亮晶晶的。

我安慰她说:"你妈妈不常在身边,要是在的话她也会这么做的。"

她揉了一下眼睛,叹息地说:"也许吧,也许小的时候他们亲过我,抱过我,可是从我记事的时候起,就没有享受过几回被妈妈拥抱和亲吻的滋味,就知道给我钱,让我去满世界买东西。"

风吹乱了她的长发,我替她整理着,触摸到她的头发时,心中油然升起一种母爱之情,我甚至想搂一搂她。她没有动,任凭我一下一下地整理她的头发。

我们又是一阵子的沉默。

一直低头沉思的她赧然地笑笑,对我说:"阿姨,我能靠一靠你的

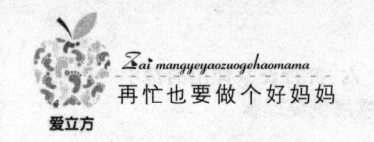

肩吗?"

我一把将她搂在怀里,就像搂着彤彤似的。她很乖,将头贴在我的胸前,似乎在静静地听着我的心跳声。

良久,她才恋恋不舍地离开我的怀抱,眼里流出了眼泪,喃喃地说:"这就是妈妈的味道!真好闻,好温馨啊!"

我说:"反正彤彤也不在家,以后想妈妈了,就来我家,阿姨给你当妈妈。"

她使劲地点了点头,呜咽着说不出话。我又把她搂在怀里,像哄小孩子似的轻轻地摇晃着她。

当她再一次抬起头时,目光坚定地说:"以后我要是有了孩子,我一步也不离开他,就让他天天享受和妈妈在一起的快乐。"

她的这番话我相信,过去我只是在书上了解到孩子的肌肤也会饥渴,我尽量给彤彤以满足,她也没有像石改霞这样渴求过。现在我才验证,孩子肌肤饥渴是多么的强烈,甚至能改变一个人的性格、心理。

对于职场父母来说,无论多忙,也要多抽点时间陪陪孩子。即使把孩子交给保姆、老人来照顾,在孩子心目中父母的地位是谁也取代不了的。千万不能忽视孩子的情感需求,否则很容易造成孩子"情感饥饿"。当你的孩子喜欢撒娇、任性,偶尔还会做出一些古怪的行为,而且做什么事情都喜欢用眼睛看着别人时,就是孩子向你发出的"情感饥饿"信号,就应该及时自我反思一下,看自己是否忽视了孩子的情感需求。

当白天忙完了一天的工作,回到家里就应该给孩子一个情感的天地,抱抱他、亲亲他、陪陪他。多和孩子聊聊,多听听孩子的心里话。孩子也有委屈的时候。如在和小朋友玩时,经常会争抢玩具,抢不到玩具心里也会很委屈。这时就需要大人通过聊天来化解孩子心中的郁闷。对于孩子的委屈,要尽量给予解释。要用正确的价值观去影响孩子,帮助他们建立健康的情感,学会不计较得失,并让孩子知道家长很认可他、支持他。这样,委屈、怨恨等不良情绪就不会在孩子心中累积。

这些工作都是需要父母来做的,在满足孩子享受优越物质生活的同

六、善待长辈伸出的援手
要感恩更要理智

时,还要注意孩子是否患有严重的"情感饥饿症"。不要用工作忙来做借口,在孩子成长的过程中,父母的爱比什么都重要!所以不管你有多么重要的事、多么忙,都应自己亲自抚养孩子,将孩子放在自己家里养育。

美国儿童心理学家本杰明·斯巴克认为,"儿童出生数月后,开始热爱和信赖经常照看自己的那一两个人,把他们看成是自身安全的可靠保障。即使年仅半岁的婴儿,也会因为照顾自己的父亲或母亲突然离去,而丧失对人对物的兴趣,不展笑脸,不思饮食,精神上受到严重的压抑……儿童长大成人后,处世乐观还是悲观,待人热情还是冷漠,为人多信还是多疑,很大程度上取决于他们出生后头两年中主要负责照看他们的人的态度。"我之所以把这段文字照搬到这里,就是要提醒年轻的父母,在孩子婴幼儿时期多付出一些辛苦,往往有四两拨千斤的作用,能在今后省去许多麻烦。如果在孩子小时候不注意,不把教育孩子当回事,等孩子长大了,麻烦会是一个接着一个的,令你应接不暇。

孩子就如同是父母的作品,如何绘制这幅图画,是一个巨大的工程,它要付出时间、计划、耐心和爱心。把孩子培养成什么样的人,是父母的责任,也是一种荣耀,把这个权利交给了别人,是非常可惜的,也是非常不妥当的。

无论是谁,只要是第一次做父母,就都会缺乏经验,但这并不是理由和借口,也不妨碍你成为好父母,因为经验是自己通过带孩子总结出来的,摸索出来的,只要你愿意做个好父母,你肯定能做好。一定要记住,孩子是自己的,横着养,竖着养都不怕,一定要自己说了算。无论父母多么没有经验,只要你全心全意地爱护孩子,孩子都会感到幸福的。

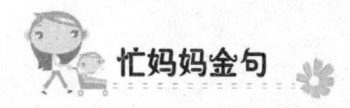

忙妈妈金句

不要用工作忙来做借口,在孩子的成长过程中,父母的爱比什么都重要!所以不管你有多么重要的事、多么忙,都应自己亲

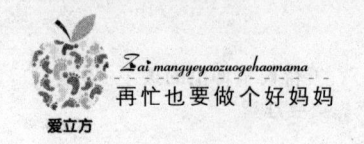

自抚养孩子，将孩子放在自己家里养育。

在孩子婴幼儿时期多付出一些辛苦，往往有四两拨千斤的作用，能在今后省去许多麻烦。如果在孩子小时候不注意，不把教育孩子当回事，等孩子长大了，麻烦会是一个接着一个的，令你应接不暇。

把孩子培养成什么样的人，是父母的责任，也是一种荣耀，把这个权利交给了别人，是非常可惜的，也是非常不妥当的。

无论是谁，只要是第一次做父母，就都会缺乏经验，但这并不是理由和借口，也不妨碍你成为好父母，因为经验是自己通过带孩子总结出来的，摸索出来的，只要你愿意做个好父母，你肯定能做好。

六、善待长辈伸出的援手
要感恩更要理智

我负责说服我妈妈

在养育孩子的过程中，父母现代育儿新理念与长辈的传统旧观念难免会发生撞击。协调好两种观念的冲突需要理性的劝解，让老人愉悦地接受新观念。

见到了孙辈，老人没有不喜欢的，含饴弄孙是一种莫大的幸福。老人们认为，在养育孩子上面他们有足够的经验，而年轻的父母不懂得侍弄孩子，怎么可能带好孩子？忙妈妈更是如此，在时间上就是个问题。这些都是老人的理由，如果不处理好，容易与老人发生冲突。老人会认为你嫌弃他们，不信任他们，为了一个孩子，影响一家人的和谐。

我的同事孙荣在这个问题上就没有处理好，孩子都上幼儿园了，与老人的冲突还是不断，双方都认为自己做得对。

他们的孩子还没出生，奶奶就开始盼星星盼月亮地等着抱孙子，小被褥、小衣服做了好几套，从心理上也做好了充足的准备。等孩子一出生，就到儿子家去伺候，带宝贝孙子。

孩子出生了，老人如愿以偿地抱上了孙子，高兴得天天嘴里像含了蜜，笑得嘴都合不上了。孩子满月一过，孩子爸爸就对奶奶说，妈你回去吧，你也够累的了，该好好歇歇，我和孙荣能照顾得来。

老人愣了，说我不累，伺候孩子妈在行，你们都有班要上，我闲着不也闲着吗？两口子顿时无话可说，只好让老人留下来帮忙。

从此，几个大人为了孩子总是意见不统一，妈妈想给孩子便后洗洗屁屁，奶奶就阻止，说天挺冷的，把孩子洗感冒了。妈妈说不洗不卫生，

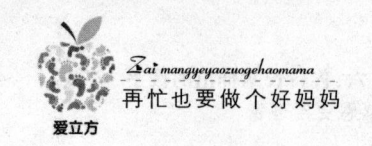

奶奶说哪个孩子不是这么过来的，我养了五个孩子，也都把他们养大了。孩子稍大一点，看着妈妈给孩子喝白开水，总是说白水没什么味道，又放糖又放果汁，后来孩子就不爱喝白开水了，朝奶奶要甜水喝，奶奶赶紧给她的小孙子去冲甜水。

再说穿衣服吧，奶奶总是包办代替，搞得孩子养成衣来伸手饭来张口的坏习惯。他们俩口子只好委婉地说应该让孩子学会自己动手，奶奶说等大了自然就会了，没有看到哪个成年人不会自己穿衣服的。就这样，一来二去地把孩子养成了一个"小少爷"，奶奶甘愿当他的奴仆。

我家彤彤小的时候，我请我妈来帮忙，但是我事先和她约法三章，必须做配角，按照科学的方法来照顾孩子。刚开始的时候她还有些想不通，通过我多次谈心，她最后还是认可了父母为主的观念。整天翻我买的那些育儿亲子书籍，力图做一个新式的姥姥。

家有老人是一宝，有老人参与带孩子是好事情，但是要协调好两种观念的冲突。特别是做奶奶和姥姥的，她们的那种执拗是很难改变的，因为这意味着对自己以往经验的否定。他们害怕自己变得落伍和无用，所以会坚持自己是正确的。她们总是理直气壮地说，我的亲孙子（外孙），我能给他亏吃？我是你妈，连自己的亲妈都不相信，还有谁能相信？所以，要做好老人的工作，谁的妈妈由谁去做工作，丈夫劝奶奶，妻子劝姥姥。目的只有一个，把孩子养育好，让孩子得到最真的爱，学到真本领，养成好习惯。

当然，在说服老人的过程中，一定要注意方式方法，以免不当的言辞影响与老人之间的感情。你要让老人充分体会到对他们的尊重和肯定，可以用事实演示的方法给他们看改变带来的巨大"利益"，同时虚心地向他们学习一些你不会的生活技能和知识，如编织、缝纫、烹饪等，这会使他们感觉到自己的价值，往往比单纯向他们灌输观点有效得多。

我的一位密友的经验值得借鉴，她是这样说服她妈妈的，在孩子睡着时，找出全套的育儿光盘，拉着妈妈每次看一个问题，如怎样给孩子洗澡，然后向妈妈讨教她过去是如何给孩子洗澡的，跟妈妈探讨过去和现在有哪些不同。妈妈说过去洗澡哪有什么讲究，就是放在水盆里洗，什么水温应在38℃~40℃啊，什么先洗头脸，后洗屁股啊，这说道还真多。她问哪种方式好呢？老人笑着说还是现在好啊。头和屁股一起洗，唉，你说过去咋就那么笨呢？没有一句空洞的理论，让事实说话。不要低估了老人的智商，他们也懂得好坏。她用同样的方式，逐渐把老妈熏陶成了一个现代姥姥，老人家还到处给人家传经送宝呢，那热情劲儿就别提了。

说服老人接受新的育儿亲子观念远没有我们想象的那么难，他们都是通情达理的人，都是为了孩子好，只要你方法得当，就没有说服不了的老人。

忙妈妈金句

彤彤小的时候，我请我妈来帮忙，但是我事先和她约法三章，必须做配角，按照科学的方法来照顾孩子。

家有老人是一宝，有老人参与带孩子是好事情，但是要协调好两种观念的冲突。

所以，要做好老人的工作，谁的妈妈由谁去做工作，丈夫劝奶奶，妻子劝姥姥。目的只有一个，把孩子养育好，让孩子得到最真的爱，学到真本领，养成好习惯。

在说服老人的过程中，一定要注意方式方法，以免不当的言辞影响与老人之间的感情。

说服老人接受新的育儿亲子观念远没有我们想象的那么难，他们都是通情达理的人，都是为了孩子好，只要你方法得当，就没有说服不了的老人。

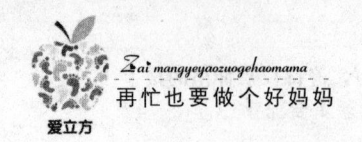

与孩子保持连线

既然选择了职场,就必须要面对不能与孩子终日厮守。如何让你浓浓的爱意在分别的时光中保鲜,伴随孩子一路快乐地成长?用电话与孩子保持连线,是增进亲子感情的保鲜剂,能让孩子感受到父母无时无处不在的关注和爱抚。

孩子长期和父母脱离,容易产生陌生感,再见到父母会像生人似的不敢上前去亲近。彤彤小姨家的小烨就是一个典型的例子。

他们俩口子都是做营销的,有时候长时间转战在外地。因为工作忙,小烨出生后不久,就被送回老家让爷爷奶奶照顾,他们每隔一两个月才去探望小烨一次。当彤彤小姨把孩子抱在怀里时,总觉得小家伙有点不太自在,似乎有些恐惧感,回头去找爷爷奶奶。只要到了奶奶怀抱里,孩子一下子就变得踏实多了,不自在的神情也就立即消失了,那种亲昵劲儿让她这个亲妈妈都吃醋。等到孩子八九个月大的时候,当妈妈伸出手去抱时,哭声出奇的大,就是不肯离开奶奶的怀抱。

当他们向我寻求答案时,我告诉他们,能把孩子带在身边的,最好带在身边,孩子是不能长期离开父母的。即使不能常见面,也要及时保持通话,让孩子知道爸爸妈妈在惦记着他。

他们接受了我的建议,两个人再忙也要抽时间去看孩子,不能一起回去,就轮流着回去,保证每周都能让孩子见上一面。经过好长时间的努力,孩子才和他们亲近起来。等孩子一两岁时,除了保证每周的见面,还保持天天通一次电话,让孩子听听爸爸妈妈的声音。

六、善待长辈伸出的援手
要感恩更要理智

零到三岁是父母与孩子建立亲密关系的关键期,做父母的在孩子这个年龄段最好不要长时间和孩子分离。如果条件允许的话,父母要尽量陪伴在孩子身边,父母轻轻的微笑、善意的目光、亲切的话语以及温柔的抚摸都将给孩子留下深深的印记,父母的爱意是孩子安全感的来源和成长的力量。

没有哪个父母愿意和孩子分离,如果出于客观原因,必须要和孩子经常分离,也一定要想办法尽量减轻和降低孩子在感情上的失落。分别的日子里经常给孩子打个电话,多和孩子沟通,定期去看孩子,让孩子感受到父母时刻在关心着他,尽量减少孩子的失落感。

彤彤小的时候,我有一次到外地分公司进行新员工培训,差不多有二十多天吧,那时候彤彤只有两岁,已经能咿咿呀呀地和我沟通了。在我离开的日子里,爸爸和姥姥照顾她,每天中午和晚上我都保证打一个电话回家,多数时候都是我在说,她在听。当我回来时,彤彤并没觉得妈妈好长时间没有在家,而我却想她想得不行。

即使父母对孩子的爱再深,如若无法将其表达出来,那么孩子也是无法感受到的。尤其是对于与孩子分开时间较长的职场妈妈而言,随时随地让孩子感受到妈妈的爱,其意义非常重要。利用工余时间给孩子打一通电话,使孩子每时每刻都能确认妈妈对于自己的爱。这是很重要的。

与孩子通电话是为了使他们感觉到父母虽然工作在外,但他们的心却一直与自己连在一起。即便只是一次非常短暂的通话,妈妈也能从中了解到孩子的当前状况、心理以及健康状态,而孩子在确认爸爸妈妈的爱之后,孤独与焦躁的情绪便会逐渐平复下来。

但是打电话时也要注意一下讲话的语气和内容。要让孩子感受到爸爸妈妈传递过来的是爱,是关心。一定不要在电话中提及"去学习班了吗?""从外面回来后洗手了吗?""作业都做完了吗?""最近小测验了吗?""要听爷爷奶奶的话!""别惹是生非!"等监视性和命令性的话语,使孩子感到父母并不是在关心自己,而是在遥控、在监督。如果赶上孩子心情不好,还会加重孩子的心理负担。而应亲切地对孩子说:"你是大

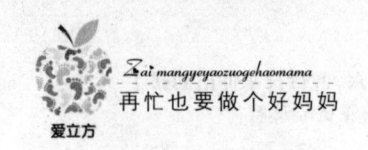

孩子了,妈妈相信你一定能做好!""你最近进步很快,加油啊!"等鼓励性的语言,让孩子感受到爸爸妈妈阳光般温暖的亲情。

对于长期工作在外地的父母,更是要经常保持和孩子连线。让孩子对电话里妈妈的声音比较熟悉,这样孩子才会减少与妈妈的距离,在心里和妈妈保持亲近。我们不能企望与孩子长时间分离而没有联系,当父母突然出现时孩子没有陌生感。妈妈一见面就一厢情愿地要与孩子亲热,甚至不顾孩子的感受强迫孩子跟自己一起睡,那对孩子来说无疑是一件很难受的事情。

我的表妹顾娟把刚生下六个月的女儿托付给爷爷奶奶到北京去打工,由于工作忙,很少给孩子打电话,她认为孩子还小,打电话也听不懂。结果一年后,她怀着激动的心情回老家去看孩子,到家后来不及放下行李就喊着女儿的名字,泪流满面地向女儿扑过去想抱她。刚会走路的女儿吓得哇哇直哭,一个劲地往奶奶身后躲。晚上,她要带孩子睡觉时,孩子以大哭向她抗议,无论如何也要回到奶奶的床上去。在接下来的几天里,尽管她使了很多招数,无论她怎么主动与孩子亲热,孩子还是很少喊她一声"妈妈"。

是啊,在女儿六个月时就与孩子分离,她对妈妈的印象是模糊的。和孩子分开了这么久,妈妈对于孩子来说其实就是一个陌生人,怎么可能要求孩子在短短的几天时间里接纳陌生的"妈妈"呢?

孩子容易对在身边照顾他的人产生依恋关系,否则即使是亲生父母,也会感到陌生。成人在短时间和一个陌生人亲近也是件不太容易的事,更何况是孩子。

忙于职场的妈妈,外出打拼的妈妈,抓紧保持与孩子连线吧,别因为与孩子的暂时分离,而造成母子间一生感情的生疏和亲情的淡薄。

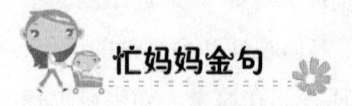

忙妈妈金句

父母轻轻的微笑、善意的目光、亲切的话语以及温柔的抚摸都将给孩子留下深深的印记，父母的爱意是孩子安全感的来源和成长的力量。

分别的日子里经常给孩子打个电话，多和孩子沟通，定期去看孩子，让孩子感受到父母时刻在关心着他，尽量减少孩子的失落感。

即使父母对孩子的爱再深，如若无法将其表达出来，那么孩子也是无法感受到的。

打电话时也要注意一下讲话的语气和内容。要让孩子感受到爸爸妈妈传递过来的是爱，是关心。

我们不能企望与孩子长时间分离而没有联系，当父母突然出现时孩子没有陌生感。

忙于职场的妈妈，外出打拼的妈妈，抓紧保持与孩子连线吧，别因为与孩子的暂时分离，而造成母子间一生感情的生疏和亲情的淡薄。

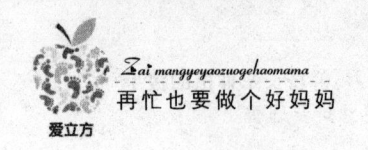

结束语

感谢我亲爱的宝贝

多少个日日夜夜过去了,彤彤从一个懵懵懂懂的小不点,逐渐长成了大姑娘,像小鸟一样飞出了巢穴,翱翔在蔚蓝的晴空。我知道,她肯定会经受无数风雷雨雪的洗礼,肯定会不时地眷恋当初这个给她提供遮风挡雨、雏鹰练羽的家。

孩子有了她理想的新天地,能独自撑起一方蓝天,心中甚感欣慰。细细盘点往昔,我真该感谢我亲爱的宝贝,她的到来给了我太多的惊喜和幸福,使我成为一个妈妈,使我在人生的旅途中多了一个小伴侣。她的人生中的每一个第一次,对我来说都是一份惊喜、一份大礼、一次成长。

在她刚生下来时,我还是一个"稚嫩"的新妈妈,整天翻着书本来学习如何照顾她,无暇细想把她培养成什么样的人,只是欣喜地看着她冲我甜甜地微笑、听她用不同的哭声与我交流。直到她开始牙牙学语、蹒跚学步,一点点长大,我才悟出做妈妈的诀窍。孩子从小到大的每一天,对我来说都是一种全新的感受,还有新的挑战。因为,孩子需要你去引导、鼓励、呵护。假如孩子是一本书,我就是那个不辞辛苦的创作者,用汗水、爱心、时间去进行一个字一个字的写作。

应该说,我最感谢的还是我亲爱的宝贝,是她成就了我的成功,是

结 束 语
感谢我亲爱的宝贝

她给了我无数的激情投入到"创作"中去。我忠实地记录着她每一步的成长，分享着她的快乐。当然，这当中也少不了因为感冒发烧引起的焦虑，磕磕碰碰带来的担心。

只有做了妈妈，才能体味到妈妈的辛苦和幸福。在这个世界上，没有什么比培养孩子更伟大、更幸福的工作了。我要感谢她，没有她的到来，我的生活怎么可能如此的激情澎湃，怎么可能甜甜蜜蜜，我又怎么可能成为一个别人眼里成功的妈妈呢？

岁月如歌，时光飞逝。

当孩子在我身边时，我时刻贪婪地在感受着她带给我的那份幸福，那一声声嗲声嗲气的妈妈，那一个接一个的亲吻，印在雪地上歪歪斜斜的小脚印，那笨拙但不放弃的坚持自己穿衣服的执拗，都是我脑海中的一幅美丽的图画。当我第一次参加她的家长会时，老师给予的中肯评语；当她第一次举着成绩让我猜的天真；当她第一次登上领奖台展开五好学生证书时的骄傲表情，这些给我带来的是由衷的分享。还有……

如今，我坐在她的房间里，虽然听不到她那熟悉的声音，但那些留在家里的历年的教科书、作业本、相册都在陪伴着我，给我更多的提示。在大海边的拾贝，在春天的油菜花香里奔跑，在金秋的硕果累累的苹果树下采摘果实，在皑皑白雪的林海雪原中打雪仗，这一切一切，都留下了她不同阶段成长的身影。

感谢我的宝贝女儿，感谢冥冥中的一切。在这个世界上，我只干了一件值得骄傲的事情，那就是问心无愧地做了一个合格的母亲。